ちくま学芸文庫

比較歴史制度分析 下

アブナー・グライフ

岡崎哲二 神取道宏 監訳

筑摩書房

目 次

略　記

Annali	*Annali Genovesi di Caffaro e dei suoi Continuatori*, 1099–1240
Bodl.	Bodleian Library, Oxford, England
CDG	*Codice Diplomatico della Repubblica di Genova dal MCLXIIII* [*sic*] *al MCLXXXX* [*sic*]
DK	David Kaufmann Collection, Hungarian Academy of Science, Budapest
Dropsie	Dropsie College, Philadelphia
INA	Institute Norodov Azii, Leningrad
TS	Taylor-Schechter Collection, University Library, Cambridge, England
ULC	University Library, Cambridge, England (exclusive of the TS collection)

比較歴史制度分析　下

第9章
制度の軌跡とその起源：
文化に根ざした予想と社会組織

On the Origin of Distinct Institutional Trajectories:
Cultural Beliefs and the Organization of Society

　現代の世界では，社会組織（経済的・法的・政治的・社会的・道徳的制度の複合体）は，1人当たり所得と密接な関係を持っている．多くの発展途上国は「集団主義的」であり，西側先進国は「個人主義的」である[1]．集団主義的な社会では，人々は主として自分が属する宗教的・民族的・血縁的集団の人々とのみ交わり，その意味で社会は「区分」されている．それぞれの集団の中における契約の執行は，非公式の経済的・社会的制度によって行われる．異なる集団に属する人々と協力することはほとんどない一方，同じ集団の構成員の生活には深い関与を感じている．

　一方，個人主義的な社会は，異なる集団に属する人同士が取引をし，所属する集団が頻繁に変わるという意味で

「統合」されている．契約の執行は，主として裁判所などの専門的組織によって行われる．そして，自立が高く評価される．

社会学者や文化人類学者は，社会組織は文化を反映していると考えている．そして文化の重要な要素は，文化に根ざした予想（もしくはそのような信念・考え方：cultural beliefs）である．文化に根ざした予想とは，個々人の間の関係と，彼らと神々，他のグループの人々との間のかかわりあいに影響を与える，共有された物の見方と考え方である．それは，知識とは異なり，現実を観察することによって発見されたものでも，理論的に証明されたものでもない．文化に根ざした予想は，社会化の過程を通じて1つのものに統一され，人々に周知される[2]．そしてそのことによって文化は統一され，維持され，伝達される．

文化に根ざした予想が社会組織現象に影響を与えることは直感的に理解できるが，文化に根ざした予想と社会組織との関係を厳密に考察することは容易ではない．文化に根ざした予想の定義が恣意的に行われれば，そこからさまざまな現象が生み出されることになってしまう．それでは文化に根ざした予想はどのように限定的にとらえるべきだろうか？　文化に根ざした予想の源泉は何だろうか？　それは，合理的なものと考えなければならないのだろうか？また，それは制度変化の軌跡に影響を与えるであろうか？

前章までに展開された見方は，成立可能な文化に根ざした予想の集合を限定するために，ゲーム理論的な均衡分析

を用いることの有効性を示唆している．さらに，どのような文化的特性がいかにして調整・包含・改良効果を及ぼすかを検討することによって，文化的遺産が制度の発展に及ぼす影響を考察することができる．本章での歴史的・ゲーム理論的分析は，こうした主張を支持するものである．すなわち，本章では，相異なる社会組織の軌跡をたどった2つの前近代社会の発展を対象として，文化と社会組織との間の関係を歴史的・ゲーム理論的に分析する．分析によって，文化に根ざした予想は制度選択に影響を与え，選択された制度の核となり，その後の組織や制度の発展の方向を決めることが明らかになる．文化は，社会組織を決定し，制度の発展に影響を与え，異なる社会間における制度の借用を困難にする重要な要因となっている．同時に，制度がもたらす行動は，その制度を成立させる土壌となった文化を再生産する．

　さまざまな状況の下で他者がどのような行動をとるかに関して人々が持つ，文化に根ざした予想の中で，実現可能なものの範囲を限定するために，ゲーム理論は有用である．文化に根ざした予想は人々の間で同一で，また周知の事実となっているため，その予想に対して人々が最適反応をするとすれば，実現可能な文化に根ざした予想の集合は，自己実現的なものに限定される．文化に根ざした予想のこの部分集合は，均衡戦略の組み合わせの上の確率分布の集合として定式化することができる．それぞれの確率分布は，他の人々が均衡経路上および経路外でとる行動に対

する予想を表している．この点で，文化に根ざした予想
は，制度化された予想一般と変わらない（第5章）．

特定のゲームにおいて実現可能な文化に根ざした予想を
限定するために，均衡分析が用いられるが，予想がもたら
す動学的な含意を分析すると，文化に根ざした予想は個々
人が持つ属性であり，ゲームや制度が持つ属性ではないこ
とがわかる．過去から受け継がれた予想とそれに代わる実
現可能な予想との間には基礎的な非対称性が存在するた
め，過去から引き継がれた文化に根ざした予想は，その後
に生じる戦略的な状況における行動に対して影響力を持つ
ことになる．既存の文化に根ざした予想が人々の注意を引
き付ける焦点（フォーカル・ポイント）となり，人々の予
想を調整することによって，均衡選択と新しい制度の形成
に影響を与える．そしてそれらの予想は，新しい制度の核
となるのである．

さらに，文化に根ざした予想が異なれば，内生的制度変
化の軌跡もまた異なったものになる．人々は，制度を強
化・改良し，特に，新しい組織を作ることによって，自ら
の状況を改善しようとする．すでに述べたように，これら
の組織は，新たなプレイヤー（その組織自身）の導入，プ
レイヤーが入手可能な情報の変化，行動に伴う利得の変化
などを通じて，ゲームのルールを変化させる．新しい組織
が導入されるのは，意図的な情報収集や意図しない実験に
よって知識の量が増加することによる．

意図的な制度変化が生じるための必要条件は，それを主

導することのできる人々が，制度変化によって利益を得られると予想することである．彼らの期待は，彼らの文化に根ざした予想から影響を受けるため，文化に根ざした予想が異なれば，組織は異なる発展の軌跡をたどることになる．そして，その後に生じる制度の修正と改良のプロセスは，組織，制度それぞれの発展の軌跡を，さらに異なったものとする．つまり，いったんある組織が導入されると，その後のゲームのルールが変化するため，組織や制度の発展経路が分岐し，異なる社会組織が誕生するのである．

　文化に根ざした予想が異なる場合，さまざまな社会的属性（富や特定の社会集団への所属など）を持つ人々に対して，異なった経済行動がとられることがある．例えば，文化に根ざした予想が異なれば，経済取引の社会的パターンが異なり，それによって，富の分配の動態も異なってくる．また，文化に根ざした予想が異なると，社会内もしくは社会間の経済活動における効率性と収益性の関係が異なることもある．ある予想の下では，効率的な社会間関係が収益面では不利なものとなり，その結果，経済的に見て非効率な社会構造が生じる可能性がある．

　経済的相互作用のパターンが社会によって異なると，拠って立つ社会的・道徳的な性向が異なるさまざまな制度が生まれ，そしてそれがさらに，社会組織に影響を与える（第5.3節を参照）．例えば，同じ相手と頻繁に取引をする場合は，逸脱行動に対して集団的に経済的・社会的制裁を加える社会的ネットワークや関係が生まれる．社会的・経

済的な相互作用のパターンは，内面的な動機（内部化された規範に則ることから得られる効用に基づいた動機）にも影響を与える．内面的な動機は普遍的であるように見えるが，社会的・経済的相互作用のパターンが異なれば，異なった規範のシステムが生じる．時間の経過とともに，人々は，自分たちがとってきた行動を自分がとるべき行動だとみなすようになるからである．そして逆に，内部化された規範が異なれば，行動も異なったものになる．

われわれはすでに第8章で，文化に根ざした予想，規範，過去から継承されてきた組織は，制度発展の軌跡に影響を与えるであろうという推測に論拠を得た．そこでは，ジェノヴァの政治制度と，初期の社会構造，文化に根ざした予想との関係が明らかになった．本章では，文化と社会組織との関係を比較分析することによって，この推測をさらに立証する．すなわち，イスラーム世界から11世紀のマグリブ貿易商の社会，およびヨーロッパ（ラテン）世界から12世紀のジェノヴァ商人の社会を取り上げ，これら2つの前近代社会が相異なる社会組織の軌跡に沿って発展したことに関する文化的要因を探る．本章では，関連する複数均衡ゲームにおける文化と社会組織との関係を検討するために，商人－代理人間取引（第3章を参照）をモデル化する．そのうえで，これら2つの社会の制度やその動態的変化の差異は，それぞれの文化に根ざした予想とその動態的変化を反映したものとして整合的に説明することができることを示す．均衡経路外の行動をとるとどのようなことが起こ

るかに関しての過去の文化に根ざした予想が，制度選択に影響を与え，新しい制度の核となり，さまざまな経済的・社会的結果に影響を与え，制度変化の動態に影響を及ぼし，そして組織や契約についてのさまざまな革新をもたらすのである．本章の分析では，社会集団，雇用の社会的パターン，富の分配，裁判所の利用可能性など，観察可能な結果の相違を説明するために通常用いられる特性を，文化に根ざした予想の違いに起因するものとして内生的に取り扱う．

第7章では，予想とそれに関連する過去から継承されてきた組織（社会構造）は，新しい制度にいたる過程の初期条件となっており，環境，調整，包含の各効果を及ぼし，新しい制度の一部となり，制度の改良，革新，採用の過程に影響を与えるという議論を展開した．本章の分析は，その議論に裏づけを与えるものである．社会は，独特な制度の軌跡に沿って発展する．過去から継承されてきた制度的要素と，技術的に利用可能な代替案との間には基礎的な非対称性があり，そのことは，制度的要素に集約された過去が制度の動態的変化を方向づけることを含意している．し，たがって，ある社会が，経済的により成功している社会の組織を採用できないということが起こりうるのである．

興味深いことに，本章の分析は，イスラーム世界の商人組織は現代の集団主義的社会の組織と類似しており，ラテン世界の商人組織は現代の個人主義的社会の組織と類似していることを明らかにする．この発見が示唆することは，

社会組織を決めるうえで，また，制度の経路依存を導くうえで，さらには異なる社会から制度を導入することを阻害するうえで，文化が理論的にも歴史的にも重要な意味を持つということである．

　第9.1節では，ジェノヴァの代理人関係について関連する情報を提供したうえで，第3章で発展させた分析枠組みを用いて，潜在的にはどのような制度が可能であったかを考察する．第9.2節では，2つの社会における文化に根ざした予想の起源と生成について論じ，それらの相異なる予想が異なる制度をもたらしたことについて論じる．第9.3節では，2つの社会における，文化に根ざした予想，代理人関係の社会的パターン，および富の分配の間の関係を比較分析する．第9.4節および第9.5節では，制度とそれに対応する文化に根ざした予想のそれぞれがもたらした，制度，組織，契約に関する動態的変化を明らかにする．

9.1　代理人関係と文化に根ざした予想

　「ジェノヴァ人，したがって商人」という言葉が示唆するように，海外交易はジェノヴァ経済の中心であった．その意味でジェノヴァ社会は，11世紀のマグリブ貿易商の社会と類似していた．ジェノヴァ人もマグリブ人も，同じ地域で活動し，類似した航海技術を持ち，類似した財の交易に携わっていた．

　マグリブ貿易商たちがそうであったように，ジェノヴァ

の商人たちも，海外で代理人を雇うことによって多くの利益を得ることができた．しかし，海外に置いた資本を代理人が横領する恐れがあったため，代理人を雇用するためには，代理人関係を支える制度が必要であった．そのような制度がなければ，横領という代理人の機会主義的な行動を予想する商人たちは彼らを雇おうとせず，双方にとって有益な代理人関係を築くことができない．このコミットメント問題を克服するためには，代理人たちが，商人の資本を受け取る前に，商人の財を受け取った後にも誠実にふるまうことを保証（コミット）できるようにする制度が必要である．

　歴史的な記録は，ジェノヴァの人々が，代理人が事後的に誠実にふるまうことを事前に保証できるようにする制度を持っていたことを示している．ジェノヴァの人々が幅広く代理人を雇い，しかも家族以外とも代理人関係を結んでいたからである．ジェノヴァの歴史的記録の中で，初めて代理人関係に関する記述が見られる Giovanni Scriba (1154-64) の台帳には，612 の交易関係の契約が記載されている．その中で，代理人を通さない交易投資は全体のわずか 5 パーセントであり，しかも，代理人を通して海外に送金された資金のうち，家族に委託されたのは約 6 パーセントだけであった[3]．

　台帳とそこに記載されている契約は，代理人関係を通した交易を現実の割合よりも多く，家族以外の代理人関係を実際よりも少なく記述しているかもしれない．したがっ

て，それらの資料が示していることを確認するためには，情報に偏りのない他の資料が必要である．幸いに，そのような資料が存在する．1174 年のある文書に，1162 年にコンスタンティノープルにいたすべてのジェノヴァ人商人，彼らのそれぞれが運んできた商品の金額，そして資本の所有者が挙げられている．それによれば，ジェノヴァ人商人はその資本の約 76 パーセントを海外の代理人を通して投資しており，彼らが送った資金のうち，家族の構成員の代理人が取り扱った $\gamma-\alpha$ は 30 パーセントに過ぎなかった[4]．

マグリブとジェノヴァの制度を比較するために，第 3 章で提示したモデルに基づいて考える．このモデルでは，無限期間生存する M 人の商人と A 人の代理人がおり，$M<A$ であるような経済を想定する．代理人の時間割引因子は δ であり，雇用されなかった代理人は留保効用 $\bar{w} \geqq 0$ を得る．各期において，商人は 1 人の代理人しか雇うことができず，代理人は 1 人の商人にしか雇われることができない．商人は代理人とランダムに出会うが，商人は代理人に関して情報を得ることができ，出会う相手を，過去に特定の行動をとった，その時点で雇用されていない代理人に限定することができる[5]．

代理人を雇わなかった商人は，$k>0$ だけの利得を得る．商人と代理人が協力した場合の総収入は γ である．代理人を雇った商人は，代理人に支払う賃金（$W \geqq 0$）を決める．雇われた代理人は，誠実に行動するか裏切るかを決め

る．誠実に行動した場合には，商人の利得は$\gamma - W$であり，代理人の利得はWである．代理人がだました場合には，彼の利得は$\alpha > 0$であり，商人の利得は$\gamma - \alpha$である．ここでは，以下を仮定する．$\gamma > k + \bar{w}$（協力は効率的である），$\gamma > \alpha > \bar{w}$（代理人がだますと損失が生じる．また，代理人にとっては留保効用を得るよりも裏切った方が得である），$k > \gamma - \alpha$（商人にとっては，だまされるよりも代理人を雇わずkを受け取った方がよい）．利得が配分された後で，商人は代理人との関係を打ち切るかどうかを決めることができる．ただし，τの確率で，戦争などの外生的要因のために代理人関係が強制的に打ち切られるものとする．

ゲームの履歴は周知の事実であると仮定する．また，だました代理人は解雇され，誠実だった代理人は（外生的要因によって強制的に代理人関係が解消されない限り）再び雇われるとする．このとき，すべての商人が同じ賃金を提示するとすれば，代理人の最適反応が誠実にふるまうことになるために必要な最低限の賃金はいくらだろうか？　そのような賃金を決めるためには，商人たちの戦略を完全に特定しなければならない．しかし，異なる戦略がもたらす影響を1つの枠組みで考察するために，まず戦略自体の関数となっているいくつかの確率に焦点を当てることにしよう．

雇われていた直近の期に誠実であり，現在は雇われていない代理人を「誠実な代理人」と呼び，そのような代理人が今期雇われる確率をh_hとしよう．過去にだましたこと

があり，現在は雇われていない代理人を「だました代理人」と呼び，そのような代理人が今期雇われる確率を h_c とする．代理人を誠実に行動させるために必要な最低賃金は，以下の命題9.1で与えられる．

命題 9.1 $\delta \in (0, 1)$ および $h_c < 1$ が成り立っていると仮定する．**最適賃金**，つまり，誠実な行動が代理人にとって最適反応になるような最低の賃金は，$W^* = w(\delta, h_h, h_c, \tau, \bar{w}, \alpha) > \bar{w}$ である．w は δ と h_h について単調減少であり，$h_c, \tau, \bar{w}, \alpha$ について単調増加である（この命題は命題3.1の結果と同じである．したがって，証明については第3章の補論3.1を参照のこと）．

　商人は，留保効用よりも高い賃金というアメと，解雇というムチで，代理人の誠実な行動を促す．賃金が十分に高ければ，雇用されている代理人と雇用されていない代理人の期待生涯効用の差は，だますことによってその期に得られる利得よりも大きい．したがって，代理人は誠実に行動することを選ぶ．最適賃金は，だましたときと比較して誠実だったときの期待生涯効用を高める要因（δ と h_h）が増加するにつれて低下し，だましたときの相対的な期待生涯効用を高める要因（$h_c, \tau, \bar{w}, \alpha$）が増加するにつれて上昇する．

　それでは，集団主義的な社会と個人主義的な社会との間の違いは，どのような形で代理人関係に反映されるであろ

うか？ 直感的に考えれば，集団主義的な社会では，ある商人と代理人に生じたことに対して，すべての人々が反応することが期待される[6]．そして，個人主義的な社会ではそのようなことはないであろう．以下の2つの戦略，すなわち，個人主義的戦略と集団主義的（多角的）戦略は，この相違を定式化している．いずれの戦略においても，商人は，賃金 W^* で雇用されていない代理人を雇い，代理人がだますか，外的要因による雇用関係の中断が生じないかぎり，その代理人を再雇用する．個人主義的戦略の下では，商人は無作為に代理人を雇う．これに対して，集団主義的戦略の下では，過去にだましたことがある代理人は雇わず，だましたことがない者の中から無作為に代理人を選ぶ．代理人の戦略は，W^* 以上の賃金を提供されたとき，そしてそのときに限り，誠実に行動する，というものである．命題9.2が示すように，これらの戦略は部分ゲーム完全均衡になっている．

命題9.2 個人主義的戦略，集団主義的戦略いずれの下でも，$\gamma - k \geq W^*$ が成り立っているとする（ただし，集団主義的戦略の下における W^* の方が小さい）．このとき，上記の戦略の組は，一方向の囚人のジレンマゲームの部分ゲーム完全均衡である（証明は補論9.1にある）．

個人主義的な商人は，雇用の意思決定をする際に，代理人の過去の行動を考慮に入れると予想されないから，個人

主義的戦略は部分ゲーム完全均衡である．したがって個人主義的な商人は，過去に裏切った代理人が雇われる確率と裏切ったことのない代理人が雇われる確率は等しいと考える．命題 9.1 によって，このことは，個人主義的な商人にとって，これら 2 つのタイプの代理人が無差別であることを意味する（後で論じるように，情報収集をするかしないかが内生的に決まる場合にも，個人主義的な均衡においては，商人は関連する情報を得ようとはしない）．

　一方，集団主義的な均衡の下では，個々の商人は，他の商人はだました代理人を雇わないと予想している．したがって，だました代理人が雇われる確率は，誠実な代理人が雇われる確率よりも低いと商人は認識する．命題 9.1 から，このことは，だました代理人を誠実に行動させるためにはより高い賃金が必要であることを意味する．ゆえに，商人たちは誠実な代理人を雇うことを選択する．こうして，商人たちの予想は自己実現的になっている．過去にだましたことは，将来の行動に関して何の情報ももたらさないが，代理人の戦略には，集団的処罰に参加しなかった商人をだますという行為は含まれていないし，商人たちも，だました代理人を雇った商人を「罰する」ことはない．

　これまでの分析では，過去のゲームは周知の事実であると仮定していた．しかし実際には，中世後期には，情報を獲得しそれを人に伝えるためにはコストがかかった．したがって，情報収集に関する商人の決定をモデルに組み込む必要がある．商人たちは，非公式な情報共有ネットワーク

に参加することによって情報を収集していた．そこで商人たちはゲームが始まる前にネットワークに参加するための「投資」をするかしないかを決め，その参加・不参加は周知の事実であると仮定する．投資には各期の費用 Δ がかかるが，そうすることによって，同じく投資をした他のすべての商人に関する私的な履歴を得ることができる．各期にその投資をしなければ，商人は自分の履歴しか知ることができない．直感的には，個人主義的な均衡の下では，代理人の賃金は履歴に依存しないため，履歴に関する情報には価値がない．ゆえに，商人は情報に投資しない．それに対して，集団主義的均衡の下では，最適な賃金は代理人の履歴に応じて決まるから，履歴には価値がある．過去にだました代理人は均衡賃金で雇われれば再びだますから，商人は情報に投資をする．均衡経路上では裏切りは二度と生じないが，投資をしたかどうかは周知の事実であり，投資をしなかった商人が W^* の賃金を支払えばだまされるため，商人は投資をする動機を持っているのである．以上の直感的な議論を厳密に述べると，以下のようになる．

命題 9.3 W^*_{-i} を，商人 i が，自分 1 人だけが情報に投資しなかった場合に代理人に支払わなければならない賃金，W^*_c を情報が完全なゲームの集団主義的戦略の下における均衡賃金とする．商人が投資をする場合には，$W^*_{-i} - W^*_c \geq \Delta$ が成り立つとき，そしてそのときに限り，集団主義的戦略は均衡となる．個人主義的戦略の下で投資をしないこ

とも均衡となるが，個人主義的戦略と投資の組み合わせは均衡とはならない（証明は自明）．

　現実には，情報はしばしば不完備である．代理人の中には，観察不可能な「悪い」属性を持っており，したがって，他人をだます可能性が高い者がいるかもしれない．ここでの分析結果は，悪いタイプの割合が高いか，もしくは低い場合に妥当する．集団主義的均衡の下では，情報の不完備性は情報への投資をさらに促す．個人主義的な均衡の下では，悪いタイプの割合が高ければ情報の価値はゼロのままであるし，悪いタイプの割合が低ければ，情報投資を促すには足りない．しかし，これらの中間的なケースでは，個人主義的な社会における情報の需要は，［ゼロではないが］集団主義的な社会のそれよりも小さな値となる．このように，ここでの分析は完備情報モデルに依存しており，そのモデルは，行動に関する予想の役割を明らかにする一方，潜在的には重要である可能性がある代理人のタイプに関する予想を考慮していない．

　以上の分析によって，2つの制度と2つの文化に根ざした予想，すなわち，均衡経路外の行動に関する異なる予想とが関連づけられたことになる．個人主義的均衡の下では，プレイヤーは他の人々に関して起こったことに無関心であると予想され，集団主義的均衡の下では，他の人々の間で起こったことに対してプレイヤーが反応すると予想されている．これらの文化に根ざした予想は均衡となってい

るため，自己実現的であり，それぞれが別の賃金，契約執行制度（当事者による執行と第三者による執行），および情報投資を伴う．

　均衡経路上では，個人主義的な予想も集団主義的な予想も，経済主体の同じ行動をもたらす．商人は雇用されていない代理人の中から無作為に選んで雇用し，代理人はだまさない．完全観測を仮定することによって，現実には生じない行動に関する文化に根ざした予想に焦点を当て，そうすることによって，行動自体ではなく，さまざまな予想がもたらす制度的およびその他諸々の含意に光を当てることができる．均衡として観察される行動を生み出しているものは，戦略の組み合わせのうち均衡経路上にない部分である．第9.2節の分析は，文化に根ざした予想を，こうした均衡経路上にない戦略の部分に関する確率分布であるとみなしている．歴史的には，おそらく不完全観測の結果として，処罰が実際に観測される．したがって，文化に根ざした予想について，均衡経路上の行動に関するものと経路外の行動に関するものとをはっきり区別することはできない．そのためここでは，両者を区別することは試みない[7]．

9.2　マグリブとジェノヴァにおける文化に根ざした予想：その差異の起源と発現形態

　マグリブとジェノヴァの人々が異なる文化に根ざした予想を持っていたと信ずるに足る歴史的根拠はあるだろう

か？ 歴史的な記録は，この場合に特定の均衡選択理論が妥当であると信じるに足りる根拠を提供しない．しかし，歴史的記録は，文化的な「フォーカル・ポイント」や，これら社会の発展における社会的・政治的事件が，異なる文化に根ざした予想とそれに伴う異なる均衡を形作ることに寄与したであろうということを示している．

　例えば，マグリブが地中海で交易を開始した11世紀初め，そして，ジェノヴァが交易を開始した11世紀終わりまでには，彼らは異なる文化を内面化し，異なる社会的・政治的プロセスの中に入っていた．彼らの文化的遺産とこれらのプロセスの性質によって，自然なフォーカル・ポイントは，マグリブにとっては集団主義的均衡であり，ジェノヴァにとっては個人主義的均衡であったことが示唆される．

　マグリブの人々は，**ムスタルビーン**（mustarbin），すなわち，イスラーム社会の価値観を受け入れた非イスラーム教徒であり，同じ**ウンマ**（umma）に属しているという考えをもっていた．「民族」と訳されているウンマという語は，umm（母）という語から派生した．それは，社会の構成員相互間の責任に置かれた基本的な価値を反映している（Cahen 1990; Rahman 2002）．ウンマの構成員は皆，コミュニティの他の構成員が行った「誤りを正す」基本的な義務を個々に負っている（例えば，B. Lewis 1991; Cook 2003）．イスラーム世界では伝統的に，「不正を見，その行動を自らの手によって正すことができる者は，そうしなさい．もしそ

れができなければ言葉で，それすらできなければ心で正しなさい．それが信仰の最低条件である」（Cook 2003, p. 4）という言葉は，ムハンマドのものとされてきた．

マグリブは，イスラエルのすべての人々は互いの行動に責任を持っていると考えるユダヤ人社会にも属していた．中世後期，イスラーム社会においてもユダヤ社会においても，平等な構成員からなる共同体が重要であるという考え方が際立っていた．事実，「会衆型の宗教組織は，新たに形成されつつあったイスラームコミュニティの鋳型となった」（Lapidus 1989, p. 120）のである．移民集団の常として，イラクからチュニジアに移住したマグリブも社会的紐帯を保持し続け，それによって，集団主義的均衡を支えるために必要な情報伝達が可能であった．そして逆に，集団主義的な予想を持っていたことが，マグリブに情報ネットワークに所属し続けることを促したのである．

ジェノヴァ人が交易を始める頃までには，ジェノヴァ人とマグリブは異なる文化を内面化し，異なる社会的・政治的プロセスを歩んでいた．西欧の個人主義を示す証拠は，中世後期以前に遡る．ヨーロッパは長い個人主義の伝統を持ち，その起源を古代までたどる研究者もいる．これらの研究者たちは，古代ギリシャの文学や西洋の小説は個人を賞賛するが，東洋の小説は「個人の義務」を果たすことを賞讃すると論じている（例えば Hsu 1983）．個人主義の起源がどの時代にあるにせよ，Morris（1972）によれば，1200 年の時点でヨーロッパはすでに「個人を発見」していた[8]．

中世には，キリスト教神学で中心を占めていたのは個人
であり，個人の属する社会集団ではなかった[9]．教会がい
かにして大規模な血縁的社会組織を衰退させたかについて
は，第8章ですでに論じた．教会は，「家族に基づいた社会
ではなく，初めて純真さを失ったときと同じように，その
救済もまた個人的で私的に行われる，個々の人々に基づい
た社会」の創造を推進した（D. Hughes 1974, p. 61：マタイ福
音書 10：35-6, 4：21-2, 8：21-2, 2：47-50, 23：8-9 を参照）．カト
リックにおいては，祈禱には祭司が必要であったが，ユダ
ヤ教では祈禱には十分な数の信者が必要であった．イスラ
ーム教では，他の人々と共に祈ることはより称讃に値する
ことであったし，イスラームの聖日である金曜の昼の祈り
は，必ず他の信者と共にしなければならなかった．一方，
12世紀に，在俗のキリスト教徒の間では，長い間修道院の
中だけで行われてきた懺悔が広まっていった[10]．

　個人対個人の関係は，ジェノヴァが属した12世紀の封
建制文化の中心に位置していた．封建世界は，ある個人の
他の個人に対する義務を定めた契約による階層的な関係に
基づいていた[11]．この世界では，物質的・政治的条件は，
個人がより大きな共同体に対して負う一般的な義務に基づ
くのではなく，個人が封建領主に対して負う正確に定義さ
れた義務に基づいていた．戦闘さえも軍隊の間ではなく，
軍隊の中にいる騎士の間で戦われたのである（Gurevich
1995, pp. 178-80）．

　法制度の発達も，中世後期のイスラーム社会とキリスト

教社会がそれぞれ持っていた，相互に異なる文化に根ざした予想を反映している．ヨーロッパでは，慣習法の妥当性が問い直され，慣習が誤っているかもしれないという理由で，最終的には重要視されなくなった．これに対して，イスラーム教（スンナ派）社会では，共同体の総意が法の正当性の根拠であると考えられた[12]．

　実際，ジェノヴァの政治の中心は氏族であったが，1096年に締結されたジェノヴァ建国のための契約は，氏族間ではなく，個人間で交わされた契約であった．ジェノヴァとその他の政治単位との間で結ばれた条約も，執政官や氏族の指導者だけではなく，1000人もの市民によって署名された．ポデスタ制が成立した後には，交易に従事するジェノヴァ人の数が劇的に増加した．それ以前には海外のそれぞれの交易拠点で活動するジェノヴァ人商人は数十人にすぎなかったが，12世紀の終わりまでには，何百人ものジェノヴァ人が交易に携わるようになった．同時に，ジェノヴァは多くの移民を受け入れた．その結果，氏族を超えた情報ネットワークや，新たにジェノヴァにやってきた家族間の情報ネットワークは存在せず，そのために個人主義的な均衡が選ばれる可能性が高かったのである[13]．いったん個人主義的均衡が選ばれると，個人主義的な文化に根ざした予想のために，人々は情報に投資をする動機を失う．そして，人々の行動を調整するメカニズムが存在しなければ，集団主義的均衡への移行が起こる可能性は低い．

　以上のように，マグリブの間では集団主義的な予想が

人々の注意を引き付けるフォーカル・ポイントであり，ジェノヴァの人々の間では個人主義的な予想がフォーカル・ポイントであった．それでは，歴史的資料は，それぞれの予想に対応する制度が存在したことを示しているであろうか？ マグリブでは，情報に対して多くの投資がなされ，集団的な懲罰が科され，ジェノヴァでは情報投資が少なく，個人主義的な懲罰が科されたであろうか？

マグリブは実際に情報を共有し，集団的な罰則を実行していた（第3章）し，これに対して，ジェノヴァの人々は情報を隠そうとした．Lopez (1943, p. 168) によれば，「個人主義的で，寡黙で，控えめなジェノヴァの人々」は自らの商売について語ろうとしないどころか，「商売上の秘密を守るべくかなり用心していた」．例えば，1291 年に，ヴィヴァルディ兄弟がジェノヴァから直接極東に向けて航海しようとしたとき，彼らの商業契約書には「マジョルカ島，さらにはビザンツ帝国」(Lopez p. 169) との交易のためと書かれた．ジェノヴァの歴史的資料は，懲罰の性質について明記していないが，ジェノヴァ社会は集団的な懲罰と情報伝達を欠いていたことを示唆している (Lopez 1943, p. 180, および de Roover 1965, pp. 88-9).

予想を調整する文化的要素や，制度の形成期において関連するゲームをわずかに変化させた社会的・政治的要素が，マグリブとジェノヴァを異なる制度に向かわせたと考えられる．文化に根ざした予想は，それぞれの社会の制度的枠組みの一部であるため，それによってさまざまな行為

の費用と便益が決まり，したがって，効率性が決定される．例えば，集団主義的な予想の下では最適な賃金が低くなるため，個人主義的な予想の下では協力が実現しない状況でも，協力を維持することができる（Greif 1993; 本書第3章）．個人主義的な予想によって非効率な状態になっていることを個々人が認識していても，1人の人間や（比較的）小規模な集団によって状況を変化させることはできない．予想に関する予想を変えることは難しいため，パレート劣位な制度や状態が自己実現的になることがある．より一般的にいえば，文化に根ざした予想が，さまざまな変化を引き起こす動機や能力に影響を与えるのである．

9.3 文化に根ざした予想，代理人関係の社会的パターンと富の分配

　文化に根ざした予想は，経済関係の社会的パターンや富の分配に対してどのような含意を持っているだろうか？ 異なる文化に根ざした予想は，異なる社会組織として姿を現すであろうか？ これらの疑問に答えるためには，これまでの理論モデルを拡張して，商人が他の商人の代理人になることができる状況を考える必要がある．

　このように拡張されたゲームでは，2つのパターンの代理人関係と，それぞれに対応した富の分配の動態的パターンが生じうる．第1は，代理人のみを雇うことが商人にとって最適であり，したがって，実際に代理人のみを雇うよ

うな，垂直的な社会構造である．この場合には，各個人は，商人あるいは代理人のいずれか一方だけの役割を果たす．第2は，商人が他の商人を雇う水平的な社会構造である．この場合各個人は，商人および他の商人の代理人という2つの役目をともに果たす．いいかえれば，代理人サービスを供給すると同時に，その受け手ともなる．これらの代理人関係の社会的パターンと文化に根ざした予想との間には，どのような関係があるだろうか？

　集団主義的な予想の下では，商人はすべての人々の過去の行動に関する情報を持っている．したがって彼らは，この情報に基づいて戦略を決めることができる．そのため，以前に他の商人をだましたことのある商人については，彼をだました代理人に他の商人たちは報復しないという予想を含むように，文化に根ざした予想が再構成される．歴史的な記録は，マグリブ貿易商たちは実際にそのような予想を共有していたことを示している[14]．

　以上に基づいて，文化に根ざした予想と代理人関係の社会的パターンの間の関係を考察することができる．直感的には，集団主義的な予想の下では，商人が持っている資本が担保として機能し，彼が代理人として働くときに誠実にふるまうために必要な賃金を引き下げる機能を持つ．代理人として雇い主をだました場合，彼はもはや集団的懲罰の脅しを利用して代理人を雇うことができなくなる．したがって，代理人として働いているときにだますことは，自分が持つ資本の将来的な収益率を低下させる．このことか

ら，代理人として働いているときに他の商人をだました商人は，商人の役割を果たすことがない代理人ならば負う必要のない費用を負担しなければならないことがわかる．それゆえに，商人に契約を履行させるために必要な賃金は低くなり，各商人は他の商人を代理人として雇う動機を持つ．そしてその結果，水平的な社会構造が実現するのである．

しかし，個人主義的な予想の下では，過去にだました経験があっても商人の資本の収益率は変化しない．しかも，資本を持っていることによって，商人の留保効用は代理人のそれよりも大きくなるため，商人に契約を履行させるための賃金は代理人のそれよりも高くなる．したがって，商人は他の商人を代理人として雇う動機を失い，結果として垂直的な社会構造が形成される．

以上をフォーマルに見るために，代理人として働いている商人を誠実にふるまわせるために必要な最適賃金を考える（ただし，商人は危険中立的であり，割引因子 δ を持つとする）．商人が常に誠実であれば，彼の生涯期待効用の現在価値は，代理人として受ける期待効用の現在価値 V_h^a に，商人として得る期待効用の現在価値 $(\gamma - W^*)/(1-\delta)$ を加えたもの，すなわち，$V_h^a + (\gamma - W^*)/(1-\delta)$ である．商人が代理人として雇われているときにだました場合，彼の期待効用の現在価値は，だますことによって得る利得 α と，だました経験がある者として得る生涯期待効用 V_c^a の和となる．さらに，彼は今期，商人として $\gamma - W^*$ を受け

取り，加えて，過去にだました経験がある商人として V_c^m の生涯期待効用を得る．したがって，彼の生涯期待効用の現在価値は，$\alpha + \gamma - W^* + V_c^m + V_c^a$ である．商人が代理人として雇われているときに誠実であるためには，その期に裏切ることによって得をすることがあってはならない．つまり，$V_h^a + (\gamma - W^*)/(1-\delta) \geq \alpha + \gamma - W^* + V_c^m + V_c^a$ でなければならない．一方，商人になることができない代理人が誠実に行動するための条件は，$V_h^a \geq \alpha + V_c^a$ である．

　誠実さを保証するためのこれらの条件によって，文化に根ざした予想と雇用に関する意思決定との関係を考察することが可能になる．集団主義的な予想の下では，過去にだましたことのある商人は，自分の代理人が裏切ることを防ぐために集団的な懲罰に頼ることはできないから，より多くの賃金を支払わなければならない．したがって，集団主義的戦略の下では，代理人であったときにだますことによって，商人が商人として受け取る期待生涯効用が減少する．すなわち，$(\gamma - W^*)/(1-\delta) > \gamma - W^* + V_c^m$ である．他の条件が等しければ，代理人が誠実にふるまう条件は $V_h^a \geq \alpha + V_c^a$ であるから，商人は他の商人を代理人として雇うことのほうが厳密に好ましいと判断する．

　これに対して，個人主義的な文化に根ざした予想の下では，代理人であったときにだましたことがある商人は，自分が雇う代理人により多くの賃金を支払う必要がない．つまり，$(\gamma - W^*)/(1-\delta) = \gamma - W^* + V_c^m$ である．したがって，他の条件が同じであれば，商人は他の商人を雇う動機

を持たない.

　ただし，以上の分析では，商人の留保効用は代理人のそ
れよりも高いであろうという条件を考慮に入れていない．
高い留保効用が単に商人による交易投資の結果である場合
には，集団主義的な予想の下では商人の雇用がさらに促進
され，個人主義的な予想の下では商人を雇う動機がさらに
低下する．しかし，交易投資と関係がない場合には，文化
に根ざした予想とは関係なく，商人に契約を履行させるた
めの最低賃金が上昇する．

　したがって，商人の持つ資本は，集団主義的予想の下で
は，商人の雇用を促進する担保として機能する．しかし，
商人の留保効用が上昇すると，個人主義的な予想の下では
（場合によっては集団主義的な予想の下でも）商人を雇用
する動機が低下する．したがって，個人主義的な予想の下
では，集団主義的な予想の下におけるよりも初期条件のよ
り大きな集合の下で垂直的な社会構造が実現する一方，集
団主義的な予想の下では，個人主義的な予想の下における
よりも大きな初期条件の集合の下で水平的な社会構造が実
現することになる．

　事実，マグリブとジェノヴァの間の社会構造の相違は，
はっきりしている．マグリブ貿易商は，多かれ少なかれ，
水平的な代理人関係を通じて交易に投資をしていた．それ
ぞれの貿易商は，他の何人かの商人の代理人として働くと
同時に，彼らやその他の商人を代理人として雇っていた．
定住商人が旅商人の代理人として働くこともあったし，逆

もあった. 富裕な商人が貧しい商人の代理人となったこと
もあり，その逆もあったのである.

貿易商は，「商人階級」にも「代理人階級」にも所属して
いなかった. マグリブ社会の構造がどの程度水平的であっ
たかは，代理尺度と呼ぶことができる指標によって数値化
することができる. **代理尺度**は，貿易商が代理人として働
いた回数を，商人あるいは代理人として働いた総数で割っ
た値として定義される. この値は，貿易商が代理人として
のみ働いた場合には 1，商人としてのみ働いた場合は 0 と
なり，どちらとしても働いたことがある場合にはその中間
の値をとる. マグリブ貿易商が書いた 175 通の手紙には，
652 の代理人関係に関する記述があり，119 人の貿易商は 2
回以上登場する. そのうち 70 パーセント以上の貿易商の
代理尺度が，0 と 1 の間の値をとっている. また，数多く
登場する貿易商ほど 0 と 1 以外の代理尺度をとる[15].

マグリブの水平的な社会構造は，代理人関係の形成を媒
介した事業組織の形態にも反映されている. 彼らは，同業
者組織を作るにあたって，主にパートナーシップや「公式
の友好関係」を用いる. パートナーシップにおいては，2
人以上の商人が共同事業に資本と労働を投資し，資本投資
の割合に応じて利益を分配する. 「公式の友好関係」にお
いては，異なる交易拠点にいる 2 人の貿易商が，金銭的な
報酬なしで互いの代理人として働く[16].

一方，ジェノヴァ貿易商の間の関係は，垂直的であった.
富裕な商人が相対的に貧しい人物を代理人として雇用し

た．そして前者が代理人として働くこと，後者が商人とし
て活動することはほとんどなかった（de Roover 1965, p. 51）．
「一般的に」12世紀のジェノヴァの代理人たちは，「大金持
ちではなく，地位も高くなかった」（Byrne 1916-17, p. 159）．
Giovanni Scriba（1154-64）の台帳で2回以上言及されてい
る190の貿易商の家族のうち，代理尺度が0と1の間の値
をとったものは全体の21パーセントだけであり，彼らの
交易額は総交易額の11パーセントに過ぎなかった．

　ジェノヴァの垂直的な社会構造は，代理人関係の形成を
媒介した事業組織の形態にも反映されている．特に12世
紀の終わり以降，ジェノヴァ人は**コメンダ**（commenda）
契約を用い始めた．コメンダにおいては通常，一方の側が
資本を提供し，もう一方は，外国に行って取引をするなど
の形で労働力を提供した[17]．2つの商人集団の間で事業組
織の形態が異なっていたのは，彼らの持つ知識が異なって
いたからではない．どちらの商人たちも，もう一方の集団
の契約形態をよく知っていたし，法的，政治的，道徳的に
それを用いることを禁止されていたわけでもなかった
（Krueger 1962）[18]．

　文化に根ざした予想が影響を与えたのは，経済的相互作
用の社会的なパターンだけではなかった．それは，富の分
配の動態的な変化の差異にもつながった．他の条件がすべ
て等しければ，部分均衡の枠組み内では，垂直的な社会の
方が貧しい人々に対してより多くの上昇機会を提供する．
個人主義的な文化に根ざした予想の下では，代理人が商人

に契約の履行を保証する能力は，代理人の富と負の相関を
もつため，貧しい人々ほど代理人になることで留保効用を
超えるレントを得ることができる．しかし，水平的な社会
では，貧しい人々はこのようなレントを得ることはできな
い．集団主義的な予想の下では，代理人のコミットメント
能力は，彼らの豊かさと正に相関するためである．

　マグリブの富の分配が時間の経過とともにどのように変
わっていったかを歴史的資料から知ることはできないが，
ジェノヴァの資料は，理論的な予測と整合的な富の分配の
動態を反映している．富の移動が生じたことは，交易投資
の集中度が低下し，時間の経過とともに平民によって交易
投資が行われるようになったことに反映されている．Gio-
vanni Scriba (1154-64) の台帳は，投資が身分の高いいくつ
かの家族に集中しており，人数で見て 10 パーセント以下
の商人が総額の 70 パーセントを投資していたことを示し
ている．数十年後の Obertus Scriba (1186) の台帳は，有力
な家族の投資シェアが低下し，10 パーセントの家族の投資
額は全体の 60 パーセントとなったことを示している．そ
して，1376 年には，関税を支払った平民の数（295）は貴族
のそれ（279）を超え，貴族の投資額は全体の 64 パーセン
トとなった（Kedar 1976, pp. 51-2)[19]．代理人関係が富の分
配の変化に寄与したという事実は，アンサルド・バイアラ
ルドのケースによっても知ることができる．彼は 1156 年
に，ジェノヴァの有力な商人インゴ・デラ・ヴォルタに雇
われ，1156 年から 1158 年の間，インゴの代理人として外

国を航海した．そして，自分が得た所得を投資するだけ
で，当時の家の価格の3.5倍に相当する142リラの財産を
蓄えたのである[20]．

第8章で示唆したように，平民の富の増大は，ジェノヴァの政治史に間接的な影響を与えた．社会の一部の集団の富が相対的に増加すれば，彼らは政治的事項により大きな発言権を要求するようになる可能性が高い．したがって，富の分配が変わると，政治的組織を変えようとする動きが生じやすい．ジェノヴァでは，まさにこのことが起こった．13世紀にポポロが貴族階層に反発し，増加しつつある彼らの富に基づいて，それを守るように政治組織を変化させたのである（Vitale 1955）[21]．

9.4 ゲームの境界を超えて：
区分された社会と統合された社会

時間の経過とともに，マグリブとジェノヴァが直面していた商人 – 代理人ゲームは，商人たちにとっては外生的な理由で変化した．地中海沿岸の軍事的・政治的変化によって，両方の集団に，以前には足を踏み入れることができなかった地域に交易を拡大する機会が生まれたのである（A. R. Lewis 1951; 第8章）．商業的には，2つの集団は同様の反応を示し，交易をスペインからコンスタンティノープルの間を含む地域に拡大した．しかし，制度分析の視点から見れば，彼らの反応は異なっていた．ジェノヴァは「統合」

的に反応し，マグリブは「区分」された形で反応したのである．

　マグリブは，他のマグリブを代理人として雇って交易を拡大した．第3章で論じたように，彼らは北アフリカから他の交易拠点に移住した．そして何世代にもわたって，これらの移住者の子孫と他のマグリブの子孫が協力し合った．このような，他の民族から区分された反応は，マグリブが宗教的に少数派であったから生じたわけではない．彼らが，たとえ（エージェンシー・コストを別として）非常に収益性が高いと認識した場合でも，ユダヤ人の商人とは代理人関係を結ばなかったからである．彼らの反応が内生的なものであったことは，後のマグリブの歴史に示されている．すなわち，12世紀の終わりにマグリブが政治的な理由から交易を中止せざるをえなくなったとき，彼らはより大きなユダヤ人の共同体に統合された．

　ジェノヴァ人は，移住をすることによってこの新たな機会に対応し，彼らの取引台帳は，ジェノヴァ人同士の代理人関係が支配的であったことを伝えている．しかし，それらの台帳はジェノヴァで書かれ，したがってジェノヴァ人同士の代理人関係に偏って記述されてはいるが，それにもかかわらず，ジェノヴァ人と非ジェノヴァ人との代理人関係が形成されたことを明確に示している．例えば，ジェノヴァの Giovanni Scriba（1154-64）の台帳によれば，海外に送られた資金の少なくとも18パーセントは，非ジェノヴァ人に対して送られたか，非ジェノヴァ人が運搬した[22]．

ゲームのルールの同じ外生的変化に対して，マグリブと
ジェノヴァが異なる反応を示した理由は，文化に根ざした
予想が均衡選択に与える影響を考えることによって明らか
になる．その外生的な変化は，基本モデルを特定の点で変
化させた．より遠い拠点との交易が可能になった際に，商
人は，自分の経済圏で代理人を雇って海外に航海させたり
移住させたりすることも，現地の代理人を雇うこともでき
た．経済圏間の代理人関係は，商業の柔軟性を高めるた
め，経済圏内の代理人関係よりも効率的であることが多か
った．もともと現地に住んでいる代理人は移住する必要が
なく，現地の事情をよりよく知っている可能性が高かった
からである．

　しかし，経済圏を超えた代理人関係を結ぶかどうかを決
める際に商人が考慮したのは，効率性ではなく収益性であ
る．そして，効率性と収益性の間の関係は，経済圏を超え
た代理人関係が可能になる前に形成された文化に根ざした
予想によって影響を受ける．個人主義的な予想は「統合さ
れた」社会を形作り，効率性と収益性とが一致するため，
効率的であれば経済圏を超えた代理人関係が形成される．
一方，集団主義的な予想は，代理人関係の効率性と収益性
との間に乖離をもたらし，その結果，経済圏を超えた効率
的な代理人関係が形成されない「区分された」社会を形作
る．経済圏間の代理人関係において，集団主義的な予想が
普及しているか個人主義的な予想が普及しているかが不確
実であるときは，代理人の賃金が上昇してしまうため，代

理人関係は（それを形成することがより効率的であるにもかかわらず）集団主義的な商人にとって相対的に不利なものになってしまう．

　なぜそうなるかを見るために，個人主義的もしくは集団主義的，いずれかの予想が普及している，他の点では同一の2つの経済圏を考えよう．そして，これら2つの経済圏が1つになり，その中で，プレイヤーは以前に自分と同じ経済圏に属していた人を識別できるが，同時に，経済圏を超えた代理人関係を形成することも可能であると考える．このとき，プレイヤーの持つ予想に応じて，どのようなパターンの代理人関係が実現するであろうか？（説明を容易にするために，過去の行動は周知の事実であると仮定する．プレイヤーが情報に投資をすることにすれば，以下に示す結果はずっと強められる．）

　直感的には，プレイヤーが自分たちの予想を新たなゲームに投影すれば，すなわち，2つの経済圏が1つになってからも他の人々の行動に関する予想が変わらなければ，変化前の文化に根ざした予想は動学的な調整過程の初期条件となる．例えば，変化前の経済圏が集団主義的であれば，プレイヤーたちは，各商人は自分と同じ経済圏に属していた代理人を雇うと予想し，また，同じ経済圏の商人たちは，彼らのうちの誰かを裏切った代理人に対して集団で報復すると予想する．しかし，変化前の文化に根ざした予想は，変化後のゲームにおける最適反応を計算するためには不十分である．変化前と同じ行動をとる場合，変化後のゲーム

においては変化前には存在しなかった均衡経路外の戦略が付け加わるため，変化前の文化に根ざした予想によっては完全な戦略を定めることができないからである．例えば，変化前の文化に根ざした予想は，ある経済圏の商人が，自分と同じ経済圏の代理人が経済圏を超えた代理人関係においてとった行動に対してどのように反応するかを特定しない．他の人々の戦略が特定されていないため，プレイヤーは自分の最適反応を見出すことができないのである．

最適反応を見出すために，商人は，経済圏間の代理人関係においてとられた行動に対して，もう一方の経済圏の商人がどのように反応するかを予想しなければならない．代理人と同じ経済圏の商人はさまざまな反応をすると予想されるが，その中で主なものは２つある．経済圏間の代理人関係の下で代理人がとった行動が与えられたとき，代理人と同じ経済圏に属していた商人は，その代理人を同じ経済圏の人間を以前にだました者とみなすか，もしくは，だましたことがない者とみなすか，の２つである．例えば，集団主義的な経済圏において，商人は，経済圏を超えた代理人関係の下でだました代理人を，報復の対象としての裏切り者とみなすかもしれないし，裏切ったという事実を無視するかもしれない．変化前の文化に根ざした予想からは，それぞれの行動に対してどのような反応がなされるかはわからないのである．したがって，分析する上でできる最大限のことは，経済圏間の代理人関係では，これら２つの反応に関する確率分布がどのようなものでもありうると考え

ることである[23]. 変化前の文化に根ざした予想とそのような確率分布を初期条件と考えることによって, 商人の最適反応を調べることが可能になる（その際, 2つの経済は文化に根ざした予想以外の点では差異がないと考える）.

では, 文化に根ざした予想に対応した商人の最適反応は, どのようなものであろうか？ まず, 経済圏間の代理人関係によって効率性が高まることはないと仮定する. 直感的に考えられるように, 2つの集団主義的経済圏の間で代理人関係を結ぶことが可能になったとき, 初期条件としての文化に根ざした予想は, 経済圏内の代理人関係には集団的な懲罰を指定する. 集団的な懲罰が経済圏間の代理人関係の統治にも適用されるかどうかに疑問がある場合には, 経済圏間の代理人関係における賃金は, 経済圏内のそれよりも高くなる. なぜならば, 経済圏を超えた代理人関係で集団的な懲罰が行われない可能性があれば, だました代理人が罰せられる確率が低くなり, 命題9.1によって, 最適賃金が高くなるからである. したがって, 商人にとって経済圏間の代理人関係を成立させるために必要な費用が, 経済圏内のそれよりも高くなるため, 経済圏内の代理人関係のみが成立し, その結果, 2つの経済圏は区分される. 経済圏を超えた代理人関係の方が効率的である場合には, 効率性から得られる利益が十分に大きい場合にのみ, 商人は代理人関係を結ぶ.

この分析は, 代理人関係が2つの個人主義的な経済圏の間で可能になった場合には妥当しない. 同じような不確実

性が存在する可能性はあるが，代理人が同じ経済圏に所属していても異なる経済圏に所属していても，最適賃金は等しい．すなわち，個人主義的な予想が，このような不確実性を最適賃金の決定と無関係にするのである．したがって，効率性が上がることによって得るものが少しでもあれば，商人は代理人関係を結ぶ動機を持つ．

　命題9.4は，いくつかの追加的定義が必要とされるが，上の分析をフォーマルに述べたものである．初期条件を所与として，それぞれの経済圏の商人が自分の経済圏に属する代理人を雇うことを好むとき，2つの結合された経済圏は区分されていると定義する．他方，初期条件を所与として，少なくとも一方の経済圏に属する商人にとって，どちらの経済圏に所属している代理人も無差別であるとき，2つの経済圏は統合されている，ということにする．経済圏 s 出身の商人を M^s とし，経済圏 t 出身の代理人を A^t としよう．ただし，$s, t \in \{K, J\}$ である．以前 M^t に雇われていた際に A^s が雇い主をだました場合，経済圏 s 出身の商人が A^s をだます代理人と認識する確率を μ とする．また，M^t に雇われていた際に誠実であった経済圏 s 出身の代理人を，経済圏 s 出身の商人がだます代理人と誤って考える確率を η とする．

命題9.4　経済圏間の代理人関係は効率性の向上をもたらさず，2つの経済圏のパラメータは同一であると仮定する．結合される前の経済圏が集団主義的である場合には，結合

された経済圏はすべての $\mu \in [0,1), \eta \in (0,1]$ に対して区分され，$\mu = 1$ かつ $\eta = 0$ のときにのみ統合される．結合前の経済圏がともに個人主義的である場合には，結合された経済圏はすべての $\mu \in [0,1], \eta \in [0,1]$ に対して統合される（証明は補論 9.1 を参照）．

集団主義的な経済圏と個人主義的な経済圏との間で代理人関係を結ぶことが可能になった場合，個人主義的な商人の反応に関する不確実性のいかんにかかわらず，集団主義的な商人が経済圏を超えて代理人関係を結ぶことはない[24]．集団主義的な経済圏で代理人に支払わなければならない賃金は個人主義的な経済圏のそれよりも低いため，商人が代理人を誠実にふるまわせるために支払わなければならない賃金は，集団主義的な経済圏における賃金よりも高くなる．したがって，集団主義的な予想を持っていると，効率的な代理人関係と有利な代理人関係との間に差異が生じるため，集団主義的予想を持つ商人が経済圏を超えた代理人関係を結ぶのは，代理人関係による効率性の向上が十分大きいときだけである．

これに対して，集団主義的な経済圏の賃金は低いため，たとえそうすることによって効率性が向上しなくても，個人主義的な経済圏の商人にとっては，もう一方の経済圏から代理人を雇うことが最適になるかもしれない．したがって，（非対称な）統合が生じる可能性がある．なぜこのようなことが生じるかを見るために，経済圏間の代理人関係か

ら得られる利益をもっとも大きく損なう，集団主義的経済圏の商人の反応に関する不確実性について考える．集団主義的な商人は，だました代理人を集団で罰することはしないが（$\mu=0$），経済圏間の取引において誠実にふるまった代理人は罰するとする（$\eta=1$）としよう．集団主義的な商人が，経済圏間の取引においてだました代理人を集団で罰しないという予想そのものは（つまり，$\eta=\mu=0$ という予想は），統合を妨げるほど，経済圏間の代理人関係から得られる利益を減少させるわけではない．これは，個人主義的な商人に雇われていた集団主義的な代理人が雇用関係を離れた場合，彼の生涯期待効用は，雇われていない他のすべての集団主義的代理人の生涯期待効用と等しいことを意味する．雇われていない集団主義的な代理人の生涯期待賃金は個人主義的な代理人の生涯期待賃金よりも低いため，個人主義的な経済圏の賃金は，代理人を誠実にふるまわせるために必要な賃金よりも高い．したがって，個人主義的な商人にとって，集団主義的な代理人を雇うことは利益がある．

　もし集団主義的な商人が，経済圏間の代理人関係において誠実であった代理人をだました代理人と同じように扱うと予想される場合（$\eta>0$）には，個人主義的な商人が集団主義的な代理人に支払うべき賃金はさらに増加する．経済圏間の取引において誠実であった，現在は雇われていない集団主義的な代理人は，他の雇われていない集団主義的な代理人よりも生涯期待効用が低い．したがって，彼を誠実

にふるまわせるためには，（$\eta=0$ である場合よりも）より高い賃金が必要とされる．しかし，誠実な代理人が雇われなくなるのは先のことであるから，それでも経済は統合される．したがって，経済圏間の代理人関係が，集団主義的な商人の反応に関する予想によって阻止されるのは，代理人の時間割引因子が十分に大きい場合だけである．

　個人主義的な商人は経済圏の統合をもたらす可能性が高いが，集団主義的な商人はそうではない．前者にとっては，効率性が向上せず，集団主義的な商人がどのような反応をとるか不確実な場合でも，経済圏を超えた代理人関係を結ぶことが有利である．しかし，予想される集団主義的な商人の反応が，集団主義的な代理人の「退出障壁」となる場合には，経済が区分されることがある[25]．さらに，統合によって集団主義的経済圏の賃金が上昇するため，集団主義的な商人たちは，社会的・政治的手段を用いて経済圏間の代理人関係を阻止しようとするかもしれない．命題9.5 は，統合および区分が生じるための必要条件と十分条件を示している．

命題9.5　(a) すべての $\mu \in [0,1], \eta \in [0,1]$ に対して，集団主義的な商人は経済圏間で代理人関係を結ばない．(b) 統合が起こるための十分条件は $\mu \geq \eta$, 必要条件は $\mu + (1-\delta)(V_h^{u,I} - \mu V_c^{u,c} - (1-\mu) V_h^{u,c}) / \delta\tau (V_h^{u,c} - V_c^{u,c}) \geq \eta$ である（添え字 c [ないし I] は集団主義的 [ないし個人主義的] 経済圏を示す）．(c) 経済が区分されるための必要条件は

$\mu < \eta$ である．μ がゼロに十分近く，η が 1 に十分近ければ，ある $\bar{\delta} \in (0,1)$ が存在し，$\forall \delta \geq \bar{\delta}$ について経済は区分される（証明は補論 9.1 を参照）.

上の分析によって，異なる文化に根ざした予想，内生的に生じる区分と統合，経済的効率性，の間の関係が明らかになった．予想の構造，および変化が周知の事実となるように予想を変えるメカニズムが欠如しているために，パレート劣位な経済の区分が生じる可能性がある．このように，集団主義的な社会における取引の拡大範囲は，社会の境界に関する初期の予想によって制限されている．異なる文化に根ざした予想は，取引が拡大する方向を決定する．個人主義的な商人は集団主義的な社会の中にも浸透していく可能性が高いが，集団主義的な商人は個人主義的な社会に浸透する可能性は低い．実際，われわれが対象にしている時代には，取引の拡大は，ラテン世界の商人がイスラーム世界へ浸透したことに基づいていた．第 9.5 節で論じるように，経済の統合と区分は，個人と社会の関係に影響を及ぼし，したがって，集団行動を管理し取引を促進する組織の誕生に影響を及ぼしたのである．

9.5　ゲームの境界を超えて：組織の進化

マグリブの間では，集団主義的な文化に根ざした予想が，自己実現的な集団的懲罰，水平な代理人関係，区分さ

れた経済，集団内での社会的情報ネットワークなどを特徴
とする，集団主義的な社会の形成を導いた．集団主義的な
社会では，非公式の集団的懲罰が現実に起こりうるため，
人々は「不適切な」行動を慎む．例えば，代理人関係にお
ける不正行為のように，自分以外のすべてのマグリブ人が
ある特定の行動を「不適切」であり罰すべきだと考えるだ
ろう，と予想したとする．この懲罰は，代理人関係におけ
る集団的懲罰が自己実現的であるのと同じ理由で，自己実
現的である．また，情報ネットワークが存在するため，実
行可能でもある．この場合の懲罰は，先に論じたように，
小さな区分された集団内で頻繁に行われる経済的相互作用
の結果として生じた社会的・道徳的執行メカニズムによっ
て強められるであろう．集団的懲罰の脅威が信じるに足る
ものとなるためには，何が「不適切な」行動であるかを定
義することによって予想を調整する必要がある．集団主義
的な社会では，このような調整は，慣習や言い伝えなどの
非公式なメカニズムに基づいて行われる可能性が高い．

　一方，ジェノヴァの人々の間では，個人主義的な文化に
根ざした予想が，垂直的で統合された社会構造，比較的少
ない情報伝達，自己実現的な集団的懲罰の欠如，などを特
徴とする個人主義的な社会の形成を導いた．そのような社
会では，集団的懲罰が自己実現的になりえず，情報を伝達
するためのネットワークが存在しないため，非公式的な執
行メカニズムが相対的に低いレベルでしか機能しない．さ
らに，統合された社会構造と低いレベルの情報伝達によっ

て，社会的・道徳的な契約執行メカニズムの成立も妨げられる．その結果，個人主義的な社会は，集団行動を支え交易を促進するために，公式の——法的・政治的——契約執行組織を作り出す必要がある．予想を調整し，公的な組織が持つ抑止効果を高めることによって交易を促進するために，公式の法律が必要である可能性が高い．

この時期，ジェノヴァもマグリブも，自治体制を確立しつつあった．マグリブはファーティマ朝のカリフ国に移住し，そこで活動していた．そしてこの地域では，「当人たちにかかわることの管理は当人たちに委ねられていた」（Goitein 1971, p. 1）．ジェノヴァはちょうど，1つの都市に統合され，事実上，神聖ローマ帝国の支配から自由になったところであった[26]．したがって，どちらの国の人々も，自分たちの統治と司法を確立できる状況にあったが，対応の仕方はそれぞれ異なっていた．マグリブの人々は，集団行動と交易を支えるための公的な組織を発達させず，利用可能な組織も用いなかったようである．一方，ジェノヴァの人々はそのような組織を発達させた．

よく発達したユダヤ人共同体の裁判制度があったにもかかわらず（さらにイスラーム教の法制度も利用可能であったにもかかわらず），マグリブ人は非公式に契約を結び，非公式な行動規範を採用し，非公式に紛争を解決しようとした（Goitein 1967; Greif 1989, 1993 を見よ）．それに対して，12世紀のジェノヴァでは，握手によって契約を結ぶ古代の慣習を用いることをやめ，契約の締結と執行のための大規模

な法制度を発達させた．裁判所が常設されるに従って，ジェノヴァの貿易商同士の契約を統治していた慣習的な契約法が成文化された（Vitale 1955）．1194 年以降，法はほぼポデスタとその下の裁判官によって執行されるようになった．

　個人主義的な社会では，代理人が集団的に罰せられることは予想されていない．商人から商品を横領した代理人は，その商人に再び雇われることはないであろうが，自ら商人となって，自分がだました商人と同じ条件で代理人を雇うことができる．したがって，代理人関係が成立するのは，代理人の賃金が十分に高いため，すべての人々が商人になるよりも代理人となることを選好するときだけである．いいかえれば，代理人を雇うために，商人は利潤のすべてと資本の一部を彼に支払わなければならない．明らかに，そのような賃金水準における均衡はありえない．したがって，個人主義的な社会で代理人関係が成立するためには，国家によって支援された法制度のような外的メカニズムによって，代理人が商人の資本を横領する能力を制限する必要がある．法制度は，個人主義的な文化に根ざした予想に基づく制度を補完することができるが，それと関連する二者間の評判に基づく制度に完全にとって代わることはない．法制度が（利潤の過少申告などの）不正を抑止する能力に限界がある場合には，依然として評判に基づいた制度が用いられる必要がある．ジェノヴァで実際にそうであったことは，代理人契約に関する多くの記述が示してい

る.

　文化に根ざした予想と組織の発展との関係は，以上のような全般的な過程だけでなく，特定の経済的目的のために作られた組織にも反映されている．例えば，中世の交易では，集団行動を支えるための執行組織の必要性は，貿易商と支配者との関係に現れた（第4章）．貿易商が少ないうちは，1人の貿易商による将来の交易から支配者が得る利益が比較的大きかったため，支配者は貿易商の権利を尊重する動機を持っていた．しかし，貿易商が多い場合には，このようなメカニズムは働かない．交易額が大きいという条件の下で貿易商の権利が保護されうるための1つの方法は，任意の貿易商に対する支配者の権利侵犯に対して，十分多くの貿易商が——禁輸などの——対応をとることである．ところが，いったん禁輸を宣言されると，禁輸宣言を無視して品不足に悩む禁輸対象地域に商品を売った商人はそれによって利益を得ることができる．したがって，各貿易商に禁輸という集団的決定を遵守させるためには，何らかの執行メカニズムが必要である．集団主義的な社会では，非公式な執行メカニズムで十分に，貿易商に禁輸の決定を遵守させることができると考えられる．一方，個人主義的な社会では，禁輸を執行するための特別な組織が必要であると考えられる．

　マグリブとジェノヴァの歴史的な証拠は，上記の予測と整合的である．マグリブの間では，非公式な手段によって集団的決定が遵守されていた．シチリアのイスラーム教徒

の支配者がマグリブ貿易商の権利を侵したことに対して、1050年頃、マグリブはシチリアへの禁輸という対応をとった。禁輸措置は非公式に組織化された。マイムーン・ベン・ハルファがシチリアのパレルモからフスタート（かつてのカイロ）のナハライ・ベン・ニシームに送った手紙には、増税の報告と、「シチリアには1ディルハム（小額硬貨）も送金しないように、わが同胞（マグリブの貿易商たち）の手を握っておいて」くれ、という依頼が記されていた。実際マグリブは、シチリアの代わりにチュニジアへと向かった。そして1年後、関税は撤廃された[27]。禁輸措置を執行するためにユダヤ人の裁判制度や共同体の組織を利用することができたにもかかわらず、彼らが公的な執行組織を用いたという証拠はない。

　これとははっきりと対照的に、（第4章で見たように）ジェノヴァでは、集団で報復するという脅しを信頼に足るものとするために、公式の執行組織が機能していた。当局がある地域への禁輸を宣言した後にそれを破った商人は告訴された。

　近代の船荷証券の歴史は、ジェノヴァでは発達したが、マグリブでは発達しなかった公式の組織と明示的な契約形態に関する、もう1つの例である。この証券は、古い型の船荷証券といわゆる通知状とを統合したものである。もともとの船荷証券は、商人が預けた商品に対する船の書記の領収書であった。この領収書は、商人によって海外の代理人に送られ、代理人は書記の署名を証拠として商品を受け

取った．通知状は，船が目的地に到着した後に，船の書記から，船荷を受け取りに来なかった荷受人に対して送られた．船荷証券と通知状は，商品を海外に送る際に生ずる，組織にかかわる問題を克服するために役立った．

　現在のところ知られているヨーロッパでもっとも古い船荷証券と通知状は 1390 年代に遡り，それはジェノヴァの交易に関するものである．これに対して，マグリブ貿易商は船荷証券の存在を知っていたが，それを用いることはほとんどなかった[28]．なぜ，ジェノヴァ人は船荷証券を使用し，マグリブ人はそれを放棄したのだろうか？　マグリブ人が証券を利用しなかったのは，彼らが，関連する組織上の問題を非公式な集団的執行メカニズムによって解決していたからである．つまりマグリブ人は，彼らの商品を運ぶ船に乗って海外に行くマグリブ人にその商品を預けたのである．このことを例証するために，11 世紀初めに，アレクサンドリアのイスマーイールの息子であったエフライムが，フスタートに住んでいた著名な商人イブン・アクワルに送った手紙を見てみよう．エフライムは，別々の船に乗っている 4 人の名前を挙げ，「[商品が入っている] 70 ベール [単位] の船荷と 1 つの小船荷をヤァクーブの息子のハラフの手に渡すまで注意深く取り扱う」よう依頼した，と記している[29]．

　マグリブ人は，商人と船長との間の組織上の問題を解決する代わりに，それを巧みに回避した．このことは，1057 年にシチリアから送られた手紙がはっきりと示している．

その手紙は，航海の途中で覆いが裂けたために船荷がどう
なったかを記述している．船が港に着いた後，船長は船荷
を盗み始めたのである．この手紙の筆者は，「もし私の弟
がそこにいて商品を収集しなかったら，私の友人（マグリ
ブ貿易商）の持ち物は雲散霧消してしまったであろう」と
記している[30]．この手紙は，船長は自分に商品を守る責任
があるとは考えておらず，貿易商も彼についてそう考えて
いなかったことを示している．同じように，所有者のわか
らない商品が船から降ろされたり，船が目的地に着かなか
った場合には，仲間の商品を管理すべきなのは船長ではな
く，マグリブ貿易商であった[31]．ジェノヴァの貿易商は，
このような非公式の執行メカニズムを持っていなかったた
め，仲間の貿易商に頼ることができなかった．そのため彼
らは，商品の輸送にかかわる組織上の問題を解決するため
に，船荷証券や通知状，そして，それらに伴う法的な責任
を利用したのである．

　集団主義的な社会と個人主義的な社会との相違は，代理
人関係に関連した組織の発達にも現れる可能性がある．命
題9.1は，今後も代理人関係が継続する確率が高いほど，
商人が代理人に支払わなければならない賃金は低くなるこ
とを示している（外生的な要因で代理人関係を解消せざる
をえない確率 τ が低いほど，最適賃金は下がる）．最適賃
金の低下の程度は，文化に根ざした予想に依存する．なぜ
なら，強制的な代理人関係解消の確率が低くなることによ
ってどれだけ利益があるかは，だました代理人と誠実な代

理人が再雇用される確率に依存するからである．だました
代理人が再び雇われる確率が低いほど，また，誠実な代理
人が再び雇われる確率が高いほど，強制的に関係が解消さ
れる確率が変化することによって得られる利益は小さくな
る．さらに，雇われていない誠実な代理人が再び雇われる
確率が1であれば，外的な要因で関係が消滅する確率が変
化しても利益は変わらない[32]．

　集団主義的な予想，およびその結果として生じる経済の
区分と集団的懲罰は，誠実な代理人が再雇用される確率を
おそらく1まで上昇させる．そしてこれらの要因は，だま
した代理人が再び雇用される確率を0まで下げるであろ
う．したがって，集団主義的な予想と区分された経済の下
では，商人が外的要因による関係解消を防ごうとする動機
はわずかであるか，まったく存在しない．これに対して，
個人主義的な予想，およびその結果として生じる経済の統
合と当事者による懲罰の下では，商人たちは，代理人関係
をやむをえず解消する確率を引き下げるように組織を作る
動機を持っている．

　マグリブとジェノヴァにおける家族関係と事業組織の進
化は，代理人関係をやむをえず解消する確率を低くするた
めの組織が，ジェノヴァでのみ導入されたことを示唆して
いる．マグリブとジェノヴァの商人が地中海で交易を始め
た頃は，どちらの集団においても，父親が生きている間に
息子が独立して商売を始めるのが一般的であった．父親は
たいてい，息子が自分1人で事業ができるようになるまで

手助けをした。父親が死ぬと，彼の財産は相続人に分配され，父親の事業は消滅した[33]。

しかし，その後の家族関係と商業組織の発展の仕方はかなり異なっている。12世紀のジェノヴァの貿易商たちは，同族企業を作ったが，これは本質的には永続性のある無限責任の合名会社であった。貿易商の息子も同じ同族企業に入ったため，一族の富は会社の所有の下，分割されずに済んだ[34]。マグリブの貿易商たちは，少なくともジェノヴァの貿易商と同じくらい長く活動したが，そのような組織は作らなかった。

なぜ2つの社会はこのように異なる発展をしたのだろうか？　マグリブの集団主義的な予想と，それによって生じた経済の区分，集団的懲罰，水平的関係の下では，外的要因による代理人関係の解消を防いでも，商人は得るところがあまりなかったからである。ジェノヴァの貿易商は個人主義的な予想を持っていたため，代理人に提供する雇用の安定性を高める動機があった。家族企業はこうした動機の現れと見ることができる。ジェノヴァの家族企業においては，何人かの貿易商が資本を集めて，無限の存続期間を持ち破産確率が低い組織を形成した。企業の設立によって，代理人関係は，個々の商人との間のものではなく，組織との間のものとなった[35]。

これらの歴史的事例は，集団主義的および，個人主義的な文化に根ざした予想が，異なる組織を導入する動機を与えたことを示唆している。ひとたびある組織が導入される

と，その組織を含む既存の組織によってその後の契約問題
への対応が方向づけられるため，（学習と試行を通じて）別
の組織革新が引き起こされる可能性がある．例えば，家族
企業の成立という組織上の「大規模な革新」によって，イ
タリア人の間に組織上の「小規模な革新」が引き起こされ
た．家族企業が，その株式を家族以外の構成員に売却し始
めたのである．例えば，バルディ社の資本は 58 の株式か
らなっていたが，6 人の家族が過半数の株を所有し，残り
は外部の人間が所有していた．また，1312 年の時点で，ペ
ルッツィ社の資本は，8 人の家族と，家族以外の 9 人の間
に分配されていた．1331 年に半分以上の資本が外部の人
間に属したとき，ペルッツィ一族が会社に対する支配力を
失った（de Roover 1963, pp. 77-8; その他の事例については de
Roover 1965 を参照）．売買可能な株式には，それに適した
市場，すなわち「株式市場」が必要であった．家族企業に
よってもたらされた所有と経営の分離は，情報伝達技術の
改善，会計手続き，代理人に与える誘因体系などの組織と
手続きの導入をもたらし，それによって契約問題が克服さ
れたのである．

9.6 結論

　マグリブとジェノヴァは，同じ技術的・環境的制約に直
面し，同じ組織上の問題を有していた．しかし，文化的遺
産や，政治的・社会的歴史が異なっていたため，異なる文

化に根ざした予想が生み出された．理論的には，2つの集団の制度が異なる軌跡をたどったことを説明するためには，彼らの予想が異なっていたというだけで十分である．すなわち，文化に根ざした予想は，それが一時的なものであっても，持続的な影響を与え続けた可能性がある．本章の分析は，制度，外生的変化，組織の革新過程の間の相互作用が，どのように制度の歴史的発展とそれに関連する経済的・政治的・法律的・組織的発展を支配するかを明らかにしている．

　集団主義的な予想は，マグリブの集団的執行メカニズムの一部をなしており，情報への投資，社会の区分，水平的な経済取引，安定した富の分配をもたらした．社会が内生的に区分されたことによって，経済的・社会的交流は小さな集団内に限定され，集団内の情報伝達と経済的・社会的な集団の懲罰が促された．集団主義的な文化に根ざした予想によって，違反者を集団で経済的・社会的，そして特に道徳的に罰する能力に基づいた制度がもたらされた．

　一方，個人主義的な予想は，ジェノヴァ人の，当事者による執行メカニズムの一部であった．そして，これらの予想によって，低水準の情報伝達，垂直的な社会構造，経済的・社会的統合，貧しい人々への富の移動が促された．個人主義的な文化に根ざした予想がこのような形で具現化したことによって，人々の集団への依存が弱まり，集団が個々の構成員を経済的，社会的，道徳的に罰することができなくなった．個人主義的な文化に根ざした予想によって

誕生した制度は，法的，政治的，および（当事者間の）経済的組織に基づいた，契約の履行と行動調整制度をもたらしたのである．

　これら2つのシステムは，それぞれ効率性に関して異なる含意を持っていた．集団主義的な予想は，集団内の代理人関係を支持することに関してより効率的であり，必要な公的組織（裁判所など）の費用が低かったが，経済圏間の代理人関係の発達を阻害した．個人主義的な予想は，経済圏間の代理人関係を阻害しなかったが，集団内の関係を支持することに関して相対的に効率性が低く，費用のかかる公的組織を必要とした．

　また，それぞれのシステムは，異なる富の配分を生み出し，効率性に関しても異なる含意を持っていた．この事実は，個人主義的なシステムと集団主義的なシステムの相対的な効率性は，関連するパラメータの大きさに依存することを意味している．イタリア人は，最終的にイスラームの貿易商を地中海沿岸から駆逐したが，これら2つのシステムのうちどちらがより効率的であったかを歴史的な記録によって検証することはできない．さらに，ジェノヴァとヴェネツィアの事例が示すように，文化的遺産が等しくても結果が異なることがありうる．

　しかし，興味深いことに，マグリブの制度は現代の発展途上国の制度と類似しており，ジェノヴァの制度は西洋の制度と類似している．これは，長期的には，個人主義的なシステムの方がより効率的であったのかもしれないという

ことを示唆している．本章の分析によって，個人主義的な
システムが持っている可能性のある，長期的な便益を推測
することができる．分業が長期的かつ持続可能な経済成長
の必要条件であるとすれば，匿名的な相手との取引を支え
る公的な契約執行制度は，経済発展を促進する．個人主義
的な文化に根ざした予想はそのような制度の発展を促し，
社会が効率性の上昇を享受することを可能にする．また，
個人主義的な社会では，社会的な行動規範に従うことにつ
いての社会的圧力が小さいため，創意と革新が促される．
事実，ジェノヴァは，イタリアの都市国家の中でも個人主
義をもって知られ，同時に，商業的な創意と革新のリーダ
ーでもあった．

　個人主義の持つ重要性を立証するためにはさらに歴史的
研究を行う必要があるが，本章における分析によって，特
定の制度的要素を生み出し，それによって制度的軌跡を
——したがって経済成長を——歴史的な過程にするうえ
で，文化的遺産，特に，文化に根ざした予想と社会組織が
持つ重要性が明らかになった．したがって，制度が変化す
る能力は，制度の歴史に依存する．なぜならば，他の人々
が何を信じているかに関して，人々がそれぞれ別個に保有
している文化に根ざした予想を変えるのは難しく，また，
組織は自らをもたらした文化に根ざした予想を反映してお
り，さらに，これらの組織と文化に根ざした予想が戦略的
状況と制度の歴史的進化に影響を与えるからである．

補論 9.1

命題 9.1 の証明

第 3 章，命題 3.1 の証明を参照．

命題 9.2 の証明

どちらの戦略の下においても，商人は命題 9.1 で仮定した戦略に従って行動する[36]．過去に何が生じた場合でも，個人主義的な戦略の下では $h_c = h_n > 0$ であり，集団主義的な戦略の下では $h_n > 0$ かつ $h_c = 0$ である．したがって命題 9.1 が成り立ち，W^* を所与としたとき，代理人は行動を変えても得をしない．これは，均衡経路上で商人の戦略が最適反応になっていることを意味している．

均衡経路外のプレイに関する証明において自明でないのは，集団主義的な戦略の下で不正が生じた後に商人がとる雇用戦略が最適であることである．だました代理人（誠実な代理人）が集団主義的な戦略の下で雇用される確率を $h_c^\varepsilon (h_n^\varepsilon)$ とする．集団主義的戦略の下ではだました代理人は雇用されないと予想されるため，h_c^ε はゼロであるが，誠実な代理人は将来雇用されるため，均衡経路上では h_n^ε は $\tau M / (A - (1 - \tau) M) > 0$ となる．命題 9.1 より，だました代理人に支払う最適な賃金は $W_c^* = w(., h_n^\varepsilon = 0, h_c^\varepsilon = 0)$ であり，誠実な代理人に支払う最適な賃金は $W_n^* = w(., h_n^\varepsilon > 0, h_c^\varepsilon = 0)$ である．w は h_n の減少関数であるから，

$W_c^* > W_h^*$ が成り立ち，したがって商人は，だました代理人よりも一度も裏切ったことがない代理人を常に選好する．したがって商人にとっては，だました代理人を解雇し，だましたことがない代理人の中から1人を選択することが最適である．このことから，だました代理人を解雇しないというもう1つの経路外の状況においては，商人にとって代理人を雇用することが有利になるような代理人の賃金は存在しないことがわかる．商人は，代理人に対して少なくとも W_c^* を支払わなければならないため，たとえこの代理人が誠実であっても，次の期に解雇することが最適となる．したがって，いかなる $W \neq a$ に対しても，だますことが代理人にとっては最適である．　　　　　（証明終）

命題 9.4 の証明

　上下の添え字のうち，1つ目は商人に関するものであり，2つ目は代理人に関するものである．すべての $\mu \in [0,1]$ と $\eta \in [0,1]$ について，直前に M_s に雇われた A_t の将来における雇用確率に関する予想は，次のような含意を持っている．A_t がだました代理人であるときに雇われる確率は $h_c^{s,t'}(\mu) = \mu h_c^{t,t'} + (1-\mu) h_h^{t,t'}$ であり，A_t が誠実であるときに雇われる確率は $h_h^{s,t'}(\eta) = \mu h_c^{t,t'} + (1-\eta) h_h^{t,t'}$ である．M_s が A_t に支払う最適な賃金を $W_{s,t}^*$ とする（ただし，$s \in \{K, J\}$，$t \in \{K, J\}$ である）．経済圏 s に属していて雇われていない代理人が，前回，経済圏 t に属する商人に雇われていたとし，彼が前回雇われていた際に行動 I をとった場合に再び

雇われる確率を $h_I^{i,s}$ とする．ただし I は誠実 h ないし不正 c である．また，2つの経済圏は集団主義的な人々の社会であると仮定する．経済圏を超えた代理人関係が可能になる以前の行動履歴と，文化に根ざした予想を所与とした場合，商人はもう一方の経済圏から代理人を選ぶだろうか．明らかに，$W_{s,t}^* > W_{s,s}^*$ が成り立っていれば，つまり，A_s に誠実に行動してもらうために支払わなければいけない額以上の賃金を M_s が A_t に払う必要があれば，M_s は A_t を雇わない．文化に根ざした予想，2つの経済圏の対称性，それぞれでとられている集団主義的な戦略，を所与とすると，以下が成り立つ．

$$\eta h_c^{t,t} + (1-\eta) h_h^{t,t} = h_h^{s,t} < h_h^{s,s}, \forall \eta \in (0,1) \quad (*)$$

$$\mu h_c^{t,t} + (1-\mu) h_h^{t,t} = h_c^{s,t} > h_c^{s,s}, \forall \mu \in (0,1) \quad (**)$$

不等式 (**) は，M_s をだましたという理由で A_t が経済圏 t に属している商人たちから罰せられなければ，彼が M_s を裏切った後に雇用される確率は，経済圏 s に所属する代理人が雇われる確率よりも高いことを表している．簡単にいえば，A_t は，M_s をだました後に自分と同じ経済圏に属している商人から雇われるという，A_s にはない選択肢を持っているということである．

命題9.2から，w は h_c の増加関数であり，h_h の減少関数であることがわかる．したがって，$s = K$，$t = J$ について，$W_{s,t}^* = w(h_h^{s,t}, h_c^{s,t}) > w(h_h^{s,s}, h_c^{s,s}) = W_{s,s}^*$，$\forall \mu \in [0,1)$，$\eta \in (0,$

1] が成り立つ.

　2つの経済圏は対称であるから, $s=J$, $t=K$ に対しても同じ結果が成り立つ. $\mu=1$ かつ $\eta=0$ でないかぎり, ある経済圏の商人の最適反応は, もう一方の経済圏に属する代理人を雇わない, というものである. したがって, 上記の条件が満たされていない場合には, 経済は区分され, 商人は自分と同じ経済圏に所属する代理人だけを雇い, 彼らに対して集団主義的な戦略をとることになる.

　次に, 2つの個人主義的な経済圏の間に交流があると仮定する. 上と同じ論理に従い, 個人主義的な経済では $h_h^{s,s}=h_c^{s,s}$ であることを用いると, 代理人の最適賃金が等しいため, 経済圏の中ではどちらの経済圏から代理人を雇用しても商人にとって無差別である（明らかに, ここではそれぞれの経済圏の P と A が十分に大きいと仮定している）. すべての商人にとって, どちらの経済圏に所属している代理人も無差別であれば,（したがって, 両方の経済圏から無作為に代理人を雇用してもよければ）, 2つの経済圏は統合され, 個人主義的な戦略がとられることになる.

（証明終）

命題9.5の証明

　経済圏 s は集団主義的であり, 経済圏 t は個人主義的であるとする.（a）M^s をだました A^t は, $h_c^{s,t}=\mu h_c^{t,t}+(1-\mu)h_h^{t,t}>h_c^{s,s}$, $\forall\mu\in[0,1]$ の確率で再び雇用される. M^s に雇われたときに誠実であった A^t は, $h_h^{s,t}=\eta h_c^{t,t}+(1-\eta)h_h^{t,t}$

$=h_h^{s,s}$, $\forall \eta \in [0,1]$ の確率で再び雇われる．集団主義的社会の賃金 W^{*c} は個人主義的社会で支払われる賃金よりも低いから，$\forall \mu \in [0,1]$, $\eta \in [0,1]$, $h_c^{s,t} > h_c^{s,s}$, $h_h^{s,t} = h_h^{s,s}$ が成り立つ．したがって，代理人に契約を履行してもらうためには，W^{*c} よりも高い賃金が必要となる．(b) $A^{t,s}$ を誠実にふるまわせるために必要な最低賃金は，$(W^* + \delta\tau V_h^u)/(1 - \delta + \delta\tau) = \alpha + V_c^u$ を成り立たせる W^* である．ただし，上付きの添え字 u は雇われていないことを表し，$V_h^u = \eta V_h^{u,c} + (1-\eta) V_h^{u,c}$, $V_c^u = \mu V_c^{u,c} + (1-\mu) V_h^{u,c}$ である．$A^{t,t}$ が誠実に行動するための最低賃金は，以下の式を満たす $W^{*,I}$ である：$(W^{*,I} + \delta\tau V_h^{u,I})/(1 - \delta(1-\tau)) = \alpha + V_c^{u,I}$．このとき，$W^{*,I} - W^* = (1-\delta)[V_h^{u,I} - V_c^u] + \delta\tau(\mu-\eta)[V_h^{u,c} - V_c^{u,c}]$ である．$W^{*,I} - W^*$ の項は，$(\mu-\eta)$ を除いてすべて正である．また，統合が起こるのは $W^{*,I} - W^* \geq 0$ が成り立つときのみである．したがって，必要十分条件が導かれた．(c) 必要条件は (b) における分析からただちに得られる．連続性の仮定から，十分条件を得るためには $\mu=0$ と $\eta=1$ の場合のみを考えればよい．(b) より，$W^{*,I} - W^* \geq 0$ と $[1 - \delta(1-\tau)][V_c^{u,I} - V_h^{u,c}] \geq \delta\tau[V_h^{u,I} - V_h^u]$ は同値である．$V_c^{u,I} - V_h^{u,c} < V_h^{u,I} - V_h^u$, $\forall \delta$ であり，かつ，δ が1に近づくときの $(1 - \delta + \tau\delta)/\delta\tau$ の極限は1であるから，$\forall \delta \geq \bar{\delta}$ となるような $\bar{\delta} \in (0,1)$ が存在する．したがって，上記の不等号は成り立たない．(証明終)

第9章註

1) もちろん,すべての社会は両方の要素を持っている.ここでは,それぞれの要素の相対的な重要性に基づいて社会を分類している.Bellah et al. (1985); Reynolds and Norman (1988); Triandis (1990) を参照.Triandis は,社会組織と1人当たり所得の相関に関する証拠を示している.

2) 文化に根ざした予想一般に関しては,例えば K. Davis (1949, 特に pp. 52 ff., 192 ff.) と Bandura (1971) を参照.それが制度変化に与える影響については,Greif (1994a) および Nee and Ingram (1998) を参照のこと.

3) 後の時期の台帳 (例えば, Obertus Scriba 1186, 1190; Giovanni di Guiberto 1200-11; Lanfranco Scriba 1203) によれば,12世紀末の時点で,代理人関係のおよそ16パーセントが,次のような意味で家族間のものであった.すなわち,契約書に親戚同士であるという記載があるとき,同じ名字であるとき (場所や職業を示す名字の場合は除く),婚姻契約書などの家族関係を示す証拠があるときなどである.私は,Belgrano (1873) と入手可能なすべての12世紀の台帳に基づいて,ジョヴァンニ・スクリーバの台帳で言及されている家族すべての家系図をたどった.

4) このリストのラテン語の写本については,Bertolotto (1896, pp. 389-97) を参照.

5) 以下では,同じ代理人と再びマッチングする可能性はゼロであると仮定する.

6) Timur Kuran は,このような予想は共同主義的 (communalist) であると呼んだ方が良いかもしれない,と提案してくれた.

7) 不完全観測モデルについては付録Aを参照.不完全観測の下では均衡経路上で代理人が罰せられるが,それによって結果が本質的に変わることはない.

8) Macfarlane (1978) は,この時期の土地売買をもとに個人主義を数値化する方法を開発した.彼によれば,13世紀のイギリスは,これまで考えられてきたよりもずっと個人主義的であった.このことは,French and Hoyle (2003) によって確認されている.

9) もちろん,中世のキリスト教にも集団主義的な要素はあったが,それはイスラーム教におけるほど重視されてはいなかった.同時期の社会における個人主義と集団主義の相対的な程度については,Bellah et al. (1985); Reynolds and Norman (1988); Triandis (1990) を参照.

10) 包括的な議論と文献サーベイについては Gurevich (1995) を参照.ま

た，Bloch（1961, 1: 106-8）も参照されたい．イスラーム教の祈禱について
は，コーラン 62：7 を参照．

11)　逆説的であるが，キリスト教固有の個人的義務は，ジェノヴァの人々の
間でもそうであったように，慈善事業への匿名の貢献を要請した．S. A.
Epstein（1996, 特に pp. 91-4, 112-20, 129-30）を参照．

12)　例えば，Bloch（1961, 1: 113-16）；Kelly（1992, p. 185）；Rippin（1994, pp.
80-1）；Schacht（1982［1964］）；Rahman（2002）を参照．

13)　純粋に個人主義的な社会は存在しない．ジェノヴァでも，代理人に関
する情報は家族内や氏族内で伝えられたであろう．1 人の構成員しか交易
に投資しなかった家族も存在したが，そのことは，その 1 人が家族全員を
代表して投資していたことを示唆している．それにもかかわらず，ジョヴ
ァンニ・スクリーバの台帳に，同じ家族の幾人かが恒常的にそれぞれ異な
る代理人を雇っているケースがあることは注目に値する．

14)　1041-1042 年に，だましたという理由でマグリブ貿易商たちに告発され
たチュニジア商人の言葉は，過去にだましたことのある代理人がマグリブ
貿易商を代理人として雇った場合，そのマグリブ貿易商は雇い主をだまし
ても共同体による報復を受けない，ということを明らかにしている．その
チュニジア商人は，いったん自分たちの裏切りが知られた途端，「人々はい
きり立って私に対して敵意を抱き，私から金を借りていた人々は，共謀し
てそれを借り倒そうとした」と不満を述べている．Bodl. MS Heb., a2, f. 17,
sect. D. Goitein（1973, p. 104）. Greif（1989）をも参照．

15)　この尺度は，シチリアと現在のイスラエルとの間で 11 世紀半ばに行わ
れた交易と，ナハライ・ベン・ニシームの交易に関して，現在入手可能な
すべての手紙に基づいて算出した（Michael 1965；Gil 1983a, 1983b；Greif
1985；Ben-Sasson 1991）. 資料の性質上，マグリブについて，金額ベースの
代理尺度を計算することはできなかった．

16)　Maimonides（1951, p. 220）；Goitein（1967, pp. 164-9, 173, 183）；Stillman
（1970, p. 388），Gil（1983b, 1: 200 ff.）の議論を参照．Goitein（1964, p. 316）
は，ゲニーザに見られる商業取引のうち約半数は，公式の友好関係による
ものであると結論している．マグリブの人々はそのような関係をシルカ
（アラビア語で「パートナーシップ」），シュトフート（ヘブライ語で「パー
トナーシップ」），フルタ（アラビア語で「混合」），キース・ワーヒド（ア
ラビア語で「1 つの財布」），バイナナー（アラビア語で「われわれの間
で」），リルワサト（アラビア語で「〜の中へ」）などと呼んでいた．公式の

友好関係は，スフバ（アラビア語で「仲間」），ザダーカ（アラビア語で「友情と施し」），ビダーア（アラビア語で「財」）などと呼ばれていた．ビダーアという語は，イスラーム法の文献にも見られる．Udovitch (1970, pp. 101 ff., 134) を参照．

17) 1154 年から 1164 年の期間，代理人を通して行われた投資のうち，金額で測って全体の 80 パーセントは**ソキエタス**（societas）契約によって行われた．ソキエタスにおいては，代理人が 3 分の 1 の資本を提供した（ジョヴァンニ・スクリーバ）．後の時期の台帳からは，コメンダ契約への移行が読み取れる．ジェノヴァでは，1216 年までには移行が完了し，現存しているその年の交易関係の契約 299 のうち，ソキエタス契約だったのは 2 つのみであった（Krueger 1962, p. 421）．Krueger は，事業組織に変化があったのは，比較的貧しい商人が大きな役割を果たすようになったからであると推測している．しかし，1200 年から 1226 年の台帳を調べてみると，12 世紀半ばにジェノヴァの商業と政治を支配していた家族（ヴェントゥス，デラ・ヴォルタ，カストロ，フィラルドゥス，マロヌス，スピヌーラ，ウスマリス，デ・ダルベリキス）が交わした契約のうち，ソキエタス契約であったのはわずか 6 パーセントであった（Lanfranco Scriba 1202-26 と Giovanni de Guiberto 1200-11 を参照）．ジェノヴァでは，これに続く数世紀の間に，富の分配の変化やその他の要因によって，代理人と商人の区別がはっきりしなくなっていったようである．したがって，12 世紀の状況は特に意味深い．なお，ユダヤの法では，コメンダを意味する語はイスーカ（Maimonides 1951, pp. 299-30; Goitein 1967, pp. 169-80）であり，アラビア語ではキルドとムダーラバである（Udovitch 1970）．よい数量的な指標はないが，ムダーラバはイスラーム世界で，さまざまな目的のために広く用いられたようである．ゲニーザに反映されている，ユダヤのコメンダについての文献としては，Oxford MS Heb. b. 11, f. 8, Mann 1970, 2: 29-30 を参照．

18) この点に関する包括的な議論については，de Roover (1965); Goitein (1973; 11 ff.); Gil (1983b, 1: 216 ff.); Greif (1989) を参照．彼らが相手の契約形態を知っていたことの立証については，Lieber (1968) および Greif (1989) を参照．

19) de Roover (1965) は，イタリアの代理人関係が富の移動を促進したと論じている．私の知る限り，1376 年は，2 次文献でデータが利用できる唯一の年である．第 8 章では，これと補完的な過程を指摘した．すなわち，

氏族間の紛争を反映した保護・被保護関係も，ジェノヴァの富の分配を変化させたであろう．

20) アンサルドについては，de Roover（1965, pp. 51-2）を参照．家の価格については Giovanni di Guiberto（1200-11），No. 260, No. 261 を参照．

21) しかし，ヴェネツィアの人々は評判メカニズムにはあまり頼っていなかったため，このような事態は生じなかった．

22) 他の台帳に記述のある非ジェノヴァ人については，Obertus Scriba（1186, Nos. 9, 38; 1190, Nos. 138, 139）; Guglielmo Cassinese（1190-2; Nos. 418, 1325); Lanfranco Scriba（1202-6, No. 524）を参照．非ジェノヴァ人を容易に雇用できたことは，シチリアにおける不利な政治的状況を回避するために非ジェノヴァ人が利用されたことに反映されている（Abulafia 1977, pp. 201 ff）．

23) この確率分布は，代理人と同じ経済圏の商人が代理人に対してどのように反応するかに関する代理人の予想を，商人は確実には知りえないことを反映していると考えることもできる．

24) 文化に根ざした予想が異なることによって生じる反応の差異に焦点を当てるため，垂直的な社会構造と水平的な社会構造が代理人の留保効用に及ぼす影響は考慮していない．

25) 統合が段階的に生じ，個人主義的な商人に雇われていた集団主義的な代理人が，個人主義的な代理人の集団に加わる場合には，これらの予想と集団主義的代理人の減少によって，新たな均衡では経済圏の大きさが異なる場合がありうる．

26) 本書第8章を参照．この点に関する証拠については，*Annali* 1162, 第 I 巻，および Airaldi（1986）と Vitale（1955）の議論を参照．

27) DK 22, a, 29-31 行，b, 3-5 行，Gil（1983a, pp. 97-106); TS 10J 12, f. 26, a, 18-20, Michael（1965, 2: 85）．

28) ジェノヴァに関しては Bensa（1925）を参照．マグリブ貿易商による船荷証券の利用と，歴史的記録が偏っている可能性については Goitein（1973, pp. 305 ff.）を参照．

29) TS 13J 17, f. 3, Goitein（1973, p. 313）．この手法が一般的であったことについては Goitein（1967）を参照．

30) Bodl. MS Heb., c28, f. 61, a, 12-14 行，Gil（1983a, pp. 126-33）．

31) 例えば，Bodl. MS Heb., c28, f. 61, a, 9-17 行，Gil（1983a: 126-33）．

32) フォーマルには，$\delta > h_c$ のとき $\partial^2 W(\cdot)/\partial h_c \partial \tau > 0, \partial^2 W(\cdot)/\partial h_h \partial \tau < 0,$

かつ $h_h=1$ のとき $\partial W/\partial \tau=0$ である.

33) マグリブ貿易商については、Goitein（1967, pp. 180 ff.）および Gil
（1983b, 1 : 215 ff.）を参照. ジェノヴァで父親が息子の事業を手伝ったこと
については Giovanni Scriba（Nos. 236, 575, 1047）を、遺言については
Giovanni Scriba（No. 946）を参照.

34) de Roover（1965, pp. 70 ff.）および Rosenberg and Birdzell（1986, pp.
123-4）を見よ.

35) 家族企業が、その個々の構成員よりも大きな保証をすることができた
かどうか、そしてどのようにして保証したかについては、さらに理論的、
歴史的に研究する必要がある.

36) 技術的な理由のため、商人が $W=0$ を提示した場合には、雇用関係は
生まれず、商人は k を受け取り、代理人は $\bar{u}$ を受け取ると仮定する. 集団
主義的な戦略においても、1 人以上の代理人がだました場合には商人は
それを無視する. そして個人主義的な戦略の下では、商人が裏切った代理人
を解雇しないという均衡経路外の状況においては、代理人はいかなる賃金
を受け取ってもだまし、商人は $W=0$ しか提示しない.

第 4 部

比較歴史制度分析における実証の方法

The Empirical Method of Comparative and
Historical Institutional Analysis

制度が本来的に持つ不確定性と文脈依存性は，社会科学の従来の実証的方法を用いて制度を研究するわれわれの能力に難問を突きつけている．これらの方法は，ある状況に関して外生的で観察可能であることを特徴とする集合が与えられた場合，演繹的理論によって，実証分析が有意味になる程度まで，結果の集合を十分に限定することができるという前提に基づいている．しかし内生的制度に関しては，われわれはそのような理論を持ち合わせていない．

　第1部－第3部では，制度の演繹的理論を発展させることが不可能であるさまざまな理由に焦点を当てた．制度は本質的に不確定性と文脈依存性を有している．さまざまな取引は中心的な取引と結びついており，制度分析にとって本質的な，人々がくり返し関係を持つような状況においては，複数均衡，したがって複数の制度が広く存在しうる．異なる認知モデルと情報を組み込んださまざまな制度が，自己実現的でありうる．制度変化は既存の制度の関数である一方，制度変化の方向は過去から受け継いだ制度的要素から影響を受ける．制度の演繹的理論が将来発展するかどうかは別として，われわれの知識の現状では，演繹的理論だけで，特定の時代と場所に関連する制度を理解することはできない．

　制度を観察可能な特徴のみに基づいて識別し，分類するベーコン流の帰納的分析もまた，制度研究にとって不十分である．純粋な帰納法が不十分なのは，行動を動機づける予想や規範などのさまざまな制度の構成要素が直接には観

察可能ではないからである．そのうえ，同じ観察可能な構成要素でも異なる制度の一部でありうる．つまり，同一のルールや組織が，予想や規範，したがってその含意が異なる制度の構成要素となりうるのである．最後に，制度の時間的な変化に伴って，同一のルールや組織が，異なる厚生上の含意を持つ異なる制度の一部になることがありうる[1]．

例えば，ジェノヴァとピサは一見すると同じ**ポデスタ制**を持っていたように見えるが，両都市の制度は非常に異なっていた．ジェノヴァでは，ポデスタは勢力の均衡を生み出したのに対して，ピサでは，ポデスタはある集団による他の集団に対する支配の象徴であった．また商人ギルドは，当初は所有権を保護し，厚生を高める制度であった．しかし，時が経つにつれ，ハンザ同盟のような同業組合は，その権力を利用して競争を妨げることによって厚生を低下させるようになった．

複数の制度がある与えられた状況において普及することはありうるし，制度は観察不可能な構成要素を持っている．そしてまた，同じ観察可能な構成要素が，異なる制度の一部になることもある．さらに，制度の影響力は，それらの制度の構成要素の詳細，および制度が位置する幅広い文脈に依存している．そのため，制度の計量経済学的分析は，因果関係がよく理解されておらず，その含意が文脈に依存しているような，あまりに多くの内生的および観察不可能な変数に対処しなければならないという問題に直面す

る．政治的暴力，平和，あるいは所有権保護のような制度の含意に関するマクロレベルの代理変数と制度を同一視するような実証研究も問題が多い．結果の制度的基盤と幅広い文脈を認識せずに，これらの結果の厚生上の含意を評価する試みも過ちを避けられない．ジェノヴァのケースが示しているように，平和が経済成長に貢献しないかもしれないし，政治的暴力が所有権を危険に晒すとは限らない．同様に，所有権を保護することが厚生を低下させ，経済成長を減速させるかもしれない．ヨーロッパでは，奴隷制の衰退，すなわち人間に対する所有権の禁止が，労働節約的な技術革新の促進を通じて成長に貢献した．

　第4部では，社会科学の従来の方法では制度を研究することができないという問題について，補完的な事例研究法を導入することによって対応する．この方法は，制度を予測することに焦点を当てるのではなく，制度を識別し，その内容と起源を理解し，制度が自己実現的となる要因を考察することに焦点を当てる．そのうえで，その方法は，制度のミクロ的な細部と幅広い文脈の理解に基づいて制度の影響力を評価する．このような分析は，過去と現在の制度を理解し，異なる制度の軌跡をたどる要因を識別し，そして，制度改革や外生的な環境変化に対応して制度がどのような方向に変化するかを予測するために欠かすことができないものである．

　この実証的方法，すなわち理論に裏づけられた事例研究法は，**対話型の文脈依存的分析**に基づいている．その目的

は，ある状況に関連する制度を識別し理解することであり，そして同時にまた，一般的な制度の理解を助長することである．この方法の中心をなすのは，演繹的理論および状況とその歴史に関する文脈的知識を対話的に使う文脈依存的分析であり，特定の制度が実効性を持つことに関する推測を発展させて，評価する，文脈依存的なモデル化である．

　制度の動態的変化は歴史的過程なので，ある状況とその歴史に関する文脈的知識を用いることで，制度の文脈依存性や歴史的偶発性に対応することができる．このような知識を理論と文脈依存的なモデル化と結びつけることで，研究者は関連する制度について推測し，特定の制度がなぜ特定の歴史的条件下で現れる可能性が高いかを明らかにし，そしてその制度がどのようにして自己実現的になったのかを理解することができる．

　その方法は，おおよそ以下のように要約される．理論と文脈的で他との比較を可能にする情報を用いて考察の対象としている出来事に関する重要な問題，取引，そして，ありうる因果関係を特定する．また，どの制度的要因を外生的なものとして取り扱うことができ，どの制度的要因を内生的なものとして扱うべきであるのかを決定するためにも用いられる．文脈的分析，一般的な理論的洞察，および実証的な証拠は，関心の対象となっている制度に関して，次のような推測を立てるために用いられる．すなわち，どの取引が相互につながっていたのか（あるいは，いなかった

のか），それはなぜであり，どのようにしてなのか，また，結果として生じるゲームとゲーム内の予想が，なぜ，どのように特定の行動をもたらしたのかといった推測である．

これらの推測は文脈依存的モデルを用いて定式化され，評価される．その際に，その文脈依存的モデルのゲームのルールが，外生的で歴史的に決定された技術的・制度的要因によって定義される．均衡選択に影響を与える歴史的要因の役割を認識しているゲームの分析と証拠を組み合わせることで，われわれは推測を評価——つまり，棄却，精緻化，あるいは，"受容"（すなわち，棄却しない）——し，それによって，関心の対象となっている内生的制度を理解することができる．この推測と評価のプロセスは対話的である．つまり，われわれは，推測にあたって，理論，文脈的知識，および経験的証拠をくり返し利用する．そしてわれわれは，明示的な文脈依存的モデルを提示し，それを分析する．最後に，モデルから導かれる予測や他の洞察を用いて推測を評価し，修正する．

第1部－第3部で提示した，歴史上の制度に関する分析は，上のような理論－歴史対話型の文脈依存的分析に基づいている．第10章における実証的研究では，この方法の必要性と利点をより明確に示しており，また，制度分析においては，帰納法，演繹法そして文脈依存的分析が補完的であるという主な主張を示している．理論と文脈依存的なモデル化が歴史的な説明を補強する一方で，帰納法や文脈的知識は，理論的な議論を補強する．

第10章では，領土国家が（相対的に）公正な裁判を行う以前のヨーロッパにおいて，個人的関係に依存しない取引を支えた制度を考察することを通じて，この問題を議論する．同章ではまた，個人間関係に依存した取引に基づく経済から，よりその程度が小さい取引も可能な経済に移行する過程についても分析する．したがってその分析は，経済史と経済発展の中心的な問題に関係する．すなわち，個人的関係が経済的・社会的相互作用の限界を画する経済社会から，個人的関係に依存しない経済的取引と社会的流動性が広まっている経済社会への移行という問題である．

　第11章では，推論も帰納法もそれだけでは内生的制度を分析するには不十分であるという主張の一般性について議論する．そのうえでこの章では，文脈的・歴史的知識と文脈依存的モデル化の役割に焦点を当て，理論－歴史対話型の文脈依存的分析について，そのメカニズムを紹介する．付録Cでは私的秩序，評判に基づく制度を考察し，理論－歴史対話型で，理論的に裏づけられた文脈依存的分析における理論の役割をより詳しく述べ，上の議論を補完する．

註

1) 逆に，もはやルールが行動に影響を与えるとは考えられないような場合でも，影響を与えているかもしれないのである．実際，第10章で述べる

共同体責任制は，正式に廃止された後でも，長い間有効であった．

第 10 章
個人的関係に依存しない取引の制度的基盤

The Institutional Foundations of Impersonal Exchange

　この章では，経済史と開発経済学の中心的問題を考察することによって，理論 – 歴史対話型で理論に裏づけられた，文脈に依存した分析の利点を明らかにする．この問題は，ある経済ではより個人的関係に依存しない取引が可能であり，他の経済ではそうではないという現象を引き起こす制度進化と関連している（North 1990; Greif 1994a, 1997a, 1998b, 2000, 2004b, 2004c; Rodrik 2003; Shirley 2004 を参照）．そのような制度進化が，分業，効率性，成長を促進するということがしばしば主張される．しかし，個人的関係に依存しない取引の制度的基盤の歴史的発展については，これまでのところほとんどわかっていない．

　この歴史的発展が本章の焦点である．すなわち本章では，前近代のヨーロッパにおける，司法管轄区域の境界を超え，信用を伴った，個人的関係に依存しない取引を支え

た制度の性質と動態的変化を考察する．ヨーロッパ各地の商人間の取引を支えるものとして，地理的に広範囲にわたる司法権を持つ公平な裁判所がなかったにもかかわらず，商業は特に14世紀半ば以前の300年間に拡大した．時間的・空間的に受け取りと支払いが分離しているという特徴を持つ，司法管轄区域を超えた取引は，どのような制度によって支えられたのだろうか．より具体的には，現在の取引相手との将来の交流から期待される利益に関する期待，過去の行動に関する知識，不正行為を将来の取引相手に通報する能力に依存しないという意味で，個人的関係に依存しない取引を可能にする制度は存在したのだろうか．

　以下で述べる理論的・歴史的分析は，前近代ヨーロッパでは，司法権の境界を超えた信用を伴う個人的関係に依存しない取引が，自己実現的な制度，すなわち共同体責任制によって可能になっていたことを立証する．この制度の中心をなすのは，ヨーロッパに特殊な，コミューンとして知られている自治的共同体であり，それは，われわれが通常概念化する，共同体と国家の中間領域に位置する．コミューンは，内部における構成員間の親密さを特徴とする点で共同体と類似していたが，国家と同様に，強制力の合法的使用に関する（地理的に）局所的な独占力を有していた．しかし，これらの自治的コミューンの裁判所は公平ではなく，共同体の利益を代表していた．

　共同体責任制の下，地域的な共同体裁判所は，地域社会の構成員との契約にかかわった異なるコミューンの者が契

約を履行しない場合，そのコミューンの構成員全員が法的責任を負うと考えた．不履行を行った者の側の共同体裁判所が，不履行によって被害を受けた者への補償を拒んだ場合，被害者側の共同体裁判所は，補償として，その管轄地域内にある不履行者のコミューンの任意の構成員の財産を没収した．もちろんコミューンは，他のコミューンとの取引を中止しさえすれば，1人の構成員の契約不履行の補償を避けることができた．しかしこのコストがあまりにも高い場合，不履行者側のコミューン裁判所の最適反応は，自分のコミューンの構成員がだました他のコミューンの構成員に対して公平に法を執行することであった．公平な法の執行が事後的に行われることを期待して，商人は，個人的関係に依存しない，共同体間の取引に加わるよう動機づけられた．共同体間の個人的関係に依存しない取引は，コミューン裁判所が不公平であるにもかかわらず可能になったのではなく，不公平であるために可能となっていたのである．共同体裁判所はコミューン全体の集団的評判を重視していた．

　より一般的にいえば，共同体責任制に関する戦略と組織構造は，公平な法的契約執行が存在しない状況下で，寿命が有限な商人相互間の個人的関係に依存しない取引を可能にした．共同体責任制は，共同体を，各構成員による他の構成員への契約不履行のコストを内部化する，無限の寿命を持つ持続的な組織に変えた．そのため，不公平な共同体裁判所は，公平に法を施行するように動機づけられたので

ある.

　共同体責任制はまた，人々が確実に個人的・社会的な身元を自分の取引相手に開示できるようにし，だまされた人が不正行為を裁判所に訴えるよう促す組織を作り出す動機を共同体に与えた．過去の行為に関する事前の知識，あるいは将来の取引相手に対して不正行為を伝える能力ではなく，こうした事後的な情報によって，取引が均衡結果となることが可能になったのである.

　したがって，2つの取引間のつながりが共同体責任制の中心をなしていたといえる．第1に，商人の特定グループ，すなわち関係するコミューンの構成員間における，情報共有，強制，経済に関する取引のつながりによって，コミューンが共同体間の取引における契約不履行に対して，不履行をした商人が属するコミューンのある構成員を罰するだろうと信頼させることを可能にした．第2に，特定の商人の間における共同体間の経済取引は，商人たちそれぞれのコミューンの構成員すべてとの将来の取引につながっていた．コミューンは，それゆえに共同体間の取引で契約不履行をした構成員を罰するよう動機づけられたのである.

　共同体責任制は，近代的市場につながる制度的発展をわれわれが理解するための失われた環となる．理論的には，個人的関係に依存しない取引を支える，法に基づいた制度の発展は謎である．個人間関係に依存した取引を支える評判に基づいた制度は，制度を形成するための固定費用は低

いが，よく知らない個人と取引をする場合の限界費用は高い．法に基づいた制度は，それを作るための固定費用は高いが，新しい取引関係を築くための限界費用は低い（Li 1999, Dixit 2004）.

取引が最初は個人間関係に依存したものであったとすれば，なぜ法制度は，固定費用が高いにもかかわらず，個人的関係に依存しない取引を支えるために築かれたのだろうか？　そして，個人的関係に依存しない取引の利益に関する知識はどのようにして生じたのだろうか？[1]　ヨーロッパにおいて，共同体責任制は，法にのみ基づいたものでもなく，評判にのみ基づいたものでもない中間的な制度を構成した．それは，共同体の不公平な法制度と評判に対する考慮に基づいて，共同体間の個人的関係に依存しない取引を可能にした．

共同体責任制は，その下で裁判所と商人双方の誘因が内生的に均衡結果として与えられる自己実現的な制度であった．しかし，取引の規模，数，そして商人共同体の経済的・社会的異質性の拡大と成長のために，時間の経過とともに，その経済効率性と政治的実行可能性が低下していった．13世紀後半まで，少なくともここで考察した地域では，この制度は衰退しており，それは，取引や都市の発達が，まさにこの制度を均衡結果としていた要因に与えた影響によるものであった．皮肉にも，共同体責任制は，それが発達させたプロセスが，取引と都市の成長というその衰退の原因をもたらしたために，自らを弱体化させたのかも

しれない.

　共同体責任制を効果的に代替する能力は，政治的な統治形態に依存していた点で，環境効果の影響を受けていた.適切な制度的環境が広まっていた時と場所では，共同体責任制の消滅は，属地法と個人の法的責任といった今日，個人的関係に依存しない取引を支えている制度の段階的な発展を促した.

　この分析は，国際交易（司法権の境界を超えた取引）の中心的問題にも関連している.すなわち，ここでの問題は，交易の制度的決定要因，交易の流れに対する国内制度の影響，そして国内制度に対する交易の流れの影響に関連している（Greif 1992; Staiger 1995; Maggi 1999; Grossman and Helpman 2002, 2003 を参照）.共同体責任制は，司法権の境界を超えた取引を促した国内制度であった.さらに，共同体責任制の衰退がもたらした制度の移行は，国際交易と国内制度の発展との間の因果関係に関する研究が重要であることを浮き彫りにしている.

　成長に対する国際交易の影響については膨大な研究があるにもかかわらず，両者の間の因果関係に関する決定的な証拠は与えられていない（Helpman 2004）.共同体責任制の歴史は，制度変化が，交易が成長に影響を与える際の重要なチャンネルであるという推測を支持している[2].実際，共同体責任制の衰退とその後の制度的発展は，国内取引と国際交易との間の制度の差異を生み出した.共同体責任制の下では，国家の内と外で個人的関係に依存しない取引を

統治した制度との間に差異はほとんどなかった。事実，「国家」というのは，コミューンを表現するために前近代に頻繁に使われていた言葉である（しかし，国境内や国境を超えた制度の異質性の消滅は，取引に適切な国家の境界を与えた）。

本章で示す歴史分析は，フィレンツェとイングランドの利用可能な豊富な史料に基づいている。さらに歴史的比較研究を行う余地は多くあるが，これらの史料は，2次資料と合わせれば，ヨーロッパ全体において共同体責任制が重要であったことを確証するのに十分である。

旧世代の学者たち（例えば，Wach 1868; Santini 1886; Arias 1901; Maitland and Bateson 1901; Planitz 1919; Patourel 1937）は，豊富な文書が共同体責任制の諸相を反映していることに気づいた。しかし彼らは，適切な分析の枠組みを持たなかったために，共同体責任制の詳細，発展，含意，およびさまざまな制度的・組織的特徴の間の相互関係を説明することができなかった。この章は，これらの優れた研究者たちの仕事に立脚している。

中世後期における個人的関係に依存しない取引の制度的基盤に関する研究の重要性は，最近の研究者によっても注目された。しかし，彼らは，理論のみ（フォーマルなモデル化）か，あるいは歴史だけを用いて，特定の制度の重要性を論じた。これら2つの研究動向のいずれも，個人的関係に依存しない取引が広くいきわたっていたことを確証することができず，またその制度的基盤も発見できなかっ

た. 私は, ここで得られた結論と, このような研究の結論
とを比較することによって, 理論的に裏づけられた文脈に
依存した分析の利点を明らかにする.

　第10.1節では, 歴史的背景を説明する. その後, 第10.
2節と第10.3節では, 前近代ヨーロッパにおいて, 特定の
制度が個人的関係に依存しない取引を統治していたと主張
する理論ないし歴史に基づいた分析について論評する. 第
10.4節では, 共同体責任制について文脈に依存した分析を
行う. 第10.5節は, 制度の内生的な衰退とその後の制度
発展について論じる.

10.1　受け取りと支払いが分離された取引

　受け取りと支払いが時間的・空間的に分離された取引,
すなわち信用取引は, 中世後期の商業拡大期において, お
そらく, ローマ帝国の滅亡以来はじめて, 西欧で一般的と
なった. 町, 大市, そして市場において, ヨーロッパの遠
隔地域から来た商人たちが信用を授受し, 将来に引き渡さ
れる財について売買契約を結び, そして保険をかけて海外
に財を出荷した[3].

　どのような制度が, ヨーロッパの遠隔地域から来た商人
たちの行動にこのような規則性を生み出したのだろうか?
その制度は, 受け取りと支払いが分離した取引, すなわち
信用取引を可能にしたのだろうか? あるいは, 取引は個
人的関係に依存しない現物取引 (地域的裁判所で支えられ

た），または個人間関係に依存した取引（くり返される相互関係，または社会関係に支えられた）に限定されたのだろうか？[4]

　時間と空間を超えた信用を伴う個人的関係に依存しない取引を支えるためには，制度は，その種の取引に固有の契約上の問題を緩和しなければならない．すなわち，受け取りと支払いが分離されているにもかかわらず，事後的な契約上の義務を破らないように，取引当事者が事前に保証（コミット）する必要性がある．例えば，借り手は，借入金を調達した後，負債を返済しないことで利益を得ることができる．そのような事後的行動を予想して，貸し手は，借り手が借入金の返済をコミットする制度がない場合は，事前に資金を貸さないであろう．個人的関係に依存しない取引においては，取引当事者たちは，再び同じ相手と取引することを期待していなくても，取引相手の過去の行為に関する情報がなくても，そして不正行為を将来その取引相手と取引する者に報告することをコミットできなくても，取引当事者同士が相互にコミットすることができなければならないのである．

10.2　演繹のみで制度をとらえることの問題点

　個人的関係に依存しない取引の制度的基盤を研究した研究者たちは，中世後期におけるヨーロッパの商業拡大の初期段階に，一国を包括する有効で公平な法制度が存在しな

いことに注目した．研究者たちは，代替的諸制度のうちの
どれが広まっていたかを推測する際に，理論的な議論，つ
まり演繹に頼った．文脈的・歴史的分析を欠いているた
め，研究者たちはおどろくほどさまざまな結論に達した．
国家による契約執行を，経済活動の基盤とみなす人々は，
個人的関係に依存しない取引は行われなかったと結論づけ
た．この見解によれば，個人的関係に依存しない取引は実
行不可能であった．この時代に取引を支えた「個人間関係
に依存した関係，自主的な制約，および不履行者の取引か
らの排除」は，個人的関係に依存しない取引を支えるうえ
で「実効的」ではなかったからである（North 1991, p. 100）.
この見解によれば，前近代ヨーロッパの個人的関係に依存
しない取引の増加は，国家の隆盛とその法制度を待たなけ
ればならなかった．

　別の研究者は逆の結論に達した．経済に対する国家の介
入に反対する人々の主張によれば，中世後期に個人的関係
に依存しない取引が普及したことは，国家の介入は契約執
行に関しても必要ではないという彼らの見方を支持するも
のであると主張している．Benson（1989）は，この時代に
私的秩序の制度，すなわち商事法による私的秩序の制度
が，「ヨーロッパ中の大市や市場を往来している何千人も
の商人が，ほとんど見知らぬ人々とほとんど見知らぬ財を
取引することを」可能にした，と述べている（p. 648）.「商
人は，自分たちの法に従って紛争を裁くために，自分たち
の裁判所を形成した．このように裁判所の決定は，商人共

同体全体からの追放の脅威——非常に実効的なボイコット制裁——に裏づけられていたので，勝者と敗者の双方によって受け入れられた」(p. 649)．この制度は，「自発的に生み出され，自発的に裁判を行い，そして自発的に商事法を執行した」(p. 647)．

　この主張の妥当性は，実証的な証拠の欠如と内部の論理的矛盾を考えると，個人的関係に依存しない取引が行われなかったという主張の妥当性と同様に，疑わしいものである．Benson の歴史的証拠への言及は，Trackman（1983, p. 10）の研究のみであるが，その研究は，どのように法が執行されたかではなく，前近代における法の内容を検討したものである．Trackman は，おそらく評判が個人的関係に依存しない取引を支えたであろうと示唆したが，その主張を実証したわけではない．

　論理的にもその議論にはあまり説得力がない．相互関係が互いを「ほとんど知らない」(Benson 1989, p. 641) 人々の間で行われるのであれば，どのようにして追放への恐れが人々の行動に影響を与えるのであろうか？　追放に関する議論の筋を通すためには，いかにして過去の行動に関する情報が商人間で普及したか，そして集団的懲罰に参加する動機を彼らにどのようにして与えられたかを，明確に示す必要がある．

10.3 ミクロ分析モデルによって補強された理論
の欠陥

　情報の流れと契約執行を内生的に説明する必要があると
いう認識は，Milgrom, North, and Weingast（1990）による
この問題に関する論文の核心をなしている．彼らは，ミク
ロ経済学のモデルを用いて，個人的関係に依存しない取引
を支える私的秩序の制度を演繹的に論じた．彼らの分析
は，シャンパーニュ大市（12，13世紀におけるもっとも重
要な地域間取引の大市）に焦点を当てている（Verlinden
1979）．この時代，南北のヨーロッパ間の取引の大部分は，
これらの大市で行われ，大市では異なる地域の商人が，時
間を超えた契約執行を必要とするような，将来の商品受け
渡し契約も含めて，契約を結んだ（Verlinden 1979）．どのよ
うにして，ある共同体の商人は，別の共同体の構成員に対
する契約上の義務を尊重することにコミットしたのであろ
うか？
　大市でしばしば見られる大きな商人共同体において，互
いによく知っていることに基づく評判メカニズムは，この
コミットメント問題を解決できなかっただろうと Mil-
grom たちは論じている．商人は過去の行動をすべての共
同体の構成員に知らせるために必要な社会的ネットワーク
を持たなかったからである．大市における裁判の運営に言
及して，彼らは以下の問題を提示している．「約束したも

のより品質の悪い財を供給し，そのことが発見される前に大市から去るという不正行為を商人が行うことをどのようにして防ぐのだろうか？　このような状況においてだまされた商人は，供給者に対して訴訟を起こすことができるだろうが，その供給者が大市に二度と戻らなければ，訴訟を起こすことにどのような意味があるだろうか？　おそらく，他の商人による追放は，裁判の結果定められた支払いを執行する実効的な方法であろうが，しかし，もしそうであるならば，なぜ法制度は，そもそも必要とされたのだろうか？」(pp. 5-6).

　この問題に取り組むために，Milgromらはフォーマルなモデルを提示した．その核心は次のとおりである．各商人のペアが一度だけ出会い，各商人は自分の経験のみを知っていると仮定する．大市の裁判所は，過去の行動を立証し，過去に不正を行った商人を記録しておくことのみが可能であるとする．情報を入手し，裁判所に訴えることは，各商人にとって費用がかかる．このような費用が存在しても，不正行為が発生しない（対称的逐次）均衡が存在する．裁判所にできることは，情報をコントロールすることによって多角的評判メカニズムを機能させることであり，そのことが商人たちに適切なインセンティブを与える．各商人は手数料を支払って裁判所で取引相手の過去の行為を調べる動機を持つが，それはこれを行った場合にだけ裁判所が自分たちの取引を記録するからである．この記録がなければ，裁判所は，不正行為の発生を将来他の人々に知られる

ようにはしないであろう．将来罰せられないという予想の下では，人々の最適反応は不正を行うことである．このようなことを予想して，商人は裁判所に手数料を支払い，まず記録を作成し，それによって不正行為が記録されるようにすることが最適であると気がつく．だまされた商人が告訴する動機を持つのは，だました相手が補償するであろうからである．不正行為を行った者が補償するのは，そうしなければ，裁判所が将来の各取引相手に彼が過去に行った不正を通知するからである．将来の取引相手は，過去に不正を行った商人に対して（彼がもし不正の補償を行わない場合），裁判所が自分の行動を将来の自分の取引相手に通知しないであろうことを知って，過去に不正を行った商人に対して不正を行うだろう．

　したがって，裁判所は，不正行為を行う者に対して強制力を行使できなくても，時間を通じて契約執行を保証することができる．Milgrom らは，シャンパーニュ定期市の裁判所の役割が，上のような理論分析が示したものと同様であっただろうと示唆している．この理論分析は，商人裁判所制度が大市で契約執行機能を果たしたであろうという主張を支持するものである．この分析は理論的に洞察に富むが，実証的に見て適切であろうか？　商人裁判所制度は，中世後期の取引一般で，そして特に大市において中心的なものであったのだろうか？

　Milgrom らは，自分たちの議論の妥当性を支持する論拠を 2 つ示した．第 1 に，彼らの分析は，大市におけるヨー

ロッパ内の遠隔地から来た商人間で行われた，受け取りと支払いの分離を特徴とする取引を説明する．いいかえれば，彼らの分析は，説明しようとする行動をうまく記述することができるという点で，支持されるものである．第2に，著者たちは，「モデルの鍵となる特徴は，シャンパーニュ大市で見出される慣行と一致している」と主張する．「大市の商人は契約前に取引相手に関する照会を行うことを求められていなかったが，大市の制度は別の方法でこの情報を彼らに与えた．先に述べたように，大市は参入と退出を綿密に管理した．商人は，参入を管理する人々とよい関係でなければ参入できなかったし，大市での不正行為が発覚した商人はすべて投獄され，そして大市のルールの下で裁判に付された．したがって，大市で商人が出会う者はすべて，まさにわれわれのモデルの意味において，「良い評判」を持っているであろう」（Verlinden 1979, p. 20）．

　ミクロ経済学のモデルを用いたその分析は，理論的可能性を見出しているが，それが歴史的事実と一致するかどうかを確かめていない．その分析は，現実的妥当性を立証することにほとんど注意を傾けていないのである．彼らは，そのモデルが，モデルを作る動機となった行動を説明できるということに，現実的妥当性に関する論証の重点を置いている．しかし，多くのモデルが，この行動パターンを生み出すことができる．実際のところ，大市当局が，「大市で投獄され，懲罰される」（p. 20）人を捕らえる能力を持っていたという Milgrom らの主張は，大市の運営において，商

業制裁よりもむしろ強制力の役割を検討する必要があることを示唆している．実際，大市の裁判所が不正者の身元を明らかにし，その者の過去の犯罪について知ったという彼らの主張を受け入れるならば，不正者は商業的制裁よりも強制的な懲罰を恐れて大市に戻らなかっただろう．要するに，歴史的文脈と理論を対話的に使用して推論の形成と評価が行われていないので，彼らの分析は不十分なのである．

　そして，彼らの分析はさらに3つの問題を抱えている．第1に，有意味な制度を識別する際に，歴史的文脈が本質的な点で無視されている．その結果として，彼らの仮説とモデルは，われわれの歴史に関する知識から見て疑問がある仮定を含んでいる．モデルは，裁判所は商人の身元を明らかにすることができ，商人は自己資本で取引したと仮定している（しかし，大市の当局はどのようにして商人が信頼できるということを立証したのだろうか？）．信頼できる身元証明の様式が当時はなく（写真つきの身分証明書がなかった），文書偽造が一般的であった．そのうえ，この時代のヨーロッパの商人は代理人を用いた．商人は，自分の代わりに代理人を取引に送り込むことによって，匿名的に不正を行うことができた．

　第2に，彼らの分析は関連する歴史の詳細を利用していない．例えば，その分析ではプレイヤーの集団，すなわち商人の集団がいると仮定する．しかし，中世後期の商人は人口のほんの一部であった．これは，歴史的背景の重要な

側面である．なぜならそれは，いかにして「夜逃げ」の問題が緩和されたのかという論点を提起するからである．大市付近の農民が一度大市へ来訪して，借金をし，そして二度と現れなくなるということが起こるのを何が防いだのだろうか？

第3に，仮説を発展させる際に，Milgromらは関連した理論的洞察を無視している．例えば，ゲーム理論は，協力を維持するために，ゲームの時間的視野が十分に長期であることが重要である点を明らかにしている（付録C，第2.1節）．中世には平均寿命が比較的短かったことを考えると，商事法システムが個人間で個人的関係に依存しない取引を統治した制度であったという主張は，この問題を無視していることになる．そして，彼らがそうしているように，実際には代々同じ家族の構成員間で取引が行われたと主張することは，その分析と整合的でない．このような場合，取引は個人的関係に依存しない取引ではなく，家族関係の評判に基づいた取引である．

以上のように，ミクロ経済学的分析と組み合わせた場合でも，理論だけで，個人的関係に依存しない取引を支える制度が前近代ヨーロッパに普及していたかどうかについて説得的に説明することはできないし，仮にそれが行われたとしても，それがどのようなものであったかを識別することはできない．また，後に示すように，帰納，すなわち観察可能な史実に依存するだけでも，この制度を識別することはできないのである．

10.4 共同体責任制

　中世後期における個人的関係に依存しない取引を支えた
制度が仮にあったとして，それを識別しようとする場合，
まず，1つの制度が当時は存在しなかったことに注意する
ことが有用である．すなわち，遠隔地の個人間の個人的関
係に依存しない取引を実効的に支えることができる法制度
を備えた国家は存在しなかった．地域的な裁判所がヨーロ
ッパの各地に存在し，限られてはいるが領土内において強
制力の行使に関する法的独占権を有していた．イングラン
ドのように相対的によく組織された政治的単位の中におい
てさえも，遠隔地間取引に関する契約執行に必要な制度は
なかったのである[5]．

　法は別の意味でも欠如していた．全体的にみれば，地域
的裁判所は中央の司法権の中立的な代理人ではなく，公平
な裁判の執行者でもなかった．むしろ大抵の場合，地域的
裁判所は不公平であった．それらは，地方のエリートによ
って支配され，彼らの利害を反映していた．都市の場合と
同様に地方においても，地域的裁判所は地方の地主か都市
部のエリートによって支配されていた．例えば，ドイツ帝
国の都市リューベックに関するイングランドの勅許状が記
しているように，都市は裁判の施行に責任を持つ「市民や
商人たち」によって「統治されて」いた[6]．

　多くの経済史家によれば，公平な法制度が広い地理的範

囲内で実効的ではなかったので，個人的関係に依存した取引が支配的となり，個人的関係に依存しない取引は行われなかったか，あるいは地域的裁判所に支えられた現物取引に限定された（North 1990 を参照）．しかし，この結論は中世ヨーロッパの取引が，コミューン，つまり自治的共同体の社会的・制度的文脈において行われていたことを見落としている[7]．中世後期における，バルト海北部やアドリア海南部の西の町の大部分はそのような自治的な地位を獲得していた．コミューンの間にはきわだった地域的差異が存在したが，同時にコミューンには多くの共通点があった．すなわち，共同体と同様に，コミューンの構成員は互いを知っていた．しかしまた，国家と同様に，コミューンは，しばしば強制力の合法的な使用に基づいた，地域的な執行制度を持っていた[8]．コミューンへの加入には障壁があった．すなわち，コミューンに帰属するためには，通常，長く，費用がかかる手続きが必要とされた．地方や田舎から都市への移住は広く見られたが，あるコミューンから別のコミューンへの移住は市民の特権を失うことを意味していた．ヨーロッパ全域にわたって，移住は高い費用を要し，またリスクを伴うものであった．極端なケースとしてヴェネツィアでは，市民権を獲得するには少なくとも 10 年分の税金を支払わなければならなかった．ジェノヴァでは市民権を得るのに 3 年を要したのである．

　裁判所の不公平さとその限られた地理的管轄範囲にもかかわらず，このようなコミューンが，受け取りと支払いの

分離を特徴とし，コミューン間にわたる個人的関係に依存しない取引を支える制度に基盤を与えることは，理論的に可能であろうか？　もし可能であるとして，中世後期ヨーロッパでこの制度は普及していたのだろうか？

10.4.1　共同体責任制の理論

　以下では完備情報のくり返しゲームモデルを用いて，ある条件の下で，共同体責任制が均衡結果として，受け取りと支払いの分離を特徴とする個人的関係に依存しない取引を支えうることを示す[9]．貸し手 N_L 人と借り手 N_B 人（$N_L > N_B$）で（一般性を失うことなく）信用取引が行われるゲームを考えよう．各プレイヤーは T 期生きる．$T-1$ 期は取引をし，残りの1期は「引退」する．時間割引因子は δ である．期のはじめに，貸し手と借り手の最年長世代が死亡し，新たな世代に置き換わる．各期のはじめに，借り手は取引を行うか否かを決めることができる．取引を行う各借り手は貸し手とランダムに出会う．

　借り手と出会った貸し手は有限な金額1を貸すか否かを決めることができる．借りない場合には借り手は利得0を受け取り，貸さない場合貸し手は利得 $r>0$ を受け取る．貸付金を受け取った借り手は返済するか，返済しないかを選択することができる．もし彼が返済すれば，貸し手は元手1と，利子 $i>r$ を受け取る．借り手は価値 $g>0$ の財を受け取る．借り手が貸付金を返済しなければ，貸し手は利得0を受け取り，彼は自分の資本を失うのでゲームから退

出する．借り手は返済しないことで $G>g, G<g+i+1$ を得る．このような仮定の下で，貸出が行われることが効率的となるが，借り手が自分の負債を支払う場合のみ，借り手，貸し手の双方が利益を得る．借入金を返済せずに不正をすると借り手はより大きな利益を得るが，その状態は非効率的である．

われわれは将来同じ相手と取引することを予想しない状況をとらえようとしているので，特定の貸し手と借り手が出会う確率をゼロと仮定する[10]．貸し手が借り手の過去の行動を知らず，また貸し手が他の貸し手に不正行為を知らせることができないという意味で個人的関係に依存しないという取引の特徴をとらえるために，過去の行動は，取引当事者だけが知っている私的情報であると仮定する．特定の貸し手と借り手との間で起こったことはすべて，彼らだけが観察できるのである．

このゲームでは，均衡経路上で貸出を行うという均衡はない．この結果を導くには，借り手の寿命が有限であるという仮定だけで十分である．最終期間における借り手の唯一の最適反応は不正を行うことであり，それはこの期では貸し手は貸出をせず，そこから順次貸出を行うという選択は無くなっていく．さらに，プレイヤーの寿命が無限であると仮定したとしても，取引の匿名性の含意として，貸出が行われる均衡がないことが導かれる．過去の行為が私的情報であり相互関係のくり返しがないので，貸し手は，個人または集団で過去に不正を行った借り手に対して懲罰を

行うという信頼にたる脅しができないのである[11]. したがって, ここでの分析は, 個人的関係に依存しない取引を支える制度が解決しなければならない問題を明らかにする.

しかし, ゲームに共同体を加えた場合, 貸出が行われるという均衡が, 借り手の寿命が有限で取引において個人的関係が用いられないにもかかわらず存在しうる. 2つの共同体があると仮定しよう[12]. すべての借り手は共同体 B の構成員であり, すべての貸し手は共同体 L の構成員である. 各共同体はそれぞれの領土を持ち, すべての貸出と返済は貸し手の領土で行われる. 各共同体は自身の領土内で, 執行制度, すなわち強制力の独占を有している. 歴史的には, 自治的な共同体はそれぞれ自前の裁判所を持っている. そこで, 貸し手の裁判所という表現で貸し手の執行制度を, 借り手の裁判所という表現で借り手の執行制度を表すことにする.

これらの裁判所が各共同体の構成員の利益を代表していたので, 共同体裁判所の利得は共同体の現存する構成員 (すなわち, 第0世代から第 T 世代までの構成員) の利得の総和の割引現在価値であると仮定する[13]. 次の2つの仮定がこの特定化において暗黙に含まれている. 第1に, 各共同体の構成員の利得は裁判所の目的関数において同じウェイトを持っている. いうまでもなく, これはすべての時と場所で有効であるとは限らない. この仮定は, ここでは基準となる事例として用いられる. 第2に, 裁判所は将来の構成員の厚生を考慮しないし, コミューンの「名誉」も

図 10.1 行動の流れ

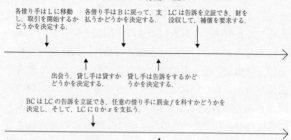

各借り手は L に移動
し，取引を開始するか
どうかを決定する．

各借り手は B に戻って，支
払うかどうかを決定する．

LC は告訴を立証でき，財を
没収して，補償を要求する．

出会う．貸し手は貸すか
どうかを決定する．

貸し手は告訴をするか
どうかを決定する．

BC は LC の告訴を立証でき，任意の借り手に罰金 f を科すかどうかを
決定し，そして，LC に 0 か x を支払う．

LC は没収した財を返還するかどうかを決定する．LC は B で得た利益を分配できる．

注：LC は貸し手の裁判所，BC は借り手の裁判所を示す．

考慮しない．この仮定を緩めることによって，ここで示さ
れた結果は強められる[14]．

図 10.1 は行動の時間的な流れを表している．各期 t は
借り手と貸し手の間の前のゲームから始まる．貸し手はそ
の後，彼がだまされたことを貸し手の裁判所へ私的費用
$c > 0$ を負担して告訴することができる．貸し手の裁判所
は費用 C_L で告訴の妥当性を立証できる[15]．貸し手の裁判
所はまた，借り手が自分の領土内に所有している財 $I_B(t)$
を差し押さえることができる[16]．借り手の財を差し押さえ
ることで，貸し手の裁判所は $g > 0$ を得るが，差し押さえ
は財の価値を損なう．例えば，適切な時期に財を売ること
ができない，あるいは保存期間内に財が損傷を受けるとい
った理由からである．この損傷を $d > 0$ と表し，差し押さ
えが利益になることを保証するために $g - d > 0$ であると

仮定する．それゆえ貸し手の裁判所のほとんどは，差し押さえ $I_B(t)(g-d)$ を得ることができる．借り手の裁判所はその後，費用 C_B で告訴の妥当性を立証することができ，不正行為をした借り手に罰金 $f \geq 0$ を科して，金額 X（集めた罰金と同じかより少ない）を貸し手の裁判所に移転する（後に緩和される暗黙の仮定は，貸し手の裁判所と借り手の裁判所間の意見が不一致になる確率が 0 というものである）．最後に，貸し手の裁判所は訴訟によって差し押さえた財か，または借り手の裁判所によって移転された金額を関係者に対して配分するかどうかを決定する．

裁判所の行動は周知の事実（common knowledge）である．この仮定は分析的に妥当である．後に研究される均衡において，貸し手と借り手は裁判所の行動を知る動機を持つからである[17]．歴史的にも，裁判所の行動は実際に公にされていた（フィレンツェでは，共同体間の紛争に関する裁定が本に記録され，その本が公開された（Vecchio and Casanova 1894, pp. 137-9, 265））．

読者は，この点に関して，貸し手が裁判所で不正行為を立証できるというここでの仮定の根拠に関して，共同体を含まないゲームでは同様の仮定を置かなかったので，疑問に思うかもしれない．裁判所がない場合においても，だまされた貸し手は，何らかの費用を負担して，だまされたという事実を他の貸し手に伝えることができる．しかし，共同体を含まないゲームにおいては，貸し手は他の貸し手に不正行為を伝えるコストを回収できないので，貸し手が情

報の伝達を行う動機を持つという均衡はない．すなわち，不正行為を他の貸し手に伝えるという脅しに信頼性はないのである．このような戦略的考慮を無視するとしても，共同体を含まないゲームにおいて不正行為を抑止するためには，貸し手は，不正行為をした者への将来の貸し手の相当数に対してその情報を伝えなければならない．それを行う費用は，当時の通信や輸送技術，商人が多数であったこと，そして，彼らが活動する広大な地理的区域を考慮すれば，中世後期において禁止的な高さであったと考えられる[18]．しかし，常設の裁判所に情報を伝えるコストははるかに低く，そして以下の分析で示すように，共同体責任制は，内生的に貸し手に対して正当な告訴を行うように動機づけ，そのことによって不正行為を明らかにするという脅しを信頼に足るものとした．

このゲームの均衡経路上に貸出を行うという部分ゲーム完全均衡は存在するだろうか？ そのような均衡が存在するためには，適切な動機が経済主体と裁判所に与えられる必要がある．特に，借り手の裁判所が不正行為に対して処罰を科すことに信頼性があり，また不正行為を抑止するために十分な重さを持たなければならない．そして不正行為に関する情報が求められるので，貸し手が正当な告訴をした場合にかぎり，彼に十分な報酬が与えられるべきである．借り手の裁判所は，不正をした者に強奪品を保持し続けさせて借り入れから得られる将来の利得を断念するよりも，貸し手の裁判所に補償することによってより良い状態

になる必要がある．貸し手の裁判所はすべての財を没収して将来の貸出を断念するよりも，貸出を続けた方がより良い状態になる必要がある．

　以下の定義は，そのような動機を与える戦略とそれらの戦略が均衡となる条件を明らかにするために有用である．不履行がなく没収がなかった場合，そのゲームは**協調状態**（cooperation state）にある．すなわち，借り手の裁判所は不履行の後で補償の支払いを拒否せず，また不履行がない場合には補償を支払わない．そして，貸し手の裁判所は告訴を立証し，正当な告訴に対する補償を要求し，そして借り手の裁判所から補償を受けた場合は，没収した財の返還を拒否しない．このような条件のいずれかが妥当しない場合，ゲームは**対立状態**（conflict state）にある．これまで，すべての告訴が完全に立証可能であると仮定してきたので，貸し手の裁判所と借り手の裁判所間の意見が不一致となる確率はゼロであることに注意してほしい．

命題 10.1　(1)　$gN_B \sum_{t=0}^{T-1} (T-t)\delta^{t+1} + I_B(t)(g-d) \geq i+1+c+C_L+C_B$（借り手の裁判所が将来の取引から得られる利得の割引現在価値が，紛争を解決するコストよりも高い），かつ，(2)　$(i-r)N_B \sum_{t=0}^{T-1} (T-t)\delta^{t+1} \geq (g-d)N_B$（貸し手の裁判所の利得の割引現在価値が，すべての財を差し押さえる場合よりも取引を続ける場合の方が高い）ならば，そのとき以下の戦略は部分ゲーム完全均衡となり，均衡経路上で貸出が行われる．

対立状態において，借り手は取引をせず，また貸付を受けても返済をしない．貸し手は貸出も告訴もしない．貸し手の裁判所は，その領土内ですべての借り手の財を没収して，告訴の正当性を立証しないし，また補償も要求しない．借り手の裁判所は，告訴の正当性を立証せず，罰金を科すことも，補償を与えることもない．

　協調状態において，借り手は貸し手の土地を訪れ，貸付の申し出を受けた場合，借り入れをし，帰還して負債を返済する．貸し手は借り手と出会えば貸し付けを行い，だまされた場合は告訴をする．貸し手の裁判所は，すべての告訴を立証し，それが正当であるなら，自身の領土内にある借り手のすべての財を没収する，そして借り手の裁判所が補償額 x を支払うことを要求する．これは，貸し手への不履行に対する総費用 $(i+1)$ に，補償と立証に伴う貸し手に対する費用 $(c+C_L)$ を加えたものに等しい，すなわち，$x=i+1+c+C_L$ である．借り手の裁判所が補償した場合，貸し手の裁判所はだまされた貸し手に補償し，没収した財を返還する．借り手の裁判所はすべての告訴を立証する．告訴が正当であるということが明らかになった場合，借り手の裁判所は罰金 $f=x+C_B$ を不履行者に科し，貸し手の裁判所に x を支払う[19]．裁判所のどちらかが，協調状態においてこれ以外の行動をとる場合，ゲームは対立状態に移る．

命題 10.1 の証明　上の戦略が均衡となるためには，どのよ

うな経過の後でも，一度だけ逸脱することによって利益を得ることができるようなプレイヤーはいないはずである．ゲームが対立状態にあれば，そのような逸脱から利益を得られるプレイヤーはいない．なぜなら，上の戦略はステージ・ゲームでナッシュ均衡を構成するからである．協調状態において，借り手の最適反応は貸し手の土地を訪問し，帰還し，返済するというものである．訪問，借り入れ，返済という行動は $g>0$ の利得をもたらすのに対して，訪問せずに得られるものは 0 で，そして不正行為は正味 $-c-C_L-C_B<0$ の罰金を意味する．

貸し手の裁判所はだまされた貸し手に $i+1+c$ を移転するから，告訴は有利である．不正に対する貸し手の最適反応は告訴することである．そして，$c>0$ は正当ではない告訴が有利でないことを意味する．また，$i-r>0$ なので，貸し手の最適反応は貸出を行うことである．不等式 (1) は，将来の貸出と借り手の共同体の現存する構成員にとって，没収した財の割引現在価値が x（貸し手の裁判所が要求する金額）と告訴のための費用 C_B を超えることを意味する[20]．したがって，借り手の裁判所は対立状態を導く行動をとることで利益を得ることはできない．協調状態における借り手の裁判所の最適反応は，すべての告訴を立証し，不正をした者に罰金を科し，そして告訴が正当である場合には，貸し手の裁判所に補償をすることである．不等式 (2) は，貸し手の裁判所が対立状態にあるよりも協調状態にある方がより良い状態にあることを意味している．協

調状態におけるその最適反応は，それゆえ告訴を立証し，差し押さえた財を返還し，だまされた貸し手に支払い，そして正当な告訴でない場合は差し押さえを行わない，というものである．　　　　　　　　　　　　　　　（証明終）

以上から，理論的には，共同体責任制は内生的にすべての適切な誘因を与えることを通じて，個人的関係に依存しない取引を支えることができることがわかる．不履行は，借り手が自分の共同体の裁判所に懲罰されることを意味するので，最終期間においてさえも，借り手は不履行をするよりも返済した方が，彼にとって最適となる．そのような結果を予想して，貸し手は貸出を行うことが最適であると考える．そのうえ，正当な告訴に対する補償を予想して，貸し手は不正行為に関する情報を裁判所に与えるように動機づけられる．そしてこの情報によって，裁判所は自己の行動を決めることができる．情報公開が内生的に促されるのは，だまされた貸し手が告訴をするように動機づけられ，虚偽の告訴では貸し手は利益を得られず，そして裁判所は告訴の正当性を検討するように動機づけられるからである．

不履行を行った借り手が，彼自身の共同体によって罰せられるという信頼性のある脅しは，共同体責任制の核心である．共同体の，自己の評判に対する関心は，不公平な裁判所に公平な裁判を行う動機を与える．共同体は，その現存する構成員の利得だけを集計するが，事実上，無限期間

を生きる1人のプレイヤーの役割を果たしている. ゲーム
の最終期にまつわる問題は, 共同体の評判をその構成員
各々の行動に対する担保にすることによって解決される.
借り手の裁判所が, [引退する直前, すなわち (T−1) 期
に] 不正行為をした者を懲罰することが最適であると考え
るのは, そうすることが若年集団にとって最適となるから
である. 個々の借り手が (T−1) 期で不正をするならば,
将来貸し手に報復されることこそないが, 借り手の裁判所
がそのような不履行者に罰金を科し, 貸し手の共同体に補
償をすることになる. なぜなら, 貸し手の側が差し押さえ
をし, 他の借り手に再び貸し出しをしないという脅しには
信憑性があり, したがって借り手の共同体は不履行者に罰
金を科し, 貸し手の共同体に補償をすることによって得を
するからである.

　共同体責任制は同時に, 商人の寿命が有限であること
と, 不正行為に関する情報の生成に伴う戦略的・技術的問
題によってもたらされるゲームの最終期にまつわる問題を
解決する. 共同体内部で構成員が互いのことをよく知って
いることと共同体内部の執行制度に基づいた共同体責任制
度は, 共同体間で時間と場所を超えた信用取引を特徴とす
る取引を可能にするのである. この取引はまた, 個人が現
在の取引相手との将来の取引から得られる利益を期待せ
ず, 彼の過去の行為に関する知識も不正行為を将来の取引
相手に報告する能力も持たない, という意味において個人
的関係に依存しない取引である.

これまでの議論は共同体責任制の重要な側面を無視している．それは，借り手の共同体に関する身元，個人的身元（名前）を貸し手に知らしめる，というものである．この制度が取引を支えるためには，裁判所が不正をする者を懲罰できるように，貸し手は借り手の身元を知っていなければならない．個人間関係に依存した取引では，定義上，経済主体はこの知識を入手できる．取引相手の身元（すなわち，名前）に関する知識が契約執行に欠かせない状況において見知らぬ人と取引をしている場合，人は取引相手が正直に身元を明らかにすることを当てにすることはできない．身元を明らかにすると懲罰が可能になるので，不正をしようとする借り手は自分の身元を偽るであろう．そのため，借り手は，彼が不正をした場合に懲罰されうるように，自分の身元を信頼しうる形で明らかにするのは困難であるという問題に直面する．したがって，身元を信頼できる形で明らかにするためには，追加的な制度が必要となる．現代の経済においては，これは，自動車免許証，パスポート，そして他の様式の身分証明書がその役割を果たしているが，これらは中世にはなかった印刷や写真の技術に頼っている[21]．

　共同体責任制は，理論上，この問題を緩和する．共同体の内部では人々は互いによく知っており，それによって，ある個人は自分の共同体に関する身元（所属）と個人的な身元（名前）を共同体構成員外の者に対して信頼できる形で明らかにする．そしてそのことは，彼が不正を行った場

合に懲罰を受ける可能性が高くなるのである．この可能性をモデルの中でとらえるために，借り手の共同体は，まず，費用 C_0 で貸し手の領土内に組織を設立することができると仮定する．この組織は借り手の共同体に関する身元，個人的身元を立証することができる．

$$gM_B \sum_{t=0}^{T-1} (T-t)\delta^{t+1} \geq C_0,$$

すなわち，認証組織の設立にかかる費用よりも借り入れから得られる利益の方が大きいと仮定しよう．この場合，認証組織を設立することは，借り手の共同体にとって有利となる．この拡張されたゲームでは，取引は，これまで議論した条件の下でも均衡結果として維持しうる．共同体責任制は，その活動に必要な，不正をする者の共同体に関する身元と個人的身元に関する情報を内生的に生み出すことができる．それは，経済主体が取引を行う前に他の人々の身元を知らないという意味での個人的関係に依存しない取引を支えることができるのである．

10.4.2 共同体責任制に関する歴史的な事実

理論的にいえば，共同体責任制は共同体間の個人的関係に依存しない取引を促進することができる．もっとも，この可能性はそのような結果が中世後期に実際に起こったことを意味するものではない．しかし，歴史的な証拠は，共同体責任制がヨーロッパ全体に広まっていたという主張を支持している[22]．

共同体間の取引における共同体の構成員各々の債務不履行に対して，共同体の構成員全員が責任を負う状態にするという戦略は，同一の政治的単位内における共同体間の取引に関連した文書にも見出される．1130 年代初頭に与えられた勅許状で，ヘンリー 1 世は「ロンドン市民に対して債務を負うすべての債務者はその債務を返済し，または負債がないことをロンドンで立証すること．そして，支払いを拒むか，またはそのような立証をするのを拒んだ場合，負債が支払われるはずであった市民は，ロンドン市内において，債務者の住んでいる都市か，村か，郡のいずれかより抵当を没収してもよい」と宣言した[23]．

　この勅許状は代表的なものである．他の勅許状，条約，および条例から得られる証拠は，共同体責任制がイングランドの法であったことを示している．イングランドの町に対する勅許状によると，1256 年までに，全都市人口の 65 パーセントが居住する都市が，共同体責任制の下で財の「没収」（差し押さえ）を許可し，管理する条項を備えた勅許状を保持していた[24]．イングランドにおけるさまざまな町の構成員間の取引を支えるうえで共同体責任制が中心的な役割を果たしたことは，1324-33 年に関して残っているロンドン市長の往復書簡にも示されている．この往復書簡では，経済問題を取り扱っている 139 通のうち 59 通（42 パーセント）が明示的に共同体責任制について言及している[25]．それらが示しているのは，他の町の当局が適切な措置を取らない場合，共同体の構成員全員が責任を負うとい

う脅しで動機づけられていることを市長が予想していたということであり，また市長自身も同じように動機づけられていた，ということである．

　イングランドの共同体とその主な国際交易の相手との間の関係を規定する勅許状も，共同体間の取引における構成員の債務不履行に対して，共同体がすべての構成員に責任を負わせるという戦略を示している．勅許状は，共同体責任制が，イングランドの商人とドイツ，イタリア，フランス，ポーランド，そしてフランドルの商人との間の取引を統治していたことを明らかにしている（これらの国の都市はイングランドの最大の交易相手であった）[26]．同様の証拠を示しているのは，先に見たものと同じ，ロンドン市長による 139 通の書簡である．国際的な商業問題を扱っている書簡は 50 通現存し，そのうち 15 通（30 パーセント）が共同体責任制の戦略について言及している．

　フランドル，ドイツの町，そしてハンザ同盟との間の 13 世紀の条約もまた，共同体間の取引において，ある構成員の債務不履行に対して，共同体の構成員すべてに責任を負わせることの重要性を示している（Verlinden 1979, p. 135; Dollinger 1970, pp. 187-8; Planitz 1919; Volckart 2001）．フィレンツェの歴史的記録は，共同体責任制を規定する協定や条約に関する十分な証拠を提供している．それが示すところによると，12, 13 世紀の間のイタリアでは，共同体責任制は債務不履行に関する措置としての役割を果たしていた．もっとも初期に残っているフィレンツェの通商条約は 12

世紀初頭のものである．当時から 1300 年までの条約で現存している 44 のうち 33（75 パーセント）の条約は，共同体責任制に関係し，その活動を管理する戦略について言及している．フィレンツェに加えて，これらの条約は，23 以上のイタリアの町で共同体責任制が広まっていたと記している．これらの条約や他の文書は，多数の小都市（シエナ，パドヴァ，クレモナ，ルッカ，サン・ミニアート，モンテプルチャーノ，モンタルチーノ，プラト，アレッツォ，マッサ・トレバリア）だけでなく，すべてのイタリアの大都市（ジェノヴァ，ヴェネツィア，ミラノ，ピサ，ローマ）についての言及も含んでいる[27]．

歴史的証拠は，共同体間の取引において個人が起こした債務不履行が共同体に課す費用について，債務不履行をした個人に責任を負わせるという戦略も示している．13 世紀後半のフィレンツェの内部規定においては，他の共同体の構成員に対する不正に関して有罪であることが発見された場合は，コミューンはその商人にその損害賠償を支払わせようとしていたことが明らかになっている（Santini 1886, p. 166）．支払うことを拒んだ場合，コミューンは商人の財産を売却して，共同体から追放する権利を持っていた（Vecchio and Casanova 1894, pp. 248-9）．

イングランドにおける Pontefract（1194），Leeds（1208），そして Great Yarmouth（1272）の勅許状は，共同体の構成員 1 人の負債が原因で他の構成員の財が差し押さえられた場合，過失を犯した者が被害者に補償をしなければならな

い，と明記していた．そうしなければ，過失を犯した者の財産は没収され，共同体から追放された（Ballard and Tait 1913, 1923）．イングランドの多くの都市では，都市のある構成員が債務を返済できなかったことを外国の債権者が立証した場合，その都市は，債権者に対して都市の資金で補償をして，債務者に倍額の補償を求めた（Plucknett 1949, p. 137）．

　勅許状，条約，そして条例による証拠は，共同体責任制に関する戦略に従うことが人々に求められていたという主張を裏づけている．しかし，共同体責任制は単なるルールや条例であることを超えて，たしかに実効性を持っていたであろうか？　モデルでとらえられた因果関係に関する人々の予想や，さまざまな状況における行動も広まっていたのだろうか？　このようなルールや条例は，人々が実際にそれに従うと期待され，行動に影響を与えるようなものであったのだろうか？　共同体責任制はほんとうに制度であったのだろうか？　歴史的証拠は，それが制度であったことを示している．

　共同体責任制が適切な契約執行制度であったという主張を補強するためには，商事紛争が起こる可能性があり，裁判所が過去の行動を立証する能力は限られており，そして異なる裁判所が同じ証拠に基づいて異なる結論に達する可能性があることを明示的にとらえられるようにモデルを拡張することが有益である．

　貸し手－借り手の関係は，不完全な観測，すなわち，貸

し手は，借り手がとった行動に依存する確率変数としてシグナルを受け取るということ，によって特徴づけられると仮定しよう．不正が起こらなかったとしても，貸し手のシグナルは，だまされたことを示すかもしれない[28]．さらに，各裁判所は独立した不完全な観測能力を持っていると仮定する．すなわち，各裁判所が告訴の立証を試みると，不正行為が起こったかどうかを知らせる，すべての人が観察できるシグナルを受け取ると考える．各裁判所が受け取るシグナルは完全に相関しておらず，そのことは裁判所が，誠実に行動した場合でも，不正行為が起こったかどうかに関して意見を異にすることがありうることを含意している[29]．

　完全観測の場合と直感的に似た条件の下で，貸出が行われる完全ベイジアン均衡が存在する．しかし，この均衡には追加的な2つの特徴がある．それは，過去の行為に関する紛争が発生するだろうということ，そして紛争の後に有限期間の紛争が起こるであろうということである．紛争期間には差し押さえが行われ，貸出は行われない．しかしこの報復を行う期間は有限，すなわち，紛争が終われば，貸出は再開されるであろう．

　これらの結果の背後にある直感はよく知られている[30]．均衡経路においては，（借り手が返済をしないことを選ぶという意味での）不正は起こらないが，共同体と契約当事者である個人に適切なインセンティブを与えるためには，有限期間の紛争が起こる必要がある．借り手の裁判所の戦

略が，不正行為はなかったと結論を出している場合でも，貸し手に補償することを求めるというものであれば，貸し手の裁判所の最適反応は，紛争が起こらなくても，起こったと主張することである．同様にして，貸し手の裁判所の戦略が，不正行為が行われたと考える場合にも，財産の没収を求めないならば，借り手の裁判所の最適反応は，不正行為が行われたことを示すシグナルがあっても補償を与えないというものであり，それは結果として，借り手に不正を行う動機を与えることになる．虚偽の申告は高くつく必要がある．取引から得られる利益の喪失は，このような費用を生み出す手段である．

　共同体責任制が広まっていたとすれば，共同体の構成員に責任を負わせる戦略を示す訴訟や他の資料が見出されるはずである．共同体の構成員の財産を没収することや，不履行が起こったかどうかについて意見の相違がある場合に有限期間取引を中止すること，などである．イングランド，イタリアなどについて，そのような証拠を見出すことができる[31]．

　フィレンツェだけで，1280年から1298年の間に（その期間について特に良いデータがある），36件の紛争，没収ないし交易停止があり，それらに異なる25の都市が関与していた．後の時期の訴訟には，スペイン（アラゴン）とイングランドが関与していた．紛争が一般的であったことを示す別の証拠として，信用取引に直接かかわってはいなかった大学生さえもが，所属する共同体の構成員による不

履行に対して責任を負っていたというものがある．大学生たちは，ボローニャでは早くも1155年に，フィレンツェでは1171年に，没収の免除を当局に要請していた[32].

このような事例を例証するため，ベアトリーチェという人物による要請を検討しよう．彼女は，1238年，ウバルト子爵の相続人が彼女に対してある金額の支払い義務があると主張し，その金額についてピサのコミューンに対する報復をフィレンツェの裁判所に要請した．ピサのコミューンが支払いを拒んだ後，彼女の要求は認められた．上記のモデルによれば，そのような拒否は，2つの裁判所が状況に対して異なる評価を下した場合に起こる．実際，さまざまな通商条約が，裁判所間で意見の相違がある場合には報復は避けられないという当時の人々の考えを反映していた．1214年に署名されたピサとフィレンツェとの間の条約は，裁判官が争議を解決することができない場合，報復が次に起こるであろうことを明記している（Santini 1886, pp. 165-8)[33].

そうした報復は，仕返しの行動というよりも，適切な誘因を与えて取引を促すように意図された計算された反応であったということは，次のような事実によって示唆されている．すなわち，報復行動を共同体間の商業問題に限定することが試みられたこと，報復は有限の期間だけ継続し，その後には「中止」が宣言されて取引を再開したこと，そしてこの中止は完全な補償がなくても行われたことである[34]．理論はこの慣行の背後にある論理を明らかにしてい

る．すなわち，報復は，虚偽の申告をすることの費用が十分に高くなり，そうすることが有利でなくなるまで継続したと解釈できる[35]．

共同体責任制が取引の促進を目的としたものであるならば，それが理論的に実効性を持つ場合，すなわち不履行を立証することが可能である場合にのみ法的に適用されたはずである．このことを考慮すると，われわれの主張がより強く支持されることがわかる．立証が容易なのは，一方の当事者がはっきりとした義務（負債の返済のような）を負う取引においてである．逆に，一方の当事者が，行動の選択に際して広い裁量を持っている（例えば，代理人関係と同じような）取引においては立証はより困難である．私の知る限り，共同体責任制が後者のような取引を統治したという証拠はない．

共同体責任制の重要性に関するわれわれの推測は，それが前近代の取引組織の詳細に関する一見すると不可思議に思われる事実を説明できるということによって，さらに補強される．例えば，当時のヨーロッパにおける主要な国際的な大市であったシャンパーニュ大市について考えよう．シャンパーニュ大市は，異なる地方から来た個々の商人が集まる場所としては組織されてはおらず，異なる共同体の商人が集まる場所として組織されていた．これらの各共同体の商人は，大市において，共同体の構成員に対して法的権限を有する執行官だけではなく，各共同体の住居，貯蔵施設，常任委員，そして書記を持っていた．大市の当局は，

商人に対する通行許可を保証し，大市における彼らの所有権を保護する契約を周辺地域の支配者と結んだが，商人が一度大市に入れば，彼らに対する法律上の権利を放棄した．商人は，大市が開催された地方の法律ではなく，自分の共同体の法律に従ったのである．法律は属地的というよりも属人的であった．

このような仕組みの存在理由は，それらが共同体責任制の組織的特徴の一部であることがわかれば，明らかである．このような仕組みによって，商人は，彼を個人的に知らなかった商人たちとのつきあいにおいて，自分がどの共同体に属する誰であるかという身元を立証することが可能になったのである．大市の中の特定の共同体に割り当てられた区画に住むことは，商人の共同体に関する身元を示す方法であった．特定の共同体の書記によって書かれた契約は，その共同体の構成員が共同体間の取引における義務を負ったという証明になった[36]．

共同体がその構成員の行動に対して責任を負っている場合，共同体はその構成員が誰であるかを立証することができ，必要があれば構成員を罰することができなければならない．属人法は共同体責任制と両立可能であった．同様に，大市の当局は，必要があれば彼らと接触できるように，特定の共同体の構成員とその代表者を見つけ出すことができなければならない．実際，フィレンツェの法令はきわめて頻繁に，紛争や報復を招くような方法では行動しないように，大市に参加している商人に明示的に警告を発してい

た (Vecchio and Casanova 1894, pp. 248-9).

　共同体責任制が大市で普及していたことは，債務不履行の後，大市から排斥する判決を申し渡す権限を大市当局に与えた1260年の条例からも明らかである．不履行者自身の町または公国の司法当局が，不履行者に義務を果たすように強制しない場合，同国人にまでこの排斥は拡大された．13世紀の終わりに，フランス国王は大市における司法権限を王家の執行官に譲渡した．しかし，1326年に，王はその措置が取引の衰退につながったと結論を下して，大市における共同体責任制を復活させた (Thomas 1977).

　比較的小さな大市や都市の内部では，より限定的な仕組みで，商人の共同体に関する身元，個人的身元を特定することができた．理論的分析の視点からみて，身元認証のための組織と呼べるものは，数多く存在した．同じ共同体に属する商人は共に移動し，（しばしば，彼らが所有する特別な住まいで）共に寝泊まりし，互いの契約に立ち会った[37]．共同体に関する身元を識別することは，同じ国内でさえ，異なる共同体の構成員が異なる方言と慣習を持ったことによって容易になっていた．契約や訴訟は，かなりの程度まで，中世の商人は他の商人が所属する共同体を知っていたことを反映している．

　相対的に強い中央集権的政治体制を持つ地域においては，大市当局は，ルールを破った場合に中央当局の裁判所に訴えられないようにするために，共同体責任制の手続きに従うように動機づけられていた[38]．しかし，より一般的

には，大市の当局は　──成功している大市は利益のあるビ
ジネスであるため──貸し手の裁判所の戦略，すなわち共
同体にその各構成員の契約上の義務に対する責任を負わせ
るという戦略に従うよう動機づけられている．大市当局が
共同体間の個人的関係に依存しない契約を執行すること
は，大市の魅力を増大させ，そして，その能力は共同体責
任制に決定的に依存していた．共同体責任制がなければ，
大市当局は，その限られた地理的領域を超えて，執行機能
を及ぼすことができなかったからである．大市から特定の
個人を排斥するという脅しは実効的ではなかった．それ
は，個人の排斥では，老齢者の不正行為や，不正行為を行
った後，代理人や親族を介して取引を行うことを阻止する
ことができなかったからである．

　共同体責任制によって与えられた誘因は，契約執行に関
する比較優位に影響を与えることを通じて，前近代の国際
交易の中心地の特徴，とりわけ大市の特徴を形成した．理
論的には，この制度の下で，交易を行っている共同体が付
属していない交易中心地は，それが付属している交易中心
地に対して優位性を持っている．交易を行っている共同体
が付属している交易中心地においては，共同体間の契約執
行を行う誘因が弱くなる．これは，そうした共同体の商人
が，共同体間の紛争において，報復によって損失を被る可
能性があるからである．共同体Aの商人が，共同体Cの
裁判所で共同体Bの構成員を告訴して，結果として紛争が
生じた場合，共同体Cの商人が共同体Bに滞在した際に，

共同体 C の商人が損害を受ける可能性があった。共同体 C はこのようにして、紛争を裁定することによって損害を受ける可能性があった。このようなことは、遠隔地交易を行う共同体が付属している交易中心地では起こらない。これは、遠隔地交易を行う共同体が付属していない交易中心地の場合には当てはまらない。個人的関係に依存しない取引の契約執行を行ううえで、そのような共同体を持つ交易中心地よりも利点があることを意味している。

　実際、歴史的にも、遠隔地交易を行う商人の共同体が付属している交易中心地は、その構成員の 1 人と外国商人との間の紛争のみを裁き、外国商人間の紛争は裁かなかった。他方、遠隔地交易を行う共同体が付属していない交易中心地は、外国商人間の紛争を裁いた。イングランドの勅許状の下では、町は、その市民が関与している場合にのみ財を差し押さえることが許されたのである。これに対して、遠隔地取引を行う商人の共同体を持たなかったイングランドの大市の訴訟は、さまざまな共同体の構成員が所有する財の没収が行われたことを示している。このような状況はイングランドに特有のものではなく、したがって、それはイングランド国王の命令によるものではないことを示唆している。フィレンツェにおいては、フィレンツェ人のみが、外国商人の財を没収するようにフィレンツェの裁判所に要請する権利を持っていた (Vecchio and Casanova 1894, pp. 14-15)。これに対して、遠隔地交易を行う商人の共同体を代表しなかったシャンパーニュ定期市の裁判所は、すべ

ての外国商人間の争議を裁いた.

より一般的には,共同体責任制による契約執行に関する比較優位は,これまでパズルとされてきた次のような事象の説明を可能にする.多くの場合,中世の中心的な大市は,遠隔地交易に携わる商人の共同体と関係を持っていなかった(すなわち,大市が開催された地域には遠隔地交易を行う地元商人の共同体は存在しなかった)という事実がある.シャンパーニュ大市のような大規模な大市が開催された地域の共同体の構成員は,主に他の交易中心地には行かない地元だけで活動する商人であった.

共同体責任制が共同体間の取引を統治したとすれば,組織の細部とルールが,共同体間の取引を促進するように,共同体責任制の機能と整合的に変わっていくと予想される.特に,共同体責任制は,財の差し押さえにまつわる無駄な費用を避けようとすることがきっかけとなって変化したと予想される.完全観測の場合は,差し押さえの役割は,命題 10.1 の不等式(1)によってとらえられる.この条件は以下の通りである.

$$gN_B \sum_{t=0}^{T-1} (T-t)\delta^{t+1} + I_B(t)(g-d) \geq i+1+c+C_L+C_B.$$

借り手の裁判所が不履行の後で補償をする動機を持つためには,将来の交易と差し押さえた財の割引現在価値が,告訴が正当であれば,告訴を立証して,補償を行う費用よりも高くなければならない.理論的には,交易が限られている場合,この条件が成り立つためには財の差し押さえが必

要であろう．交易が拡大する，すなわち借り手の共同体の規模が拡大すると，将来の交易の割引現在価値が借り手の裁判所に適切な誘因を与えるのに十分な大きさとなる[39]．

この理論的予測に合致して，12, 13世紀のイタリアとドイツに関する歴史的証拠は，差し押さえ廃止への動きを示している．12世紀のフィレンツェの条約は財を差し押さえるという脅しを含んでいた．しかし，13世紀初頭までに，共同体の構成員は，しばしば，他の共同体に財を差し押さえる権利が与えられた時点とそれが実行される時点との間の猶予期間に，他の共同体から退去することが認められるようになった（例えば，Arias 1901, p. 52）．14世紀初頭までに，差し押さえの権利が与えられた後で商人が退去することを認められた猶予期間は，1カ月になっていた．そして少なくともフィレンツェでは，これが標準となった（Santini 1886, pp. 68-72, 165）．1231年のドイツの法律は，神聖ローマ帝国全体で強制的な猶予期間を設定した．そしてこのことは，差し押さえの廃止に向けた動きが広範囲に生じたことを示している（Planitz 1919, p. 177）．

共同体責任制が，ドイツの帝国法によって規定されたことは，共同体責任制が神聖ローマ帝国で支配的であったことを示唆している．より一般的に，この章で提示した証拠は，13世紀までに，共同体責任制がもっとも人口が多いヨーロッパの商業地域（イタリアとフランドル），ヨーロッパのよく組織された君主国（イングランド），そして最大の政治的単位（フランスと神聖ローマ帝国）にまで広まってい

たことを示している.

　その制度の起源は知られていない. それは, ローマの成文法にもドイツの慣習法にも由来しない (Wach 1868)[40]. それは, 有効な法制度を持つ国家が存在しないことへの対応としてもっともよく説明することができよう. その対応がこのような特定の形をとったことは, 過去から受け継がれた制度の構成要素と共同体の構成員の利害の複合的影響を反映している. 具体的には, それらは, 商業エリートによる都市の自治, (神から授かったというよりも) 人が作ったというヨーロッパ法の伝統, そして, 共同責任を排除しなかったローマ法の伝統である. 共同体責任制が自然発生的に生じたものであるか, 設計されたものであるかにかかわらず, それは明らかに, 公式の法的手続きの, 明示的でよく管理された構成要素となった.

10.5　制度の衰退と移行：個人の法的責任に向けて

　共同体責任制は, 共同体間の個人的関係に依存しない取引を支えることを通じて, 効率性を高めた. それでは, 少なくともイタリアとイングランドの 13 世紀の記録が, 共同体責任制にまつわる紛争の有害な影響を抑制する試みではなく, 共同体責任制を廃止する試みについて多くの証拠を提供しているのはなぜだろうか？[41] 共通する社会的, 政治的, ないし経済的な大変動がなかったことを考えれば, この制度の衰退がヨーロッパのさまざまな地域で生じたの

は不思議なことである. 何が共同体責任制の衰退を導いたのだろうか?

この問題を検討すると, 共同体責任制が自己弱体化的性質をもっていたことがわかる. この制度が促進したのと同じ事態, すなわち共同体間の交流, 共同体の数と規模, そして共同体内の異質性の増加は, この制度の有効性を低下させ, 経済的費用を増加させ, そしてこの制度が共同体内で政治的に存続できる可能性を弱体化させた[42].

理論は特に, 共同体責任制によって促進されたプロセスが, その制度がコミットメントを可能にする状況の範囲を縮小し, 共同体間の対立の頻度と費用を増加させることを示唆している[43]. 商人と共同体, 取引の場所, そして共同体間の交流の数の増加は, 人々が共同体への所属を偽る費用を減少させて, 人々の身元を立証する費用を増加させる. これは, ある共同体の構成員が他の共同体について学習し, 同じ共同体の構成員が互いに知っている可能性が低くなるという理由からである. さらに, 取引の増加は, 紛争が起こる可能性を高くし, より多くの, そして潜在的により高費用の取引中止を引き起こすであろう. 取引の増加はまた, 予想される紛争に対する商人の戦略的反応の費用を増加させる. 裁判所は, その管轄区域の中にいる商人についてのみ財を差し押さえることができるので, 商人は紛争が予想される場合, 交易を中止するという対応をとるであろう.

13世紀後半までに, 身元の偽装の容易さと立証の難しさ

のために，イングランドでは共同体責任制の活動が困難になったと考えられる．セント・アイブスにおけるイングランドの重要な大市の証拠に基づいて，Moore (1985) は次のように結論した．13世紀の共同体責任制は「多くの場合，十分によく機能してはいたが，それは同時に債権者と裁判所双方にとって，やっかいで時間がかかるものとなる場合があった．皆が債務に対する責任を逃れようと走り回る中で，本来の債務者あるいは実際に債務に関して告訴された者が，本当に自分たちの町，共同体またはギルドの構成員であったかどうかに関して，共同体責任制は，通常，長い紛争にまきこまれたようである」(p. 119)．Plucknett (1949) は，イングランドの町の成長が偽装の費用を減少させたと指摘している．これらの町の司法権は，隣接した地方に及ぶことはなかった．町の近くに住む人々は，構成員以外の者と取引しているとき，おそらく町の構成員であると自己紹介することができ，取引相手をだまして，町の司法権の外へ去ったのである．13世紀の間，「商業上の地位が疑わしく，資産と身体が完全には地元裁判所の管轄内になかった地元民と外国人商人との間で数多くの取引が行われたと思われる」(pp. 137-8)[44]．

　偽装費用の低下と立証費用の上昇は，共同体責任制が取引を支えうる状況が少なくなったことを意味している．このような事態が進展したことは，イングランドの公文書にある証拠によって示唆されている．ここで考察対象としている時代を通じて，イングランドの商人は公文書に債務を

登録し，彼らの取引をコモンローの管理下に置くことができた．これを行うことで，彼らは自らの財産と財を，債務を返済するための担保として差し出すことが可能になったと思われる（Moore 1985, n. 105）．しかし，登録には費用がかかり，1271年以前は，債務の登録はあるとしてもごくわずかであった．共同体責任制がよく機能している限り，商人たちは登録費用の負担を避けることができたからであろう．しかし，1257-1271年の間に，登録された債務の数は43倍に増加しており，このことは共同体責任制の機能が低下した可能性があることを示唆している[45]．

イタリアに関する証拠は，共同体間における社会的流動性の増加が共同体責任制の有効性を弱体化させたことを示唆している．共同体責任制は，共同体がその構成員を地元で罰する能力に決定的に依存しているからである．13世紀後期のフィレンツェの条約は，イタリアで，共同体のこうした能力が低下しており，債務不履行を行った者が自分の共同体から逃げたことを示している[46]．このような事態に対処するために，属人法から属地法への移行が行われた．1254-1298年の間に，フィレンツェは，少なくとも12の条約を他のイタリアの都市と結び，それによって，各コミューンは，共同体責任制の下で罰金の支払いを避けるために自分の共同体から逃げている，すべての商人を拘留する権利を他のコミューンに譲渡した．

13世紀の終わりまでに，フィレンツェでの紛争の数が増加していた．1302-1314年の間に，フィレンツェは，36以

上の譲歩（差し押さえを行う権利の授与）と，13 以上の保留（差し押さえの一時停止）を認め，そして，6 以上の報復（実物差し押さえに対する他の共同体の対抗措置）を受けた．これらの出来事には 30 以上の他の共同体や政体が関係していた[47]．紛争の数は 1302-1314 年の間に増加したが，1302 年以前に，紛争があまり見られなかったかどうかを示すデータはない．

共同体責任制の有効性が低下し費用が増大したことは，必ずしもその衰退につながるわけではない．制度を廃止する試みを導いたと考えられるのは，共同体内部で，共同体責任制の政治的実行可能性が低下したことであった．共同体責任制自体が原因となって共同体内の社会的・経済的異質性が増大したことは，共同体内での共同体責任制の費用と便益の分布がより均等でなくなったことを意味した．その結果，共同体責任制からの利得が負になった人々が，それを廃止しようと試みたのである．

この主張は，証拠との照合が可能な 3 つの含意を持っている．第 1 に，より大きく，それゆえ，より内部の異質性が大きい共同体は，共同体責任制を廃止しようと試みる可能性がより大きい．共同体内の非商業人口は，その制度の廃止を支持するであろう．なぜなら，彼らは（外国商人の不在をもたらす）対立の費用を負担するが，その制度から直接得られる利益はないからである．さらに，大都市では，紛争の頻度が高いために，共同体責任制から得られる純利益が負になるかもしれない．第 2 に，豊かで，地位を

確立した商人，すなわち商業エリート集団の構成員は，取引を統治するためのその制度を廃止しようと試みる可能性が高い．このような商人は，相対的にその制度から得られる利益は小さい．なぜなら，彼らは，多くの取引関係，高い評判そして多くの富を有しているため，個人的評判と外国に持っている担保に基づいて取引を行うことができたからである．一方で彼らは没収されうる富を外国に持っているので，制度に伴う費用を負担する．第3に，他方で，豊かな商人は，海外に財を持っているため，外国人商人の所有権保護を統治する仕組みとして，共同体責任制を維持しようと試みる可能性がある．すなわち彼らは，窃盗，過大な課税などによる損害から彼らの外国にある所有権を保護するために，制度を続けようと試みるであろう．

　歴史的な証拠はこのような理論的予測と合致している．イタリアの都市は，イングランドの町よりも早期に規模が成長しており，フィレンツェの条約は，同市が共同体責任制を13世紀初めに廃止しようとしたことを示している（Arias 1901）．この時期，勅許状は，イングランドの小さな町に共同体責任制を用いる権限をつぎつぎに与えていた．しかし，イングランド最大の都市ロンドンは例外であった．ロンドンの商人は，1130年代には，共同体責任制の適用を免除されていた（ただしロンドン市は，市民以外の財を差し押さえる権利は保持していた）．イングランドの町より大きかったフランドルの町は，イングランドにおいて，共同体責任制から免除される権利を得ていたようであ

る．1225-1232年の間に，イギリス国王は，フランドル最大の都市であったイーペルの商人に対して，「イングランドで拘留されることはなく……仲間の債務を分担させられることもない」ことを保証した[48]．このように，大きな都市は，共同体責任制を早期に廃止しようと試みた．

イタリアの歴史的記録によれば，共同体責任制は，コミューン内人口の諸階層に対してさまざまな得失を与え，そのために共同体内におけるその制度の政治的実行可能性が低下した．1296年に，何人かのフィレンツェの商人たちが，ボローニャとの対立に関して都市当局に訴えた．これらの商人の生計状態は，ボローニャを通行できるかどうかにかかっていた．彼らが，ほとんど自分たちの財にだけ**通行税**（pedaggio）を設定することを提案したのは，自分たちがおそらく直接的には関わっていない紛争を解決するためであった（Arias 1901, p. 165）．しかしフィレンツェ市全体としては，紛争を解決するために通行税を支払うことについて興味があったとは思われない．同様に，人口の異なる階層が異なる利害関係を持っていたことは，外国の牧師，役人，そして食料品を販売する商人に対する報復を禁じた1415年のフィレンツェの条例にも示されている（Santini 1886, pp. 168-72）．

共同体責任制を廃止しようとする豊かな商人の願望は，フィレンツェにおける共同体責任制をめぐる政治経済情勢に反映されている．13世紀の間，メルカトーレ（mercatores）と呼ばれた裕福なフィレンツェ商人が，ヨーロッパ

全土で営業を行っていた．彼らは，彼ら自身の評判に基づいて取引を行う能力を持っていたであろうが，共同体責任制に伴う報復によって多額の損失を受けていた．実際，13世紀後半，彼らがフィレンツェで政治的支配を手に入れるとすぐに，フィレンツェを共同体責任制から離脱させることを目的とした一連の条約を結んだ．1279年に，フィレンツェばかりでなく，トスカーナ，ロンバルディア，ロマーニャ，マルカ・トレヴィジャーナの都市の大部分と同様に，ヴェネツィアやジェノヴァの都市も共同体責任制の廃止に同意した (Arias 1901, pp. 170-6, 400-1)[49]．同様の要因が，ヨーロッパのさまざまな地域で共同体責任制の衰退をもたらしたと考えられる．

　代替的な制度を考案する能力は，制度的な環境，特に政治制度によって相違した．イタリアには，国王のような，公平な法制度を考案する第三者機関は存在しなかった．しかし，理論的予測に一致して，報復はイタリアで何世紀もの間続いたが，それらは主に商事紛争より，むしろ所有権の侵害に関するケースで起こった (Vecchio and Casanova 1894; Barbadoro 1921)．イタリアのコミューンが共和制から寡頭制に移行するにつれて，それらコミューンの制度は，それまでとは異なる利害に役に立つように変更された．外国において所有権を保護する共同体責任制は，富裕な商人にとっては価値のあるものであった．しかし，あまり裕福ではない商人が個人的関係に依存しない取引に参入するのを可能にする制度は，富裕な商人にとって価値のあ

るものではなかった．他方，富裕なイタリアの商人は，契約上の義務によりよくコミットするために外国に担保を持つ大規模な同族会社に依存するようになった．海外に出張所を持つ大会社が，共同体責任制が衰退しつつあった13世紀に出現したことは偶然ではない．

また，13世紀にドイツ帝国が解体したことは，共同体責任制に代わる有効な仕組みを提供する能力を持つ中央の支配者がいなかったことを意味した．共同体責任制を廃止する試みは13世紀からあったにもかかわらず，15世紀の後半になってもまだ，集団責任は広く実施されていた（Planitz 1919, pp. 176 ff.）．地域内における強制力の独占が欠如していたことは，少なくとも16世紀まで，共同体責任制と並んで「封建制度」が機能することを可能にした．商人は，共同体に不履行の補償を強制するために，傭兵部隊を持つ領主を雇用した．年1回の主要な大市を開催していたフランクフルト・アム・マインは，1380-1433年の間に，少なくとも229のそのような抗争に関与した．1404-1438年の間に，ニュルンベルクの有力な都市は，200以上の抗争に関与した（Volckart 2001）．それは，事前の誘因と事後的な紛争の両面で，費用のかかる制度であった[50]．

これに対して，イングランドでは，国家の存在が，共同体責任制を，個人の法的責任と国家の強制力に基づく制度に置き換えることを容易にした．13世紀の終わりにかけて共同体責任制が衰退していったとき，都市の商業部門の政治権力は上昇傾向にあった．そのことは，1295-97年に

おいて，課税の権限が（貴族を代表した）大会議から，都市の商業部門の代表が参加した議会へと移動したことからも見て取れる．課税権限の移動に示される都市商業部門の富，人口，および軍事的重要性の増大と，それに伴う政治的代表権は，制度の移行を調整し，集合行為問題を緩和し，法制度を通じて所有権を侵害しないよう国王にコミットさせるために必要な発言力を，都市商業部門が持ったことを意味した（Greif 2004b）．

ウェストミンスター第 1 制定法（1275）は，イングランドにおいて，債務に関する共同体責任制を公式に廃止した．後の法令は，このことが商業の衰退を導いたと認定した．すなわち，「過去には多くの人々に自分の財産を貸していた商人は，債権を決められた返済日に容易に回収できるよう迅速に機能する法律が提供されなくなったために，貧窮化した」（アクトン・バーネル制定法 1283）．それらの法令は次第に，領域法，個人責任，司法の中央集権的管理，および担保に基づく代替的な契約執行制を明記するようになった[51]．

しかし，個人責任に基づく契約執行制度の発展の速度は遅く，その有効性も長い時間をかけて少しずつ増していった．これは，関係者がその問題点を学び，それを改善する新しい方法，特に国家の官吏たちをよりうまくあしらう方法を見つけることでももたらされた[52]．実際，1275 年以降許可された勅許状のいくつかは，依然として町が集団責任に基づいて財を差し押さえることを許可していた[53]．われわ

れはすでに，1324 年から 1333 年までのロンドン市長の往復書簡に共同体責任制に関する戦略の使用が示されていることを確認した．類似の一連の書簡は，1360-1370 年についても存在する．この史料では，159 通のうち 55 通の市長の国内外経済に関する書簡（35 パーセント）が，共同体責任制が機能していたことを示しており，これらの事例の半分は契約執行に関するものであったのである．

興味深いことに，初期には国際事例よりも国内事例の方が若干多かったが，両者はほぼ同数であった．しかし後の時期になると，データにある国際事例が国内事例より 45 パーセント多くなる．国境内取引と国境外取引との間で制度の相違が生まれつつあった[54]．国際交易が生まれたのである．

10.6 結論

受け取りと支払いが時間的・空間的に分離した個人的関係に依存しない取引は，近代の市場経済の特徴である．多様な経済において，多様な個人的関係に依存しない取引を支えた契約執行制度について，その性質と動態的変化を比較歴史分析することは，経済発展の歴史的プロセスと今日における市場拡大への障害に関するわれわれの理解を深めることになるだろう．

上記のような取引を中世後期に支えたのは，公平な第三者機関によって提供される制度でも，個人的評判の維持を

考慮する当事者たちの相互作用に基づく制度でもなかった。そうではなく，個人的関係に依存しない取引は，自治的な共同体，共同体間の（不公平な）裁判所，および集団的評判によって支えられた。契約に基づかず，集団的で，共同体的な債務，および共同体の評判が，内生的に，不公平な裁判所に公平な裁判を行う動機を与えたのである。

　共同体責任制は自己実現的な制度であった。すなわち，個々の取引相手と彼らの共同体の裁判所に対するすべての誘因が内生的に与えられた。不正行為への反応に関する予想と将来の取引の価値に関する予想が，各共同体を無限の寿命を持つ継続的な組織とした。各共同体は，各構成員の債務不履行が他の構成員に与える費用を内部化しており，その将来の取引は契約の履行についての担保として機能した[55]。共同体の債務は，個々の商人にとっては，契約上のものでも自発的なものでもないが，共同体間の個人的関係に依存しない取引を支えた。取引をしている商人たちが，相手の過去の行為に関する知識を持つこと，将来の取引に関して予想を共有すること，相手の商人の行動を将来の取引相手に伝える能力を持つこと，あるいはあらかじめ互いの個人的身元を知っていることは，取引が行われるためには必要ではなかった。

　当初，共同体責任制は，制度が自己実現的になるパラメータの範囲を増加させる過程をもたらしたという意味で，自己強化的な制度であった。共同体責任制は，それが基づいている共同体的構造を強化し，共同体に，その構成員を

明確に定義し，構成員以外の者に対して構成員が誰であるかを知らせるのに必要な組織を設立し，そして，共同体内の執行制度を強化する動機を与えた．

　しかし，長期的には，共同体責任制は遠隔地交易の成長，および共同体の規模，数と異質性の増加によって弱体化していった．これらの変化は制度の有効性，経済効率，そして共同体内部の政治的実行可能性を低下させた．例えば，それらは，人々が共同体への所属を偽ることを容易にし，所属の立証を妨げ，共同体間の移動費用を減少させて，共同体の構成員の一部を，経済的により悪い状態にした．13世紀後半までに，富裕な共同体の構成員は共同体責任制からの除外を求めるようになり，共同体はその廃止のために努力するようになった．

　共同体責任制をそれに代わる制度に置き換える能力は，制度の環境，特に政治制度によって相違した．イングランドでは，政治体制が，個人の法的責任に基づく法的契約執行への移行を促した．国家が有効な代替的経済制度を提供するために介入したところでは，今日広く普及している執行制度，すなわち個人責任がルールであり，多くの個人的関係に依存しない取引が法制度によって支えられ，集団責任は合意と契約に基づくという執行制度へと，ゆっくりであるが近づいていった．政体の内と外に関して代替的制度を提供する能力が相違していたことは，国内取引と国際交易との間における制度の差異を生み出した．

　このような歴史は，ヨーロッパにおける国家の勃興が市

場の勃興の前提条件であったという通念に疑問を投げかける. 共同体責任制は, 逆の因果関係の重要性を示唆している. すなわち, 市場が生み出した制度に対する需要が, 国家によって統治された法に基づく制度の発展に影響を与えたという因果関係である. 国家がこの難問に対応することができ, また国家による権限の濫用を抑止することができた時と場所で, 市場が発展したのである.

ヨーロッパにおける, 契約形態と組織形態の発展に対する共同体責任制の影響, 共同体責任制が, どのように, そしてどの程度までヨーロッパのさまざまな地域で異なる進化を遂げたか, そして, このような差異が後の市場拡大に対してどのような含意を持っているかについては, 現在のところ検討されていない. 同様に, これと類似した制度が他の前近代社会においてどの程度広まっていたのかも, 検討されていない. その制度がヨーロッパに特有のものであったことはありうる. なぜなら, それは2本の柱, すなわち自治的な商人共同体とそれらの共同体が制定に参加した人為的な法律に基づいており, これらは他の前近代の市場社会では一般的ではないからである. 例えば, イスラーム世界の共同体は自治的ではなく (例えば, Cahen 1990, p. 520), 広くいきわたっている宗教法は共同体責任制の中心をなす集団責任の概念を否定した (例えば, Schacht 1982 [1964], p. 125). 共同体責任制がヨーロッパに特有であったとすれば, それは, ヨーロッパにおけるその後の商業発展を説明する要因の1つである可能性がある.

共同体責任制は，制度と国際交易との間のダイナミック
な因果関係を示している[56]．重層的な，複数の管轄にまた
がる（そして，この意味で国際的な）制度は，個人と国内
の司法当局の双方に適切な誘因を与えた．一方では，統治
者の負債問題を緩和する制度が交易の前提となるように，
共同体責任制もまた交易のための前提条件であった[57]．い
ずれの場合においても，国内の司法当局が，国際的な契約
上の義務を執行し，ないしはそれに従うように導く制度が
決定的に重要である．他方で，共同体責任制は，国際交易
から国内の制度発展に向かう方向の因果関係を研究するこ
とが重要であるという推測を支持している．その歴史は，
制度変化が交易と成長との間の因果関係の重要な経路であ
るという事実を示している．
　共同体責任制はまた，契約執行制度のミクロ的基礎の無
視されてきたいくつかの側面の重要性を浮き彫りにしてい
る．共同体責任制は，法に基づいた制度と評判に基づいた
制度の両側面を組み合わせており，強制力と評判を組み合
わせた執行制度の重要性を明らかにしている（Greif and
Kandel 1995; Dixit 2004）[58]．それはまた，身元が周知の事実
（common knowledge）であるという，評判メカニズムの分
析において通常置かれる仮定から離れることの重要性を強
調する．共同体責任制の中心的な構成要素の1つは，人々
の個人的な身元と共同体に関する身元を信頼できる形で明
らかにするメカニズムであった．すなわち，人々が自分の
身元に関する情報を伝達することに信頼できる形でコミッ

トできるようにする方法が，社会の契約執行制度の重要な構成要素となっていた．共同体責任制はまた，評判に基づく制度，すなわち人々の行動が過去の行動に関する事前の（取引する前の）情報に依存する制度，にのみ焦点を当てるという姿勢から離れることの重要性を強調している．共同体責任制を支えているのは，特定の人物が過去に一度も人をだましたことがないことを立証することよりも，ある人が特定の人物によってだまされたことを事後的に立証する能力だからである．

　最近になってようやく，集団責任の経済的含意が関心を集めている[59]．現代の経済では，集団責任は発展途上国における小規模金融（Besley and Coate 1995; Bouman 1995）や，無限の連帯責任を負う事業組織（Bernstein 1992）において役割を果たしている．共同体責任制と19世紀ドイツの協同組合（Guinnane 1997）は，産業経済の発展における集団責任の重要性を例証している．実際，共同体責任制は，集団責任が過去のヨーロッパにおける市場の機能において中心的な役割を果たしたことを明らかにしており，潜在的な重要性にもかかわらずこれまで無視されてきた，現代の市場経済における集団責任の役割に注意を向けることを促している．共同体責任制は，近代企業の重要な役割が，集団責任を提供することにあるということを示唆している．

　前近代ヨーロッパで集団責任が重要であったという事実は，次のことに注意を喚起する．すなわち，個人の法的責任（または，契約上の連帯責任）だけを道徳的および法的

に許容可能な手段と考える現代の傾向は，同様の過程が必ずしも起こらなかった場所に，ヨーロッパにおける制度進化の長いプロセスの結果を押しつけることを意味するのである（Levinson 2003）．共同体責任制は，一連の実行可能な，効率性を高める制度を決定する際に，社会的・政治的文脈がいかに重要であるかを明らかにする．制度に関する政策は，個人的関係に依存しない取引を支えるすべての制度が同じ契約上の問題を解決しなければならないが，その役割を果たすのにもっとも適した制度は環境によって異なるという事実を考慮しなければならない．もっとも適した制度は，過去から受け継がれた，制度的環境と制度の構成要素に依存するのである．

第 10 章註

1) 法制度の設置費用を別にしても，法に基づいた制度がより効率的であっても，評判に基づいた取引から法に基づいた取引へ移行することを妨げる他の要因が存在する．協調の失敗（Greif 1994a; Kranton 1996），集合行為問題（Li 1999; Dixit 2004），および国家が所有権の尊重にコミットできないこと（Greif 1997b, 2004b）などである．

2) この問題の一般的な重要性については，Elhanan Helpman から指摘を受けた．Acemoglu et al.（2002）は，前近代における大西洋での取引が制度発展を促したと推測している．

3) 一般的な議論については，Lopez and Raymond（1955, pp. 157-238），および，de Roover（1963, pp. 42-118）を参照．ヨーロッパの遠隔地域の商人間の取引に関する証拠については，R. Reynolds（1929, 1930, 1931）; Face（1958）; Postan（1973）; Moore（1985），そして Verlinden（1979）を参照．

歴史的事例については，Obertus Scriba（1190, nos. 138, 139, 669）；Lanfran-co Scriba（1202-26, vol. 1, no. 524）；Guglielmo Cassinese（1190-2, no. 250）を参照.

4)　個々の商人の取引関係を長期にわたって追跡することによって，これらの問いに答えるだけの歴史的証拠はない．前近代ヨーロッパにおいて，個人的関係に依存しない取引が可能であったかどうかを知るには，それを可能にした制度の有無を知る必要がある．

5)　Plucknett（1949, p. 142）；Ashburner and Walter（1909）；Postan（1973），そして *Select Cases Concerning the Law Merchant, A.D. 1239-1633*, vol. 2 を参照.

6)　*Calendar of the Patent Rolls* 1266-72, 20. そのような裁判所が不公平であったということ，そして，そこでの裁判が地方のエリートの利害を反映していたという主張を立証するのは難しい．特に問題となるのは，外国の商人に関して不公平であったという証拠を発見することである．なぜなら，私が論じているように，共同体責任制の下で，このような裁判所が不公平であるからこそ，均衡現象としてそれらの裁判所は，公平な裁判を行ったと考えられるからである．しかしその時代の文書の多くは，簡単にいえば，裁判所の公平性に対する不信感を示している．イングランドの地域的裁判所は地元以外の農民に対して不公平な裁判を行った（Hanawalt 1974）．対抗する勢力がなければ，地域的裁判所が非地元民に対して平等な裁判を行わないのは理に適っている．イタリアの法廷審議は，公平な裁判ではなく地元商人の収益性が，非地元民との争議において司法判断を動機づけていたことを反映している（English 1988）．ドイツにおいては，非地元商人，農民，そして下級貴族さえもが外国人であるとみなされた．彼らは公式にゲストと呼ばれて，法廷では多くの点で差別待遇を受けていた（Volckart 2001）．

7)　独立したイタリアの都市国家を指すためにコミューンという用語を使う場合があるが，その用語は，本章のように，自律的に統治された共同体一般を指す場合にも使われる．

8)　コミューンが共同体責任制を支えた一方で，コミューン間の実際の商事紛争に関与したのはギルドのような各コミューン内の組織であった．

9)　Fearon and Laitin（1996）は，民族間の政治的協力を実現するようにその構成員を制御する動機をどのようにして持つことができるかについて検討している．

10) 以下の分析を有効にするためには，次の仮定で十分である．すなわち，時間割引率と取引と不正から得られる利益に対して，特定の1組が再び出会う確率が十分低く，二者間の評判メカニズムが有効ではないという仮定である．

11) 多者間の評判メカニズム（例えば，Greif 1989, 1993; Kandori 1992）は，将来貸し手が借り手の過去の行動に基づいて行動できるならば，貸出を支えることができる．経済主体のタイプに関して情報が不完備なモデルでは，タイプを知らない新しい取引相手との関係構築に伴う暗黙のコストが，現在の取引相手に対して不正を行うことのコストを大きくし，そのコストが，身元や過去の歴史に関する情報がない場合においてさえ，取引を支えるという均衡が存在する（Ghosh and Ray 1996; Kranton 1996）．しかし，ここでは将来の取引が予想されないという意味で個人的関係に依存しない取引に焦点を当てており，そのような取引では二者間の取引の頻度が低いと仮定できるから，こうした均衡は排除される．だまされたプレイヤーはゲームから退出するので，伝染性均衡（Contagious equilibria）（Kandori 1992; Ellison 1994）はこの一方向の囚人のジレンマゲームには存在しない．借り手が彼の横領した資本を使用できると仮定する場合にも，この分析は頑健である．付録 C を参照．

12) 共同体の数を増やしても2つの共同体間の戦略的相互作用は基本的に変わらず，分析は質的に変わらない．共同体責任制は共同体が2人の外国商人間の争いに関与する誘因を低下させる要因となる．しかし，より多くの共同体が存在する場合，各共同体の外部オプションを増加させ，それは共同体責任制のための必要条件が妥当する可能性が小さくなることを意味する．私は後段で，コミューンの数の増加が共同体責任制の衰退の一因となったことを議論する．

13) 期末の裁判所の価値関数は来期の期首のそれと同じである．

14) ここではまず賄賂の可能性を排除する．これは，共同体間の取引に伴う紛争に関する意思決定は共同体の代表者たちによって行われ，多くの意思決定者が関与したことによる．例えば1250年以前のフィレンツェにおいては，共同体間の取引に伴う紛争に対応して行動を起こすのは，都市の行政官と評議会の責任であった．1325年まで，そのような行動をとるため，都市の行政官はコミューンに対して2つの承認を求める必要があった．1415年，そのような行動に関する規則を定めた法令は，それらの行動がもはや都市の行政官の管轄事項ではなく，工業と商業を所管する執政官

の管轄の下にあることを示した．執政官が共同体間の争議に対して行動を起こすためには，その行動はさらに追加的な2つの集団，すなわちポポロの執政官とコミューンの執政官によって承認されなければならなかった（Santini 1886, pp. 168-72）．賄賂は争議の裁定を困難にしたと考えられる．

15) 歴史的には，裁判所は契約を検討し，証人に質問し，借り手に接触して返済証明を求めることによって，告訴を立証した．特に貸し手は負債契約書を提示することによって，負債が支払われていないという主張を証拠だてた．通常，借り手は負債を支払った後，契約書を貸し手から手に入れたのであった．

16) **差し押さえる**（impound: 法律上の，または公式の財の所有を法の監視下に置く）および**没収する**（confiscate: 権限を持つ当局によってあるいはあたかも権限を持つ当局によって取り上げられる）という用語がここでは妥当だと思われる．*Distraint* や *witheram* は，中世の文書でしばしば使われている．

17) 完全観測の仮定の下でのモデルでは，不正行為は起こらず，それゆえ貸し手は情報を手に入れる動機を持たないが，後に見るように，モデルを不完全観測を含むように拡張した場合は，このような結論は妥当しない．

18) 情報コストはおそらく商人共同体内では低かったであろうが，ここで焦点を当てているのは，共同体の外側で行われる個人的関係に依存しない取引である．

19) 予算制約は除外している．共同体責任制の下での破産は，当時認識されていたように，状態に関する難しい立証問題を引き起こす．それを避けるため，共同体が支払わなければならなかった．

20) すべての借り手による協調的な不正行為が可能であるならば，その条件は，

$$gN_B \sum_{t=0}^{T} (T-t)\delta^{t+1} \geq N_B(G-g)$$

である．すなわち，将来の借り入れの割引現在価値は集団による不正行為よりも大きい．g について行ったのと同様に，借り手は $G-g$ から将来，所得を得ることはできないと仮定されている．

21) 同じ理由で，だまされていない人々に不正をしたのがどのような者かを説明することが難しいために，身元が集団全員に知られていない不正者に集団で報復する能力には限界があった．身体的な説明では限定的にしか役に立たず，また名前も不正の後で変えられる可能性があった．さらに，

平民の多くはこの時代には姓を持っておらず，あったとしてもたいていは描写的なものであった（通常，人の身体的特徴や生まれた場所を示している）．Emery（1952）と Lopez（1954）を参照．

22) まだ立証されていないことは，他のどのような制度が，もしあったとすれば，同様にある程度，個人的関係に依存しない取引を可能にしたかということと，そしてその相対的な重要性である（その後の時代には仲介者が広く用いられた．Hoffman et al. 2000 を参照）．共同体責任制はまた，共同体の商人を海外での被害（例えば，強盗や通行税）から保護するために用いられた．このように，それは Greif et al.（1994）で検討された商人ギルドが補完していた．ここではギルドの問題を取り扱わない．

23) *English Historical Documents*, vol. 2: 1012-13; Stubbs 1913 の議論を参照．イングランドの法律文書は，多くの場合，都市の統治機関でもあった商人ギルドがある人にとっての関係する共同体であったことを示唆している（Maitland 1889, p. 134）．しかし，この勅許状は，共同体が事実上，それに対して犯人を罰するように圧力をかけることができる最小単位（都市，村，または郡）であったことを示唆している．

24) この比率は下限である．13 世紀の終わりまでに，イングランドには約 500 の勅許を受けた町があった（Beresford and Finberg 1973）．12, 13 世紀からの 247 の勅許状が現存している（Ballard and Tait 1913, 1923）．ここでの計算は，人口統計の数値がある 1300 年までに，人口が 5000 人以上に達していた都市についてのものである．35 都市の勅許状が，以前リンカーンに対して発行された勅許状に明示的に言及しているという事実，こうした勅許状の普及が何らかの学習過程を経てもたらされたものであることを示唆している．

25) *Calendar of Plea and Memoranda Rolls*, vol. 1. これらの書簡の 4 分の 1 が商取引に関係している．残りは，盗まれた財，または通行税の合法性に関する紛争に関係するものである．

26) 以下の出典は，共同体責任制と関連した戦略が，イングランドとイングランド以外の共同体との間の関係を統治していたという，独立の追加的証拠を提供している．*Calendar of the Patent Rolls* 20:1266-72（リューベックについて）and 460:1232-1339（イーペルについて）; Vecchio and Casanova（1894）（さまざまなイタリアの都市の訴訟）．*Calendar of Plea and Memoranda Rolls*, vol. 1 も参照．

27) このような条約については，Arias（1901）と Vecchio and Casanova

（1894）を参照．イタリアについては，Wach（1868）を参照．

28）歴史的記録は，契約当事者のうちの1人が死んだ場合，負債が年月を経ている場合，契約が明確に規定されていない場合，または契約上の義務が，当事者ではなく当事者の代理人によって果たされるとされている場合に争議が起こりやすいことを示唆している．

29）数学モデルの上では，主な仮定は次の通りである．t 期における借り手の行動を $\alpha_B(t) \in \{R, D\}$ とする．ここで R は返済，D は返済しないを示す．t 期における経済主体 j の行動を $\alpha_j(t) \in \{RC, NRC\}$ とする．$j \in \{$ 貸し手，貸し手の裁判所，借り手の裁判所$\}$ である．RC と NRC はそれぞれ，告訴を要求する，要求しないとする．$\theta_L(t), \theta_{LC}(t), \theta_{BC}(t)$ は3つの確率変数であり，t 期における借り手の行動に関するシグナル（それぞれ，貸し手，貸し手の裁判所，借り手の裁判所に対して）を表している．それらはいずれも，R か D をとることができる．$\theta_L(t), \theta_{LC}(t), \theta_{BC}(t)$ は，時間と取引を通して，互いに独立で同一の（借り手の行動に依存する）分布に従うものとする．θ_L は L にだけ観察され，θ_{LC} と θ_{BC} は公的に観察される．

30）このような結果は不完全観測モデルにおいて一般的である（Green and Porter 1984; Abreu, Pearce, and Stacchetti 1986）．

31）イングランドについては，Moore（1985）; Plucknett（1949）を参照．イタリアについては，Santini（1886）; Vecchio and Casanova（1894）; Catoni（1976）を参照．そして，フランドルについては，Pro SC 2/178/93: 14 May 1270, published in *Select Cases Concerning the Law Merchant*, 1: pp. 8-10 を参照．

32）1280-98 年のデータは，Santini（1886）に含まれた文書から集められた．フィレンツェ，イングランド，スペインの間における共同体責任制の機能については，Vecchio and Casanova（1894）を参照．大学生の要請については，Munz（1969, p. 77）; Santini（1886, pp. 20-4）を参照．

33）この事例が明らかにしているように，一般的には，法律上の手続きが財の没収に先行していた．この過程について，Vecchio and Casanova（1894）や Arias（1901）ではイタリアの場合を，Maitland and Bateson（1901, pp. 14-15）ではイングランドの場合を論じている．

34）1325 年のフィレンツェの法令は，貨幣や財の損失，財産の損害，強制的な課税と人的な拘留を，報復を認めるべき適切な場合として特定していた（Santini 1886）．肉体的攻撃に関係する場合は報復は許されなかった．

35）Arias（1901, pp. 177-88）; Santini（1886, p. 165），および Vecchio and

Casanova（1894, pp. 216-23, 37-42）を参照.

36）　われわれは，このような筆記者の台帳の内容に関する証拠を 1 つだけ
　　持っている（Verlinden 1979）. 1296 年，イタリアの書記によって書かれた
　　15 の契約は，12 の共同体の個人について記載しており，それは，共同体へ
　　の所属が契約当事者にとって重要であったことを明らかにしている. それ
　　はまた，共同体への所属を立証する制度化された方法があったことを示唆
　　している.

37）　外国商人用の共同体の宿泊施設は，前近代の取引の特徴であった（例え
　　ば，Constable 2003）. ブリージュは例外であり，商人が家を借り，地主が
　　その借家人の契約上の義務に対して責任を負った（de Roover 1948）.

38）　イングランドにあるセントボツルフ（St. Botulph）の大市で，イングラ
　　ンド人やブリュッセルの商人が関係した事例については，*Select Cases
　　Concerning the Law Merchant*, 2: 11-12, no. 7 を参照.

39）　この場合，まず借り手の裁判所だけが告訴を検証して，不正行為が見つ
　　からなかった場合に限り，次に貸し手の裁判所が独立に立証を行うこと
　　も，交易を行う均衡に対して十分である. 歴史的には，後に論じるように，
　　貸し手の共同体が貸し手の告訴に応じて財を没収するのではなく，まず告
　　訴を検証することに同意した場合，貸し手の共同体は，借り手の裁判所が
　　最初に検証を行うことにも同意した.

40）　集団責任の合法性は，早くは Monk Bartolommeo（1347 年没）から
　　Giovanni De Brelgel（1778 年没）まで，無数の前近代ヨーロッパの法学論
　　文で議論されている.

41）　13 世紀以前の歴史的文書は，共同体責任制の変化と改良を示している.
　　それでもなお，13 世紀は分岐点であったように思われる. その制度を廃止
　　し，少なくともいくつかの大きな領土を持つ政治的単位では，より有効な
　　システムを構築しようとする大規模な試みが行われた.

42）　この成長は文書に基づいて綿密に実証されている（Bairoch et al. 1988
　　や Beresford and Finberg 1973 を参照）.

43）　この議論は，本文で提示したモデルの直感に基づいている. このよう
　　な考察を組み込んでモデルを拡張するのは可能である. 簡単化のために，
　　ここではそれを行わない.

44）　共同体に関する身元を偽る能力とそれを戦略的に使用した例は，セン
　　ト・アイブス大市の裁判事例（1275）にある. レスターの共同体の商人た
　　ちは裁判所に召喚されて，レスターのトーマス・コベントリーの債務に対

して責任を負わされた。しかし，彼らは「そのトーマス・コベントリーという者は，決してわれわれの…仲間…でも，レスターの共同体の構成員でもない」と述べた。その法廷審問のすぐ後に，トーマス・コベントリーが大市に現れ，彼はレスターから来たと述べ，元の原告の偽りの告訴が彼に「少なからぬ損害」をもたらしたと主張して，元の原告を告訴した。元の原告は反論できなかったが，彼らはロンドン（当時までに，共同体責任制からの免責の権利を得ていた）から来たので，その裁判所の管轄下にはないと主張した。この訴訟は，Pro. SC 2/178/94: 8 May 1275 に含まれている。その文書の一部は，*the Select Pleas in Manorial and Other Seigniorial Courts, Reigns of Henry III and Edward I*, ed. Maitland (1889), no. 155: 145-6 に収録されている。

45)　これらのデータは，*the Close Rolls of the Reign of Henry III* 1227-72, 1256-72 年における利用可能なすべての記録に基づいている。登録件数は1257 年にはわずか 1 つ，1269 年は 4 つ，1271 年には 43 ある。コモンローを利用する費用に関しては，Plucknett (1949, p. 137) を参照。商事紛争の費用の増加は，イタリアで，解決手段が差し押さえから通行税に移行したという事実にも示されている。この移行によって紛争の間にも取引を続けることができるようになり，不確実性が減少した（Vecchio and Casanova 1894）。

46)　このことは，不履行者に対する懲罰がもともと緩かったことによる可能性は低い。もしそうなら，貸し手は金を貸さなかっただろうし，潜在的な債務者は逃げる必要がなかったであろう。

47)　Barbadoro (1921) の資料に基づいて算出。

48)　イングランドについては，*English Historical Documents*, Vol. 2, no. 270: 1012-13 を，イーペルについては，*Calendar of the Patent Rolls*, 460: 1232-1339 を参照。

49)　イングランドやフランスにおいても，あまり明確ではないが，類似した証拠がある。13 世紀後半のイングランドでは，「ますます多くの人々が，自分たちが主たる債務者ないし保証人である場合を除き，あらゆる（共同体責任制の下の）債務に対する訴訟から免除されるという勅許を得ることによって訴訟に対応することが可能になった……」（Moore 1985, p. 119）。豊かな商人は免除特権を買ったといえよう。Thomas (1977) は，フランスに関して同様の証拠を提供している。この証拠もまた，共同体責任制にただ乗りする試みを示している。

50) 百年戦争 (1337-1453), およびそれ以前に起こったイングランドとフランドルとの戦争は, この時代のフランスの政治情勢が, 公平な裁判の提供をもたらすものではなかったことを意味した. 歳入の増加が, 国王にとって最優先の事項であった.

51) *English Historical Documents*, Vol. 3: 404 のウェストミンスター第1制定法とアクトン・バーネル制定法 (1283), ibid., no. 54: 420-2 の取引の衰退を参照. 国王が制定した代替的な契約執行制度に関しては, アクトン・バーネル制定法に記述されている. ウェストミンスター第2制定法 (1285), ibid., no. 57: 428-57; 商事法 (1285), ibid., no. 58: 457-60; Plucknett (1949, pp. 138-50), および Moore (1985, p. 120) は議論を提供している. イングランドの国王はフランスの制度を模倣した可能性がある. Patourel (1937, p. 97) の議論を参照.

52) 政治腐敗を抑止する行政的変化については, 商事法 (1285), *English Historical Documents*, Vol. 3, no. 58: 457-60 を参照. 1352 年には, 債務不履行を行った者の投獄に関しては, 一般の債権者と王家の債権者とは同列に位置づけられ, また, 負債や会計上の問題を起こした者は法の保護からはずされることになった (Plucknett 1949, pp. 324-6, 343). 行政上の手続きと相互チェックが政治腐敗と贈収賄を減少させるために用いられた. そして, 法律上の手続きと制裁はゆっくりと発展して, より有効なものとされていった.

53) Rhuddlan (1284) と Blakewell (1286) の勅許状がそのケースである (Ballard and Tait 1923).

54) *Calendar of Letters from the Mayor and Corporation of the City of London*. 共同体責任制の継続に関する証拠は, さらに, 1460 年まで続いたイングランドとフィレンツェとの間の長い報復の経過に示されている (Vecchio and Casanova 1894, p. 262).

55) 無限の将来まで継続する組織が, 寿命が有限の経済主体間の協調を促進させ, 個人としての存在と経済組織としての存在の分離によって, 協調関係が崩壊する問題を緩和することに関しては, Bull (1987), Cremer (1986), Kreps (1990b), および Tadelis (1999, 2002) を参照. 共同体責任制の分析は, 協調崩壊の問題を緩和して, その構成員と構成員以外の者との間の協調を支える継続的組織の重要性を明らかにする.

56) 興味深いことに, 集団責任は現代の国際交易においては行われていない. 債務を履行しなかった個人 (または, 国家も含めた団体) の資産のみ

が差し押さえられる.

57) 統治者の負債問題については，例えば，Bulow and Rogoff (1989)，Wright (2002) を参照.

58) 取引の制度的基盤を研究する際，経済学者は，法の形をとった公平な第三者機関に基づく制度か，あるいは個人の経済的評判に対する考慮に基づいた制度に関心を集中してきた（Greif 1997b, 2000, そして McMillan and Woodruff 2000 のサーベイを参照）. 法に基づいた制度と評判に基づいた制度との相互関係については，Greif (1994a); Kranton (1996); Johnston et al. (2002) を参照.

59) 理論的な分析については，Varian (1990)，Tirole (1996)，および Ghatak and Guinnane (1999) を参照.

第11章
理論 – 歴史対話型の文脈に依存した分析

Interactive, Context-Specific Analysis

　共同体責任制の機能を見出し，理解するために，第10章の分析では，この本のすべての実証的分析と同様に，特定の事例研究法を用いた．具体的には，理論的に裏づけられた事例研究法であり，そこでは状況と歴史に関する文脈的知識，および文脈に依存したモデル化が全面的に用いられた．この章ではまず，制度分析が社会科学の従来の実証研究の方法に対して提起する課題を乗り越えるうえで，この方法が有効であるということについて述べる．次いで，この方法の詳細を示すことにする．

　制度が社会科学の従来の実証研究の方法に対して難問を提起することには2つの原因がある．第1に，制度は偶然の要素によってもたらされるものではなく，特定の機能や利害関係に資するような組織には同一の力と配慮が働いているが，制度は本来的に不確定的であり，歴史に依存し，

また文脈に依存する．われわれは，制度の実証分析を方向づける制度の理論を持っておらず，またわれわれの制度に関する知識は，そのような理論を求めても無駄であろうということを示唆している（第11.1節）．第2に，一般に観察可能な特徴だけを考察しても，制度を研究することはできない（第11.2節）．

ここで提示する方法は，制度に本来的な不確定性，文脈依存性，そして制度の観察可能な要素と観察不可能な要素の両方を考察することの必要性に対応している．この方法は，理論，状況と歴史に関する文脈的な知識，そして文脈に依存したモデル化を対話的に組み合わせる．このような事例研究による接近方法は，ほかのいくつかの理由からも有効性が期待できるものである．制度における本来的な不確定性と文脈依存性は，われわれが，ある制度を歴史的に1回限りの現象として研究することが必要な場合が多くあることを示唆している．その後の制度に過去の制度が影響することは，歴史的背景を考慮することが実証研究において有用であることを意味している．われわれは，理論的に可能ではあるが，文脈的にはありそうもない制度を除外するために文脈に関する知識を利用することができる．制度に関するわれわれの理論の限界のために，事例研究は，制度に関する一般的命題を評価し，発展させるための，重要な知識の源泉となる．最後に，事例研究法は，政策目的のために特定の制度を包括的に理解するという関心に応えるために必要不可欠なものである．

理論 – 歴史対話型の文脈に依存した分析に動機を与える
問いは，その制度的基盤を理解することが重要な意味を持
つような行動——例えば取引ないし取引の欠如——は何か
というものである．理論は，この問題を定式化し，それを
解決する際に重要な役割を果たす（第11.3節）．それは，
理論的に重要な行動上の結果に注意を向け，さまざまな制
度を形作る一般的な力を描写することを容易にし，それら
が機能するために必要な条件を記述し，そしてさまざまな
制度が現実に意味があったかどうかを検討する際に，確認
すべき証拠を特定する．付録Cでは，評判に基づく制度の
ケースについて，理論の貢献を詳しく述べる．

　状況に関する，すなわち，その歴史および比較可能な状
況に関する，文脈的な知識もまた，重要な問題を識別し，
関連する制度に関する推測を定式化することに貢献する
（第11.4節）．文脈的な知識は，考慮の対象としている出
来事においてどのような行動上の結果が重要か，考慮すべ
き中心的取引と補助的取引および関連する制度の構成要素
は何か，そして，どのような制度の構成要素とその他の要
素を外生的なものとして取り扱うことができるか，を識別
するために用いることができる．制度の動態的変化が歴史
的プロセスであることから，歴史的情報は，関連のある制
度についての推測を定式化する際に特に有用である．過去
から引き継いだ制度的な遺産に関する知識は，したがっ
て，理論的に可能性がある制度の部分集合に注意を限定す
る際に決定的に重要な意味を持つ．

文脈に依存したモデル化は，われわれが識別しようとしている制度について，いくつかのあり得る推測を定式化し，提示し，評価するために役立つ．文脈に依存したモデルでは，歴史的に決定された，さまざまな技術的，制度的要因は特定の制度を研究する際に外生的と考えてよいと認識している．モデルを分析し，その解としてさまざまな均衡を求めることによって，特定の制度が広まっていたという推測を研究者が評価すること，すなわち修正，棄却，あるいは受容することが可能となる[1]．均衡分析は，特定の予想や行動が自己実現的となりうる条件を明らかにし，何らかの自己実現的な予想が普及していたという仮定の下で予測を導き，反事実的想定を置いた比較分析をしやすくすることで，研究者が推測を評価するのを助ける（第11.6節）．

　この評価過程では，文脈に依存した分析と証拠が対話的に使用される．モデルは，推測を評価するために使うことができる証拠とはどのようなものかを識別する．続いて文脈を探索し，モデルによって識別された証拠が存在するかどうかを検証する．推測を裏づける証拠がなければ，それは，推測を再定式化し新しい推測を評価する必要があることを示唆する．この理論－歴史対話型の分析における難しい課題は，データに合うようにモデルを調整することによって，同義反復に終わってしまうことを避けることである．モデルとモデルから得られる推測は，推測を定式化する際に使われなかった証拠に基づいて検証されなければな

らない.

11.1 演繹だけでは不十分な点

内生的制度を研究する際, われわれは, 一般に演繹的理論（特定の事柄に関する結論が一般的ないし普遍的な前提から必然的に導かれるような推論）に頼ることはできない. 理論は, 状況の外生的特徴に基づいて内生変数, われわれの場合は制度, を予測することができる. 一般に, 状況に関して用いられる外生的特徴が少ないほど, そして予測の対象となる内生変数が多いほど, 理論は（より一般的になるが）強力ではなくなり, 単一の結果を予測できる可能性はより小さくなる. しかし, 制度分析は, 少数の外生的特徴と多数の内生変数が存在する状況を対象とする. 演繹的な制度の理論がないことは, 研究資源の投入が足りないことを反映しているわけではなく, 制度の本来的な性質を反映していると思われる.

制度の演繹的な理論が持つ限界の原因を正しく理解するために, 財・サービスの配分を研究する新古典派経済学における, 理論と実証分析の関係を想起しよう. 一般均衡モデルは, 資源配分の理論を提供する. すなわち, すべての経済主体, 彼らの選好, そして技術を所与として, モデルは, 均衡価格ベクトルとそれに対応する資源配分を予測する. それは, 一意的な価格ベクトルが均衡になる一般的な条件を明らかにする. 実証分析にとってこの理論の限界は

よく知られている。しかし一般均衡理論は、外生変数（初期保有、選好そして技術）の任意のベクトルを、一意的な内生的な結果（価格ベクトル）に結びつける有用な演繹的理論を提供する。この理論を使って資源配分を研究するためにわれわれが必要なのは、考察対象としている時と場所における、経済主体の初期保有、選好と技術を特定することだけである。現在時点ないしは歴史的な、その他の状況の特徴を無視することは、理論と整合的である。

古典的ゲーム理論、進化ゲーム理論そしてゲームにおける学習の理論は、新古典派経済学に対応する、包括的な演繹的制度理論を求めても無駄であることを示唆している。制度分析の関心の対象となる状況、すなわち大きな行動空間を伴う戦略的でくり返される状況においては、複数均衡、したがって複数の制度が、通常存在する。例えば、くり返される囚人のジレンマゲームにおいて、毎期の非協調と毎期の協調は、大きなパラメータ集合に対して双方とも均衡となる。また、永続的な非協調という行動ルールと条件つきの協調という行動ルールはともに、普及する可能性がある。事実、無限回くり返される囚人のジレンマゲームのような単純なゲームでさえも、無限に多数の均衡を持っている（付録 A)[2]。

このような均衡の複数性は、囚人のジレンマゲームに固有の特徴によるものではない。複数均衡は、まさに制度分析が対象とする状況において広く存在する可能性がより大きいといえる[3]。分析が、状況の非制度的側面だけを外生

的と扱う場合，複数の自己実現的な行動が必ず存在する．
制度の演繹的理論が発展していないことは，制度に本来的
な不確定性，すなわち，複数の行動と予想が，ある所与の
環境において自己実現的となりうるという事実を反映して
いる．このように，ゲーム理論は，個人が完全に合理的で，
個人の合理性と状況が周知の事実（common knowledge）
であるような世界においてさえも，演繹は一意的な結果を
生み出すには不十分であることを示唆している．こうした
状況は，現実の世界ではなおさら妥当する可能性が大き
い．ゲーム理論はこのようにして，同じ環境が，すべての
歴史的な状況において，同じ制度を導くであろうという超
歴史的な見解を棄却する．

　そのうえ，どのゲームが，与えられた時間と空間におい
て，与えられた取引に関係があるかを示す理論はない．例
として，信用の供与を統治する制度を考えよう．信用が供
与されるためには，借り手は，事後的に負債を返済するこ
とについて，事前に信頼に足る形で保証（コミット）しな
ければならない．技術的に実行可能な多くの制度によっ
て，借り手は返済にコミットすることができ，またそれら
の制度は並存することもできる．例えば，家族内の社会的
交換は構成員を十分に拘束して，信用関係を築くことがで
きる．逸脱した場合に業界の構成員から与えられると予想
される社会的・経済的制裁は業界内部における貸出を容易
にしうる．司法裁判所が不正行為をした者を懲罰するこ
と，あるいは道徳的予想（神の罰に対する恐れのような）

の期待は，個人的関係に依存しない貸出を支えることができる．これらのあり得る制度のうちどれが，ある特定の歴史的状況に関連があったかを示す理論をわれわれは持っていない．また，どのゲーム理論的モデルを用いるべきなのかに関する理論も持っていない．ゲーム理論を使ってこのような制度のそれぞれを均衡として研究することができるメタゲームを考察することも可能ではあるが，そうすることは，複数均衡，したがって均衡選択の問題をより深刻にしてしまう．

第2章で述べた制度の選択問題への1つの対応は，制度が，機能（効率性，公平性，特定のグループの利害）に基づいて選択されるという演繹的仮定を分析に課すというものであった．しかし，こうした性質を持つ機能主義的説明は，一般に，制度の起源と期待された効果との間に因果関係を確立することができる場合にのみ有効である（例えば，Stinchcombe 1968, pp. 87-93; Elster 1983 を参照）．制度の場合は，因果関係そのものが，既存の制度に依存しており，個人が何をできるのか，何が行動の動機づけになっているのかを決めている．

制度選択の問題に対するもう1つの対処法は，それを「2次的な調整（コーディネーション）問題」，すなわち人々が1つの均衡をプレイするように調整する問題と考えることである．そのような調整は，リーダーシップ，文化，権威，交渉，談判，そして集合的意思決定組織のようなメカニズムによって行われる（Calvert 1992; Knight 1992; Miller 1993;

Greif 1994a). 第3部の議論は, このようなメカニズムの重要性を明らかにしている. しかし, われわれは, どのメカニズムがどの条件の下で重要であるかに関する演繹的な理論を持っていない. それゆえ, 演繹のみでは不十分である.

さらに, 歴史が制度を左右することも, 演繹のみでは不十分であることの理由となる. 環境要因だけを考察しても, 制度を研究することはできない (Field 1981). 過去から受け継いだ制度の構成要素と, 技術的にあり得る代替案との間には, 根本的な非対称性がある. 初期時点のゲームのルールは, それゆえ, 歴史的に決定され, 演繹的に導くことはできない (第7章).

特に, ゲームは, 社会の制度の産物であり, 社会の制度に組み込まれている人々の認知モデル, 知識, 規範を反映し, 具現化している (第5章). これらの歴史的に受け継がれた特徴は, 制度の選択過程に, したがって新しい制度に影響を与える. その結果, われわれが状況の客観的な構造を知っているとしても, 制度を演繹的に予測することはできない. われわれが状況に関する自分たちの認識をとらえたゲームを特定化することから分析をはじめる場合, それは, プレイヤーが状況についてわれわれとは異なった認知的理解をしているかもしれないという事実を無視することになる. われわれ自身の認知的理解をプレイヤーに投影してしまえば, 広まっている内面化された予想がどのように制度に影響し, いかにして制度に具現化されるかについて

学ぶのではなく，意味のない選択肢を考察し，予測することに終わるだろう．

要するに，制度が存在しない環境を想定することから制度分析を始めて，次に演繹的に，関心を向けるべき制度の特定に進むといったことはできない．古典的ゲーム理論，進化ゲーム理論，そしてゲームにおける学習の理論は，制度分析が演繹的にはアプローチできないという主張を支持する．制度は，環境によって決定されない，すなわち，与えられた状況の下における制度の形成において複数均衡がしばしば起こりうる．そして，それゆえに制度を演繹的に導くことはできないのである．

11.2　帰納だけでは不十分な点

純然たる演繹と同様に，分類し，一連の因果関係を必ずしも理解することなく一般化するという，フランシス・ベーコンの純然たる帰納的方法も，内生的制度を研究するためには不十分である[4]．いくつかの制度の構成要素，特に動機を与える予想や規範は観察可能ではなく，また，ルールや組織のような観察可能な特徴が同じでもそれらが異なる制度の一部となっていることがありうる．分類を有用なものとするのに十分な数の内生変数が観察可能であるという帰納の前提は，内生的制度の場合には妥当しない．

観察可能な特徴，すなわちルールや組織に基づいて制度を識別し，分類するという一般的に行われている方法につ

いて考察しよう．こうした観察可能な特徴に焦点を当てることが実証分析に有効となるのは，それらと関連している観察不可能な制度の構成要素，すなわち予想や規範が重要でない場合だけである．しかし，ゲーム理論は，これらの観察不可能な制度の構成要素が重要であり，それらを無視すれば制度の不完全な描写しか得られないことを示している．複数均衡の結果は，それぞれが異なる行動をする動機を潜在的に与えるさまざまな観察不可能な制度の構成要素が，同一の観察可能な構成要素に付随することがありうることを示す．一般に，観察可能な制度の構成要素は，観察可能ではない構成要素を，したがって，制度全体を演繹的に導くには不十分である．観察可能な特徴のみに基づいて制度を研究することは，異なる制度を同じであるとみなしてしまうことを意味する．

観察可能な制度の構成要素——ルールや組織——は，しばしば関連する制度に関する情報をほとんど与えない．例えば，公式的な法的ルールは，問題とされている制度に関する情報をほとんど持たない場合がある．なぜなら，観察可能な法的ルールは，行動にまったく影響を与えない無意味な言葉でありうるからである．例えば，商人ギルドの場合，外国商人に所有権を保証する法が，財産が侵害される可能性がある外国の土地に商人たちを誘い出すことを目的とした空約束を意味するに過ぎない場合もあった．発動を求められた場合には執行されたであろう法的ルールでさえ，行動に影響を与える制度の一部ではないことがありう

る．マグリブ貿易商は，ユダヤ人とイスラーム教徒の法シ
ステムをどちらも利用でき，もし彼らがそれらの法システ
ムを利用したとすれば，家族構成員の1人が債務不履行を
起こした場合，当事者以外は補償に関する法的責任を負わ
ないという法が執行されたはずである．しかしこの法は，
マグリブ貿易商相互間の関係を統治した制度の構成要素で
はなかった．法の執行に対する恐れではなく，集団的懲罰
に対する恐れこそが，家族構成員が債務不履行を起こした
際に，マグリブ貿易商たちが補償を支払う動機となったの
である．

　同様に，法的ルール，さらには憲法のルールさえもが，
執行できないために，行動にとって意味をもたないかもし
れない．1910 – 17年の革命後のメキシコにおいて，憲法の
ルールは石油産業の国有化を求めた．しかし，国有化は，
長年にわたり実行されなかった．石油産業における所有パ
ターンと行動を支えた事実上の制度は，メキシコ，アメリ
カと大規模石油会社の力関係，およびこれらの企業に雇用
されている従業員が持つ希少な人的資本を反映していた．
メキシコ憲法のルールは，意味のある制度の構成要素では
なかったのである（Haber et al. 2003）．メキシコ憲法のルー
ルは，所有権を割り当てる制度の一部というよりも，むし
ろ大衆の支持を動員する手段であった．

　しかし，法が命じる行動がとられなかったとしても，法
が制度の構成要素となる場合もありうる．地震の場合に，
住宅の安全を保証することを目的とする建築基準法の規制

を考察しよう. カリフォルニアでは, これらの規制は概して遵守されている. トルコでは, 規制の遵守はもっとあいまいである. 同じ規制が, それぞれの場所で異なる制度の構成要素となっているものと思われる. おそらくトルコにおいては, その規制は, 調査官の交渉力を高め, 彼らが徴収できる賄賂の水準を増大させることを通じて, 建築基準法に基づいて建築を行わないことによって生じる余剰の分配の仕方を変えるだけであろう[5].

　同様に, 特定の組織の存在は特定の制度が広まっていることを意味しない. 同じ組織が, 予想のような観察不可能な構成要素の点で他と相違する, 異なる含意を持つ異なる制度の構成要素となっていることがありうる. 例えば, ギルド組織は, 所有権を保護する制度の一部でありえたが, 独占権を生み出す制度の一部でもありえた. さらに, ギルド組織は, 同時に両方の制度の一部でもありうるのである.

　要するに, われわれは, 帰納だけに依存することはできず, ルールや組織のような観察可能な特徴を検討することによって, 内生的な制度を研究することはできない. 皮肉なことに, 演繹が内生的制度の実証分析には不十分であるという主張を裏づける複数均衡に関するゲーム理論的な洞察は同時にまた, 制度の観察可能な側面に基づいた帰納だけでは不十分であることをも含意している. 複数の制度が, 同じ観察可能な制度の構成要素と関連しうるからである.

社会科学の従来の実証研究の方法は，2つの前提に基づいている．第1に，理論は，状況に関する外生的で観察可能な特徴の集合を所与として，内生的結果を十分に限定，すなわち予測しうる．そして第2に，観察に基づく分類が有意味であるほど十分に多くの内生変数が観察可能であるということである．しかし，このような前提は，内生的制度の場合には妥当しない．

11.3　制度分析への着手

　演繹も帰納も内生的制度の研究にとって不十分であることは，内生的制度の研究を制度から始めることも，ゲームから始めることもできないということを意味する．制度が，われわれが識別しようとする内生的要因であり，完全には直接的に観察可能ではないとすれば，それは分析の出発点とはなりえない．同様に，われわれはゲームとして状況を定式化することから分析を始めることもできない．そのためには，実証的に検出し，分析的に理解しなくてはならない多くのことをはじめから仮定する必要があるからである．どのようにして特定のゲームが実際に意味を持つようになり，また意味を持ち続けるか，そしてどのような予想と規範がゲームのルールとして確立したのか，をわれわれは理解しようとしているのである．

　分析を始めるにあたって，われわれは，考察対象としている時と場所において，検討に値する本質的な問題を識別

するために，文脈的分析と演繹的理論を用いる．経済的・政治的・社会的特徴を含めて，考察対象としている社会に関する文脈的な知識が必要とされる．例えば，対象としている経済が交易のない自給自足経済であった場合，どのような制度が遠隔地交易において代理人の雇用を促したのかという問いは無意味である．同様に，匿名性のない小さな村において，どのようにして個人的関係に依存しない取引が促進されたのかを考えても無意味である．そのような場合，歴史的文脈は，なぜ遠隔地交易が広まらなかったのか，あるいはなぜより大きな集落が形成されなかったのかといった他の問題を設定することをわれわれに要請する．このように，分析は，制度の文脈依存性や歴史依存性を認識することから始まる．すなわち，研究者は，考察対象としている社会を熟知している必要がある．

このような文脈に関する知識を前提として，理論的な考察が，重要な問題を識別できるように手助けしてくれる．例えば，経済成長理論は，技術革新を刺激し，貯蓄を投資に変換する制度の重要性を強調する．文化の分析は，利益や物質的厚生の追求が道徳的に適切であると人々が考えるように促す制度の重要性を強調する．所有権理論は，市場の機能を確保するために，所有権を保護する制度が重要であることを強調する．取引費用経済学は，取引が可能となる水準まで取引費用を減少させることが重要であることを強調する．政治経済学理論は，政治秩序を維持し，支配者が所有権を尊重することにコミットできるようにし，国家

の強制力と規制権力に影響を与える制度の重要性を強調する.

意味のある問題を識別するために理論的考察を用いることが重要なのは,観察された行動が必ずしも,理論上重要な制度のありかたを直接に反映するわけではないからである.制度が生み出す行動が均衡経路からはずれていて,したがって観察可能ではないことは十分にありうる.Greif et al.(1994)が契約執行制度に関して述べているように,「契約違反を罰する制度の実効性は,平時における軍隊の有効性と同様に判断すること,すなわちいかにそれが使われることが少ないかによって,もっともよく判断できる場合がある.したがって,歴史的文書を読解して,商業制度の主要な役割が,契約遵守を保証することであったかどうかを判断する際に,執行が行われた事例の数は有用な指標ではない」(p.746)のである.

文脈に関する知識と演繹を組み合わせることは必須である.例えば,所有権理論は,投資,生産,および取引を促進するために,所有権の保護が重要であることを強調する.しかし,どの特定の所有権が重要であったか,そして所有権を脅かしていたのが中央政府,近隣の部族,地方のエリート,地主,軍隊,あるいは親類であったかを識別するためには,文脈を観察しなければならない.

理論と文脈に関する知識は,それゆえ,経済厚生を左右する中心的な取引とそれに関連する規則的な行動とを識別するために,互いに結びつけて用いられなくてはならな

い．例えば代理人の雇用，大企業の設立，法制度がない状況下での貸出，健康的あるいは不健康的な生活様式の追求，および発明活動への資源の投資などを識別するためである．あるいは，法の支配，経済成長，社会の安定性，政治秩序，所有権の保護，または，特定の所得分布のような，関心の対象となる何らかの結果を特定化することから分析を始めることもできる．その場合は，次のような問いを設定することになる．どのような取引におけるどのような行動の規則性が，これらの関心の対象となる結果に寄与したのだろうか？　どの取引が関心の対象となる結果（効率性，政治秩序，資源動員，または公平など）の達成のために決定的に重要であるか？

　分析は，なぜ犬が吠えなかったのか，すなわち，なぜ特定の結果につながる行動が起こらなかったのかを探究することから始めることもできる．中心的な取引とつながっている，あるいは，つながることができたであろう補助的な取引は何か？　導入される可能性があったが，実際には導入されなかった取引は何か，そしてなぜ導入されなかったのか？　われわれが確認すべきは，中心的取引において観察される行動を生み出すものは何か，あるいは，ある行動が生じなかったことを理解しようとする場合，その行動が生じるのを妨げたものは何かということである．

　例えば，12世紀のイングランドでは，遠隔地取引が広まっていたという事実にもかかわらず，代理人関係は明らかに確立されていなかった．ノーフォークのゴドリックとい

う海上貿易商人は，外国への航海が危険であると認識していたが，代理人を雇用しなかった．中世後期に彼の伝記を著した作家は，交易を行うための「スコットランドとイングランドを往復する」航海中に，ゴドリックは「幾多の海上の危険に直面した」と記している（Coulton 1918, pp. 415-20）．商人は，代理人を使用しない取引の危険性を認識していたが，危険を軽減したであろう技術的に実行可能な行動を採用しなかった．なぜ代理人関係は確立されなかったのだろうか？　もし何らかの制度があったとすれば，どのような制度が，代理人関係の形成を妨げたのだろうか？

　中心となる取引，行動および結果に焦点を当てることによって，われわれは，機能主義を回避することもできる．組織やルールのような制度の観察可能な特徴を考察することから分析を始めるのではなく，それらの観察可能な特徴が果たすと想定される機能に基づいてそれらの組織やルールを説明しようとは試みない．そうではなく，行動と，生じたないしは生じなかった結果を考察することから分析を始め，そのうえでこれらの結果につながる制度を探求するのである．自己実現的なものとして制度を考えることは，特定の制度が広まることの説明を制度の機能に求める必要がないことを意味している．

11.4　推測に向けて：構成要素の組み立て

　考察対象となる問題が識別されれば，分析の範囲を定義

し，経験的な情報を集め，歴史的文脈を検討し，一般的な
理論的洞察に依拠することによって，現実と関係していた
制度について推測を行うための基礎を構築する．その目的
は，理解しようとしている行動を引き起こしうる多くの代
替的な制度の中で，ある特定の1つのものが現実を左右し
ていたという推測を展開することである[6]．推測を展開す
る際に，観察された行動を発生させるモデルを1つ作るこ
とが，この行動を説明するために十分であると主張する落
とし穴にはまらないようにしなければならない．商人ギル
ドを研究した際，私は，国際的な相互作用が所有権を保護
する制度の基礎を与えたという主張を支持するモデルを作
ることもできた．けれども，歴史的文脈はそのような分析
が無意味であることを示している．

　すべての制度分析において，状況のさまざまな制度的
（ならびに，制度化されていない）側面を，外生的と考えな
ければならない．状況に関する人間が作ったあらゆる側面
を同時に内生的に研究することはできないし，そのように
考える概念的な必要性もない．その理由は第3部で詳しく
述べた通りである．いくつかの内生的な制度を所与と考え
ることは，他の制度とそれらを自己実現的にする力につい
て研究する際に，概念的に正しく，分析的に有用である．
どの制度を内生的，どの制度を外生的と考えるかは，関心
の対象となる中心的取引およびその取引がつながっている
と推測される取引によって決められる．

　外生的・内生的な制度の特徴を識別するために，そして，

より一般的には，分析の範囲を限定するために，われわれは文脈的知識，および関心を向けるべき取引と行動主体を識別することを目的とした実証分析に依拠する．実際，関心を向けるべき補助的取引を識別することは，関心を向けるべき制度に関する推測を展開するための鍵となる．例えば，第3章の，マグリブ貿易商の結託を識別する鍵となったのは，情報共有という補助的取引を認識したことであった．実際のところ，当時の技術を考えると，他のさまざまな取引が，代理人関係を支える商人と代理人間の取引につながっていた可能性がある．すなわち，商人と代理人間の取引は，親族間の取引，法システムとの取引，さらには人々が信ずる神との取引にもつながっていた可能性がある．マグリブ貿易商の結託を識別する際に決定的に重要だったのは，代理人の行動が，このような起こりうる取引間のつながりからは影響を受けなかったという認識であった．同様に，第4章においては，例えば国家間の取引よりも，むしろ鍵となる取引が商人とギルド間のそれであったことを識別したことが決定的であった．

　鍵となる取引と行動主体が識別されれば，外生的と考えられる制度の構成要素と内生的と考えられる構成要素とを区別することができる．関心の対象となる取引において相互に影響を与え合う人々すべてにとって，彼らのコントロールを超えて歴史的に決められた制度をわれわれは外生的であると考える．例えば，マグリブ貿易商，ないし商人ギルドを研究した際に，私は，人間が作った状況の諸側面の

うち，言語，貨幣，生産物市場，政治的単位，輸送システムなどを外生的と考えた．関心の対象となっている中心的取引とそれに関係する制度——代理人関係を統治する制度や，外国商人と地方の支配者間の関係を統治している制度——が与えられると，上のような人間が作った諸要素を内生的であると考える必要はなかったからである．私はそれらを，単に，文脈の一部，すなわち，外生的・歴史的に受け継がれた状況の特徴として受け入れた．

　同様に，その行動が研究対象となっている，相互に影響を与え合うすべての人々にとって内生的な制度の中に，われわれが外生的と考えてもよいものがある．このような取り扱いが適切なのは，これらの制度が行動に影響を与える取引が，関心の対象となっている取引から「はるか彼方」にある場合である（第7.2節を参照）．われわれは，中心的な取引と補助的取引における行動に直接的に影響を与え，それら取引のつながりを作り出す制度の構成要素に焦点を当て，他の取引に関係する制度を無視する．例えば，ジェノヴァの政治制度を研究した際，私は，ジェノヴァにおける結婚を統治する制度を所与として扱った．

　しかし，中心的な取引と補助的取引とを結びつけ，関連する行動を引き起こす制度の構成要素については，それを内生的と考えなければならない．第10章で考察した個人的関係に依存しない取引において，中心的な取引は商人間の取引であった．補助的取引は，裁判所間の取引，および各裁判所と個々の商人との間の取引である．したがって分

析にあたっては，これらの取引を結びつけ，行動を生み出す制度の構成要素について考察する必要があった．一方，マグリブ貿易商間の代理人関係において中心的な取引は，各商人と代理人との間の取引であり，補助的取引は，各代理人と潜在的な将来の商人との間の取引，および商人間の情報共有に関連する取引であった．

　鍵となる取引を識別する過程でわれわれが帰納的分析を用いるのは，状況のさまざまな側面のうち，あり得る制度についての推測を形成し，後にそれを評価するために有意味なものを識別するためである．特に重要なのは，組織，ルールと，状況の構造に関する予想である．ヨーロッパにおけるコミューンの重要性と法の独立性を認識することは，共同体責任制を識別するうえで決定的に重要であった（第10章）．1次的（歴史的）資料，インタビュー，調査およびその他の資料における明示的説明によって，個人の予想，戦略，知識，技術，および共同体の規模，人口統計，富のような潜在的に関連するパラメータの大きさを知ることができる．共同体責任制を分析する際，私は，制度を識別するための指針として，条約と特許状を用いた．行動のパターンもまた，重要な手掛かりを提供する可能性がある．代理人関係が，マグリブ貿易商間では多角的であったが，ジェノヴァ人の間では二者間であったという観察結果は，多角的および二者間の評判メカニズムに基づいた制度に注意を向けるにあたって重要であった（第9章）．

　歴史的な情報が，鍵となる制度に関する推測を形成する

際に欠くことができないのは，制度の動態的変化が歴史的プロセスだからである．制度の動態的変化の歴史が過去の制度の構成要素の中に具現化されており，また新しい制度が既存の制度の文脈の上に現れることは，文脈に基づいて推論を改善していくことが有益であることを意味する（第7章）．われわれは，あり得る制度に関して，推測の範囲を限定するために歴史的な情報を使うことができる．なぜなら，過去から受け継がれた制度の構成要素と，代替的な，技術的にあり得る制度の構成要素との間には根本的な非対称性があり，新しい制度はその非対称性を反映しているからである．歴史に関する知識を用いることによって，われわれは，制度の構成要素の中で，われわれが識別しようとしている制度と補完性があり，連携し，そしてその一部である可能性が高いものに注意を向けることができる．例えば，市場拡大が行われる前のヨーロッパにコミューンが広く存在していたことを知ったことによって，個人的関係に依存しない取引を支えた契約執行制度においてコミューンが担った可能性がある役割に注意を向けることができた．また，氏族が，ジェノヴァ共和国の設立以前に，イタリアで重要な社会的単位になっていたことを認識したことによって，構成要素として氏族を組み込んだ制度に注意を向けることができた．

　演繹的な理論もまた，鍵となる制度に関する推測を展開する際に，重要な役割を演じる．理論は，さまざまな制度の基盤となる因果のメカニズム，特定のタイプの（例えば，

評判に基づく，あるいは法に基づく）制度が有効に機能するために克服しなければならない問題，および特定の制度が自己実現的であり得るための一般的条件を識別することによって，われわれが推論を展開する能力を向上させる．このように，一般的理論の洞察は，鍵となる制度を識別するのに役立つ証拠を示し，さらに，あるクラスに属するさまざまな組織の中で，実効性を持つものは何かをふるいわけることができる．

　評判に関する考慮がマグリブ貿易商の行動の原因となったという推測を展開する際，理論は，商人が不正行為を行った代理人を「悪いタイプ」，すなわち将来にわたって不正行為を続けるタイプと認識するかどうかを確認することが重要である点を明らかにした．一般的理論の洞察は，それを確認するためにどのような証拠が必要であるかを識別した．そして，理論的分析と実証分析を組み合わせることで，悪いタイプを含む不完備情報モデルの妥当性は相対的に小さいことが立証された．ひとたびこのことが明らかになると，理論は，このような場合に，評判に基づく制度が解決しなければならない問題が，他にもいくつかあることを明らかにした．例えば，ゲームの最終回にまつわる問題を回避することや，不正行為に関する情報伝達の信頼性を，不正が実際には起こらない場合に維持するためには工夫が必要であることなどに，注意を引き付けた（付録Cでは，評判に基づく制度の特定の場合について，関連する制度に関する推測を展開する際に，演繹的理論を一般的にど

のように使うかについて説明する).

　行動を説明するモデルはすべて,互いに影響を与えている人々が何を好むか(選好)を設定する.制度を研究する際,選好は必ず行動に反映されるはずだという主張の誤謬にまどわされることなく,問題となる主体の選好はどのようなものかについての感覚を身につけることが有用である.けれども,選好は観察可能ではない.選好は,歴史的な出来事の間で異なり,考察対象としている制度にとってしばしば内生的である.そのうえ,制度は選好と行動を分裂させるため,鍵となる制度を見出すことなくしては,観察された行動と選好とを区別することは困難である.しかしながら,鍵となる制度を見出すためには,選好を知ることが往々にして必要である.

　この問題に対処するための,実証研究のよい戦略は現在のところ開発されていない.一般に,選好は,幅広い文脈に関する知識に基づいて帰納的に識別するか,あるいは何らかの演繹的な主張に基づいて識別しなければならない.いずれにせよ,適切な選好に関する主張の妥当性を立証するのは,制度に関する推測を立証するプロセスの一部である.商人ギルドを研究した際,私は,支配者が,経済的目的を達成するために,強制力を行使するのを抑止することはできないと想定した.歴史的事実がこの主張を裏づけた.ジェノヴァの政治制度を研究した際,私は,政治的目的を達成するために,規範によって強制力の行使が抑止されることはないと想定した.そのうえで分析は,ジェノヴ

ァの政治制度は，暴力の使用を容認する規範を反映してお
り，またその規範を強化したことを示したのである．

11.5 推測，および文脈に依存したモデル

鍵となる制度に関する推測は，次の事柄に関する記述か
ら構成される．すなわち，相互に結びついている，ないし
結びついていない取引（したがって，その取引に関連する
意思決定者と彼らの取りうる行動），これらの取引におけ
る行動の結びつきに影響を与える制度の構成要素，これら
の制度の構成要素が依存している重要な環境の特徴，およ
び外生的特徴と内生的特徴の間の因果関係に関する記述で
ある．演繹的・帰納的・明示的なモデル化を伴わない文脈
的知識に基づいて，特定の推測を評価することができる場
合もあるが，文脈に依存したモデルを作ることは，しばし
ば，推測を提示し，それを評価するために有用である．

私がここでそうしているように，個人があたかも合理的
であるかのように行動するという演繹的な仮定に基づくモ
デルの使用を正当化する理由は，制度が意思決定を行うた
めに必要なミクロ的基礎を与えるというものである（第5
章）．制度が定める範囲内で明確に定義された目的を追求
して個人が合理的に行動できるのは，まさに合理性が文脈
に依存するからである．そして，制度が定めるその範囲
は，意思決定者が理解する領域，その中で明確に定義され
た目的を持ちうる領域を反映し，具体化し，構成する．

推測を得るためにゲーム理論を使用する場合，われわれは，ゲームのルール（行動主体，彼らの行動と彼らの持つ情報，および行動と結果との間の関係），これらのルールの中で普及している予想，そしてさまざまな因果関係を特定することによって，その推測を提示する．例えば契約執行制度に関する推測は，次のような点を特定しなければならない．望ましい行動はどのような報酬をもたらすか，望ましくない行動を阻止するためにどのような制裁が用いられるか，誰が制裁を加えるか，制裁者はいつ制裁を加えるかをいかにして学び，どのような制裁をいかにして決定するか，彼らはなぜ制裁を加えるという役割をさぼらないのか，そしてなぜ違反者は制裁を避けるために逃げないのか，といった点である．いずれにしても，相互に影響しあう主体や彼らの行動にとって意味のあるゲームは，どの取引が，どのように結びつき，どのような効果を持っているかに依存する．

　モデルは，状況の外生的特徴をとらえ，研究者が仮説の中で想定した内生的特徴の実行可能性，理論的根拠および含意を追究し得る限りにおいて，なるべく簡単なものであるべきである．また可能な範囲で，その細部は証拠に基づいたものであるべきであり（後述するように，その妥当性が実証的に立証されない限り），状況の観察不可能な特徴を含むべきではない[7]　観察可能な特徴に基づいて推測を特定化することは，2つの目的に適っている．第1に，あり得るモデルの集合を限定し，鍵となる制度とは関係はな

いが，鍵となる内生的特徴を説明することができるモデルを作り出す可能性を小さくする．第2に，証拠に基づいて仮定を選択することは，状況の観察可能ではない特徴に関するアドホックな仮定によって，観察可能な現象を説明する能力（ないしは衝動）を制限する．

　例えば，私は，マグリブ貿易商間の信用が，彼らの信心深さ，共同体への帰属意識ないし正直さのような，観察不可能な個人的属性に基づいていると論じることもできた[8]．これらの要素はマグリブ貿易商の結託の機能に影響を与えたかもしれないが，文脈に依存した分析は，経済制裁に基づく評判メカニズムが中心的な役割を果たしたことを裏づけている．

　いいかえれば，肝心なことは推測を評価するためにモデルを用いることである．われわれが説明したいと思う行動を，あるゲームの均衡結果として示すことは容易である．しかし，われわれは，アドホックなモデル化には興味がない．すなわち，われわれは，鍵となる制度を識別することを望んでいるのであって，理論的にあり得る制度が鍵となっていたと主張したいのではない．したがって，文脈に依存したモデルは，特定の制度が広まっていたという仮説を評価するために構築される．可能なときはいつでも，鍵となっていると見るのがもっともな他の制度の重要性を検証するために分析を行うべきである．しかし，理論的にあり得る制度の集合すべてを識別しようとすると，考察対象としている人々に関する知識，およびそれらの制度が選択さ

れる方法に関するわれわれの知識を前提にした場合，意味のない制度の選択肢に注意がそれてしまうおそれがある．したがって，モデルは，他の実行可能な制度すべてが意味がなかったことを証明するよりも，特定の制度が鍵となっていたことに関する推測を立証するために主として用いられる．

　文脈に依存したモデルの有用性を詳しく述べる前に，推測を評価する際の，モデル化の限界に言及しなければならない[9]．分析的な扱いやすさやモデルの基礎にある数学的方法を保持する必要性のために，明示的なモデルを用いて表現し，分析できる推測の範囲が限定される．ゲーム理論的モデル，特に大きな行動集合を持つ動学ゲーム理論のモデルは，非常に複雑になりやすい．もちろん，正しい推測は，洗練されているが無関係なモデルより望ましい．われわれができる最善のことが，われわれが評価しようとする推測のある側面のみをとらえたモデルを用いることである場合もある．また，逐次的に分析を行うことによって，問題が緩和される場合もある．例えば，組織を研究する際，まず考慮している制度に対して，組織が外生的であると考え，その後に，分析を拡張して組織を内生的と考える方が相対的に容易であるかもしれない．

11.6 理論−歴史対話型の文脈に依存した分析に よる推測の評価

　文脈に依存したモデルを用いて，鍵となる制度に関する 推測が形成され，提示された場合，それは次に対話型分析 によって評価される．すなわち，モデルとそこから得られ る文脈に依存した推測は，証拠に基づいて評価される．そ の際，証拠は推測を棄却，採択，もしくは修正するために 使用される．この理論−歴史対話型の分析で避けなければ ならないのは，証拠に合うように，モデルを調整するとい う同語反復である．そうではなく，しなければならないの は，モデルとそこから得られる推測を実証的テストに付す ことである．これは，いくつかの相互に補完的な方法によ って行われる．

　モデルとモデルの分析は，研究者が，重要かあるいは重 要でないと主張する，状況の諸側面について明示的な言明 を与える．そしてその言明は，証拠および代替的な言明と 対照される．推測を評価し，制度に関する理解を豊かにす るために，われわれは，さまざまな方法でモデルを用いる． モデルをゲーム理論の均衡分析に服させることによって， (第5章で詳しく述べたように，可能な予想を限定するこ とを通じて) 許容しうる制度の集合が限定される．均衡分 析は，推測の論理整合性をテストする働きをする．説明し ようとしている行動を生み出す均衡が存在しないとすれ

ば，人々がゲーム理論の論理によってとらえられた方法で行動するという主張が間違っているのかもしれない．あるいはそうではなく，モデルが適切に特定化されていないのかもしれない（すなわち，状況の重要な側面が見落とされたのかもしれない）．この場合，モデルを再評価する必要があるだろう．例えば，フリードリヒ1世がもたらしたジェノヴァの政治制度に対する脅威の重要性を無視したモデルを分析し，そのモデルではジェノヴァの政治史と経済史のパターンを説明できないことがわかった後にはじめて，私は，その脅威の重要性を認識した．

　推測が許容できるものであるかどうかをさらにチェックする方法は，得られたゲームの均衡の複雑さやその他の属性が，行動主体や状況に関するわれわれの知識に照らして，不合理でないかどうかを考えることである．例えばモデルで想定される均衡に関連する予想が非常に複雑であったとすると，その予想が特定の出来事において広まっていたと想定することは妥当であろうか？　人々はゲームのルールに対してプレイしている（playing against the rules of the game）のではなく，社会にいきわたっている規則に対してプレイしている（playing against the rules）という状況を，モデルは的確に近似しているだろうか？† 特に状況のうち歴史的記録にあまり反映されていない側面に関して，分析は頑健性をもっているだろうか？　過去から受け継がれた制度の構成要素のコーディネーション（調整）効果と包含効果を考えた場合に，分析は妥当であろうか？

推測された新しい制度は，既存の制度や関連の制度複合体に補完的であろうか？

われわれが説明しようとしている行動と一致する均衡が存在すれば，その均衡は，内部化された予想，規範，および均衡と関連した均衡経路内外の予想を明らかにする．そこで次にわれわれは，経験的証拠にもどって，起こりうる均衡予想（あるいは，より厳密にいえば，予想のタイプ）のうちいずれが広まっていたかを評価することができる[10]．私信，日記，アンケート，公開の書簡や討論，そしてルールは，互いに影響し合う個人が持っている予想を示す可能性がある．このような**直接的証拠**は，マグリブ貿易商，商人ギルド，そして共同体責任制の研究において中心的役割を果たした．

間接的証拠，すなわち，ゲームおよびその均衡において得られる推測が正しいという仮定の下で導かれる，質的，量的な予測が確認されるかどうかも同様に重要である．状況の外生的特徴と内生的特徴との間の，そして観察可能な特徴と観察不可能な特徴との間の因果関係を示す予測を生み出すことにより，モデルは，われわれが推測をさらに評価することを可能にする．歴史的証拠を説明できず，したがって反証されるというリスクに推測を直面させるのである．

推測が正しいという仮定の下で導かれた予測に基づいて推測が棄却されるべきかどうかを評価するという方法は，計量経済学的分析で用いられるのと同じ前提に立ってい

る．計量経済学的分析において，われわれは，仮説が正しいという仮定の下で導かれる予測をテストすることを通じて仮説を棄却する．われわれにできる最善のことは，仮説を棄却できないということである．これは，われわれが仮説を受け入れるべきであること，ないしは他のすべての仮説が棄却されることを意味しない．ここでもまた，推測は，そこから導かれる予測を考察することを通じて評価される．したがって，計量経済学的分析と，事例研究と予測に基づいて推測を評価するここでの質的方法とは，両立可能である．この両立可能性は，計量経済学的分析が，ここで提案された方法の構成要素であること，そして，われわれは，さまざまな予測を統計的にテストするために，計量経済学的分析を使うことができることを意味する．推測をとらえた誘導形の計量経済モデルのみを特定し，その推測の含意を統計的に評価することが，最適な場合もあるだろう[11]．

　しかし，質的で，事例研究と予測に基づく推測の評価と，統計的評価は，2つの重要な点で相違している．第1に，統計的評価と異なり，事例研究と予測に基づく質的評価は，信頼区間の利点を活用しない．第2に，計量経済学的分析は，理論的に導かれた推測が棄却されるべきか否かを評価するためにのみ使われる．ここで採用された理論－歴史対話型の文脈に依存した分析は，証拠を，対象となっている推測を評価するためだけでなく発展させるために用いる．そうすることは，アドホックな理論化の誤謬を避ける

ために必要である.

　予測を評価する際には，相互作用をする人々が，彼らが実際には持たなかったであろう知識を持っていたと仮定しないように，注意する必要がある．例えば，第9章において，理論的分析は，マグリブ貿易商とジェノヴァ商人による契約形態の選択は文化に依存した予想の関数なので，それぞれのグループが異なる契約形態を選択することを含意していた．この予測の歴史的な妥当性を評価する際の最初のステップは，両方のグループが，実際に，関連する商業組織の形態をすべてよく知っていたことを確認することであった．実際に両方のグループがそれらを知っていたことを確認したうえで，私は，モデルから導かれた予測を歴史的証拠と対照した.

　予測は，均衡分析，反事実的分析，そして比較静学によって導くことができる．均衡分析は，さまざまな均衡に対応する観察可能な含意を示すことによって予測を導く．このような予測の中には単純なものもある．例えば，商人ギルドのモデルが予測したのは，取引の拡大は，特定の場所でギルド組織が設立された後に起こるだろうということである．他方で予測の中にはより精密で，フォーマルなモデルなしでは達することがむずかしいものもある．外国在住の代理人に対して個人主義的懲罰ではなく集団的懲罰を用いることが，特定の契約形態と水平的社会ネットワークの使用を促したという予測を導くためには，一連の関連する原因に焦点を当てたモデルが必要であった.

ゲーム理論のとりわけ有用な特徴は，均衡経路の外にある予想，すなわち，広まっている予想を所与とした場合，実際には起こらない状況における行動に関する予想，に基づいた均衡予測を与えることである．均衡経路の外にある予想に関する予測が分析上大きな力を持つことは，第9章で明らかにした．そこでは，私は，マグリブ貿易商とジェノヴァ商人との間における，異なる文化に依存した予想が制度にもたらした効果を考察した．

　ゲーム理論的モデルは，均衡経路の外にある予想に関する反事実的分析を容易にする．均衡経路の外にあるさまざまな予想の観察可能な含意を明らかにすることによって，モデルは，反証可能な予測を生み出す．そのような反事実分析は，ジェノヴァの政治制度を研究する際になくてはならなかった．この場合には，氏族間の平和が，相互抑止を反映していたかあるいは平和的な隣人関係を反映していたのかを判別するために反事実的分析が決定的に重要であった．

　反事実的分析はまた，他の角度から推測を評価するために用いることができる．制度の自己実現性が状況の観察可能ではない特徴に依存することはしばしばある．そして2つ以上の制度が，同じ環境において広まることがありうるという意味で，制度は不確定性を持っている．明示的なモデルは，観察可能な変数と観察不可能な変数との間の関係だけでなく，外生的パラメータとさまざまな内生変数間の関係をも明らかにする．このことが，反事実的分析を可能

にする．われわれは，状況の観察可能ないし観察不可能な特徴が変化することによって生じる，観察可能な含意を考察することができる．マグリブ貿易商間の代理人関係に関する歴史的証拠だけでは，代理人の誠実さに関する情報が不完全であることの重要性を知ることはできなかった．そしてこの問題は，そのような不完備情報を伴うモデルとそれを伴わないモデルの観察可能な含意を考察することによって解決できた．

比較静学分析では，パラメータ，外生変数の値のわずかな変化によって生じる内生（均衡）変数の均衡水準の変化を検討する．都市の規模，富の分布と共同体責任制を導入する誘因との間の関係を考察する際に，私は比較静学分析を行った．ゲーム理論的モデルは通常，一意的な均衡を持たないので，こうした分析には注意が必要である．パラメータの変化に伴って均衡そのものが変わるかもしれないので，比較静学分析を行うことは誤りの原因になるかもしれない．それでもなお，比較静学は，2つの方法で行うことができる．第1に，パラメータのわずかな変化の前後に，同じ均衡が成立していると主張することに十分な理由がある場合には比較静学分析は適切である．この主張は，第6章で論じられた制度の持続性のために，通常は妥当する．人々は，わずかに異なる環境で自分の行動を考える際に，過去の制度に関する知識に依存する．パラメータのわずかな変化が，均衡の変化を引き起こす可能性は小さい[12]．

共同体責任制の研究において，私は，共同体の規模と異

質性の拡大が制度に対して持つ含意を検討する際に，比較静学分析を行った．商人ギルドを研究する際においては，クロスセクションの相違を研究するために比較静学分析を行った．それに基づいて私は，広くいきわたっている均衡を前提とした場合，限界的な商人，すなわち相対的に小さな都市から来た商人がその権利を侵害される可能性が大きいことを指摘した．

　比較静学分析を行う第2の方法は，パラメータの変化によって生じる均衡集合（起こりうるすべての均衡の集合）の変化を考察することである．私は，ジェノヴァの政治制度を検討する際にこうした分析を行い，執行官体制の下で，外国における商業特権の数と都市の富が増加した場合，相互抑止の均衡は存在しなくなったと論じた[13]．

　組織は，均衡集合を変化させる制度の構成要素である．特定の組織がある場合とない場合について，成立するであろう均衡集合を比較することによって，この組織の機能に関する推測を評価することができる．取引間のつながりを可能にすることを通じて組織が結果に与える影響を研究する際には，われわれは，ゲームの「関連した」ルールを変化させる．すなわち，われわれはまず「基準」ゲームを考察する．それは，われわれがその影響を探究しようとしている組織を無視して，中心となる取引の本質を捉えるゲームである．その後に，制度の構成要素としての組織を組み込んだ，拡張されたゲームを考察する．組織は，新しいプレイヤー（組織そのもの）を構成するものとして，プレイ

ヤーが入手できる情報を変化させるものとして，あるいは，ある行動に関連する利得を変化させるものとしてモデル化される（Greif 1994a, pp. 915-16）．そのうえでわれわれは，分析をくり返して，自己実現的なルール，予想，および結果の集合の変化を考察することができる[14]．

　このような分析は，第3章で暗黙に行われ，第4章で明示的に行われた．マグリブ貿易商の結託は，商人と潜在的な代理人間の取引を統治する「元の」ゲームのルールを変えた．情報を与えることで，マグリブ貿易商のグループは，各商人と代理人との取引を，その代理人と他のすべての商人との間の将来の取引につなげた．ギルド組織は，領主と各外国商人との間のゲームのルールを変えた．商人ギルド組織は，領主と個々の商人との間の取引を，すべての商人と領主との間の取引，および商人たちと商人共同体の管理者との間の取引につなげた．

　元のゲームにおける各個人の視点から見れば，これらの組織（個人のコントロールを超えたルール，予想，および規範からなる）は外生的である．商人ギルドの分析の場合にそうであったように，組織とその行動を外生的と考えながら，推測を評価することができる場合がある．しかし，多くの場合，組織の構成員の動機を研究することが，推測を評価するために必要とされる．組織は，中心となる取引に関して，あり得る自己実現的予想の集合を変化させ得るが，くり返される戦略的相互作用の基本構造，したがって可能な均衡の複数性は組織についてもあてはまる．警察の

導入は，法律の遵守につながるかもしれないし，汚職につながるかもしれない．裁判を行う能力を備えた法制度を持つことは，必ずしも法の支配につながらない．法の支配が確立されるためには，適切な予想と規範が，裁判所や警察のような関連した組織の構成員である個人の行動に影響を与えなければならない．組織は，適切な予想と規範によって補完される場合のみ，特定の行動につながるのである．制度を構成する要素として組織を研究するにあたっては，この点を考慮しなければならない．

　したがって，組織の影響に関する推測を評価するためには，そもそも組織そのものと，そこで想定される行動が均衡でありえたかどうかを考察することが，しばしば必要となる．こうした必要は，なぜマグリブ貿易商と代理人はマグリブ共同体に所属し続けたのか，そしてなぜ商人は情報を伝達し集団的懲罰に参加する動機を持ったのかを分析した際に生じた．その分析では，マグリブ貿易商に自分のグループに所属し続ける動機を与え，彼らが多者間の評判メカニズムを有効にするために必要な行動をとることを可能にし，また彼らにそのようにする動機を与えた要因を内生的なものとして考えた．より一般的には，組織とその構成員による行動を引き起こす制度の構成要素に関する推測は，制度一般に関する推測を評価するのと同じ方法で評価しなければならない．

　より多くの質的・量的な予測が推測を支持すればするほど，推測に対する信頼は大きなものとなる．分析の動機と

なった観察（例えば，代理人の正直さ，平和，ないし個人的関係に依存しない取引）をモデルが予測しても，モデルから得られる推測の経験的妥当性に関する保証にはほとんどならない．経験的妥当性を検証するためには，いくつかの反証可能な予測を生み出すことが重要である．私は，共同体責任制に関する推測を評価する際に，共同体の規模と共同体間貸出への参加の関係，貸し手の行動，海外の商人に対する司法権，将来の取引の期待される価値と債務不履行の告発後にとられた行動との間の関係，といった観察可能な特徴に関する予測を用いた．分析が説明できる予測が多いほど，その分析の妥当性に対する信頼は大きい．しかし，われわれは通常，推測を受け入れるよりも，それを棄却することに多くの信頼を寄せる．

　推測を評価するために明示的な文脈に依存したモデルを用いるかどうかにかかわらず，制度の動態的変化が歴史的プロセスであることを認識し，このプロセスの一般的性質を知ることは，特定の制度の意味に関する推測を評価するための重要な方法を提供する．制度は，過去の制度によって与えられる知識，過去から受け継がれた制度の構成要素とそれに代わる制度の構成要素との間の根本的な非対称性，この非対称性の程度に対する既存の制度の影響，制度の改良，および制度の相互関係を反映している．現在の制度が過去の制度の関数であるため，制度に関する推測を評価する際に歴史的な情報が必要とされる．特定の制度が，ある期間にある行動の原因となったという主張は，その制

度の機能とその制度を均衡とする要因を特定する以上のことを含んでいる.

　特定の制度が意味を持っていたという推測は，その制度を構成する要素の歴史的な起源を特定し，またその制度の実行可能性・詳細・含意に関して当時の人々がどのような知識を持っていたかを見つけ出すことによって裏づけられる. 制度の歴史的な起源を考察する際，われわれは次のような問いを立てる. その制度の中心的な構成要素の歴史的な起源は特定できるか？ 制度の基盤となった知識はどのようにして得られたのか？ 先行する制度から生まれる知識は，想定している制度を導くようなものであったか？ 想定している制度の中心的構成要素は，過去から受け継がれたものであったか？

　マグリブの文化に依存した予想，およびマグリブがもともと移民グループであったという事実に関する認識は，彼らの間で集団的懲罰が実行されたという主張を裏づける. ヨーロッパの都市人口が，その内部で構成員の身元が知られている自治的なコミューンに集中したという観察は，共同体責任制が現実に意味を持っていたという見方を支持する. ポデスタ制の性質に関する推測は，その含意に関する知識を人々が得るまでの歴史的なプロセスを識別することによって支持される.

　推測はまた，歴史的文脈から推測に到達したプロセスの妥当性を検討することを通じても支持される. ここでは5つの論点を区別することが有用である. 第1は，（制度が

意図的に確立されたものである場合）制度を確立する動機
と能力である．制度は，制度の選択に影響を与える能力と
権力を持っている人々の利益に貢献するか？　既存の制度
を所与として，何が人々にこの制度を導入させ，あるいは
既存の制度を改良してこの制度を形成するように人々を動
機づけ，そして可能にしたであろうか？　共同体責任制に
関する推測は，共同体責任制がコミューンの裁判所を使用
し，その裁判所は制度から利益を得る同じ商人たちによっ
てコントロールされていたという認識によって裏づけられ
る．彼らはそのシステムを制度化するように動機づけら
れ，またそうする能力を持っていた．われわれは，この歴
史的プロセスの詳細をとらえるために展開形ゲームを使う
ことができる．誰が各時点における意思決定者で，彼らは
何を知っており，そして彼らにはどのような選択肢があっ
ただろうか？

　第2の論点は，想定された制度をもたらしたかもしれな
い意図的でない過程に関するものである．制度的環境と過
去から受け継がれた制度の構成要素を前提として，想定さ
れた制度が生成する，もっともらしい進化プロセスを見出
すことができるであろうか？　ここで，既存の制度の影響
力をとらえるために，進化モデルと学習モデルを用いるこ
とができる[15]．そのようなモデルを対象となっている制度
について作ることができることがわかれば，推測が裏づけ
られる．実際，マグリブ貿易商の結託に関する研究ではく
り返しゲームモデルを用いたが，そのゲームがとらえた行

動を導く学習モデルを容易に構築することができるという観察によって研究が裏づけられた. この観察は, くり返しゲームによる定式化と分析全体を支えている.

第3の論点は, 過去の制度の構成要素とその他の構成要素との間の基礎的非対称性, および制度の文脈に依存した改良に関するものである. 新しい制度の構成要素は, 制度の非対称性を反映しているであろうか? 推測された制度を, 過去の制度の, 環境, 調整, および包含効果と整合的に理解することができるだろうか? 共同体責任制に関する推測は, 共同体責任制が, 国家が契約執行に関する実効的手段を持たなかったという環境と補完的であったという認識によって裏づけられた. 推測はまた, コミューンの裁判所を含む, 既存のコミューンの組織が行う行動の調整 (コーディネーション) と整合的であった. 共同体責任制が, 過去から継承された制度の構成要素の環境的・調整的・包含的効果を反映していることは, この制度が意味を持っていたという推測を裏づけるものである.

第4の論点は, 制度の相互関係に関するものである. 想定された制度は, 既存の制度的複合体から影響を受けて現れたのだろうか? 新しい制度は既存の制度と補完的であろうか? 既存の複合体は, 制度をこの形にすることに役割を果たしたのだろうか? 想定された制度を実現ないし確立する能力に対して, 既存の制度が持った取引費用に関する含意はどのようなものだろうか? 共同体責任制に関する推測は, 既存の制度的複合体との両立可能性によって

裏づけられた. すなわち, コミューンのシステム自体と同じように, 共同体責任制は, 法律, 自治, 明示的な協調, およびコミューンの司法権の行使といった, 人間によって作られた要素に基づいていた.

第5の論点は, 制度の衰退とその分岐のプロセスに関するものである. 過去に特定の制度が広まっていたという主張は, 制度の衰退に至る外生的・内生的プロセスを識別することによって裏づけられる. 同様にして, その主張は, 後に生まれた制度が, 前の制度の構成要素の改良, 調整, および包含効果を反映していたことを見出すことによって裏づけられる.

ここまでは, 研究対象となっている事例について, 均衡に関する予測, 反事実的予測, 比較静学的予測を考察してきた. 「サンプルの外」に関してこうした予測を評価することによって, 分析とその一般性を確証する. 共同体責任制の私の分析は, まずイングランドに焦点を合わせた. そして, イタリアがサンプルの外にある予測を提供した. 分析が示唆したのは, 相対的に大きなコミューンを持つ他のヨーロッパ地域ではこの制度が普及したであろうが, そのようなコミューンがないところでは普及しなかったであろう, という予測であった. また, イスラームの世界では, 大きな都市共同体はあったが, 連帯責任に対する宗教上の拒絶という理由で, この制度は普及しなかったであろうという予測が示唆された. 歴史的文献はこのような予測を裏づけた. 同様に, マグリブ貿易商の分析は, 多角的懲罰が,

内部で情報が流通する，相対的に小さく，閉鎖的な共同体において存在する可能性が高いことを示唆した．そしてこの予想は，多くの研究によって裏づけられた（例えば，Clay 1997 を参照）．

しかし，サンプル外の予測を評価する際，分析が文脈に依存しているという特性を心に留めておくことが重要である．制度に本来的な不確定性は，状況の外生的特徴からその内生的特徴への一対一写像が存在しないことを意味する．すなわち，同一の外生的特徴を持つ状況の下で，異なる制度が存在しうる．現在の文脈においても歴史的な文脈においても，異なった事例を比較することが妥当かどうかを考える際には，互換性と差異に注意を払う必要がある．

ここで提示した方法は，時間を通じた，そして社会の間での比較制度分析を容易にし，与えられた歴史的な場面において制度を識別するわれわれの能力を高めるように構成されている．中心となる取引と補助的取引に焦点を合わせることによって，どのような相異なる補助的取引が，異なる場面において，同じ中心となる取引とつながっていたかを考えるように促される．また，文脈を考察することは次のようなことを通じて，比較分析を手助けする．すなわち，相互に類似した歴史的文脈において相異なる結果が生じ，したがって結果の制度的基盤を検討することが意味を持つような歴史的文脈が示される．方法がこれらの特徴を持つために，われわれは，例えば，ジェノヴァとヴェネツィアの政治制度（第6章）だけでなく，マグリブとジェノ

ヴァの商人間の代理人関係を統治した制度（第9章）を比較することができるのである.

　要するに，推測の確かさは，推測に関連した文脈に依存した分析がどの程度，次のような性質を持つかに依存する.

・あり得る仮定の中で歴史的証拠によって裏づけることができる，もっとも単純なものに基づいている.
・推測の本質を（特に予想のような観察不可能な要素に関して）うまくとらえた均衡の存在を示す.
・特に歴史的証拠に反映されていない状況の側面に関して，異なる特定化をしても結果は影響を受けない.
・均衡に対応する期待と行動が，歴史的な状況に照らして極端に複雑でないか，または，それらの出現にいたった経験的にもっともらしい進化過程や学習過程がある.
・直接的証拠によって裏づけられる.
・間接的証拠，すなわち，考察対象としている歴史的状況が提供する証拠によって，あるいは時間と空間を通じた比較研究によって反証が可能な予測によって裏づけられる.
・過去の制度の構成要素と制度の改良の影響を反映する.
・特定の文脈において推測された制度を生成させた要素とプロセスを明らかにする.
・後の時期における制度の衰退（もしそれが観察されるならば）を説明し，その制度が次に生まれる制度に与える

影響を明らかにする.
・比較分析とサンプル外の分析によって裏づけられる.

より多くの方法で推測を裏づけることができるほど，推測の妥当性に関する信頼が大きくなる．異なる推測が異なる証拠で裏づけられることもありうるため，どの分析がより妥当であるかについては部分的な順序づけしかできない．2つの推測を両方とも棄却できない場合がありうる．そのような場合，われわれは知識の可能性の限界を知ることになる．

11.7 結論

比較分析，反事実的分析を利用しながら，文脈に関する知識，演繹，帰納，文脈依存的モデル，および経験的証拠を理論－歴史対話的に使用することが，この章で提案した実証研究の方法のエッセンスである．演繹と帰納は互いに補完し合い，さらに文脈に依存した分析によって補完される．理論は，研究されるべき問題，そして検討されるべき一般的考察と証拠を示す．歴史的な文脈と現在の文脈に関する知識は，鍵となる制度に関する次のような推測を展開するために用いられる．すなわち，どのような取引が，どのような制度の構成要素によって，どのように，なぜつながっているかといった推測である．そしてこの推測は，文脈に依存したモデルと証拠の対話的な利用を通じて，評価

され，改良され，あるいは徹底的に見直される．このような意味で，ここで提案した実証研究の方法は制度分析の文脈依存性と歴史依存性の認識に基づき，そして，それを活用するのである．

第11章註

1) 私は，受容という用語を，棄却できないという，計量経済学の意味で用いる．

2) 第1章と第5章における，進化ゲームとゲームにおける学習の理論の議論を参照．

3) ゲーム理論的枠組みに対する経済学者の支持は，政治学と社会学におけるあいまいな容認とは対照的であり，その相違は経済学と政治学・社会学が設定する問題の相違を反映していると考えられる．経済学者は通常，プレイヤーの行動集合がかなり限定されており，それがプレイヤーと分析者とに知られているような状況を考察する．このような状況においては，相互作用を行う主体は，ゲームの関連するルールに関する周知の事実を共有しやすく，多くの制度を分析にとって外生的なものとして扱うことができる．例えば，寡占理論の教科書的な議論では，競争している企業が暴力に訴えることはできないと仮定されていることは言及さえされない．これに対して，他の社会科学者は，しばしば何が知られているかが明らかではなく，より多くの制度が仮定されるのではなく，説明されなければならないような状況に関心を持っている．

4) しかしながら，帰納的分析も，分類するために何が重要かに関して，ある種の演繹的な主張に依存している．

5) 実際，1999年のイズミット地震の悲惨な結果の後で，建築基準法を執行できなかったことが，死傷者数の増大の大きな原因になったことが広く主張された．

6) それは多くの場合，関連する制度のクラス，すなわち，正確な詳細よりもむしろ制度の一般的な属性に関する推測を展開することで十分である．

7) これは,推測をシンプルなものとし,同じ予測を生み出す代替的な仮説の間の選択を仮定の数が少ないことを基準として行う「オッカムのかみそり」の原理に従っている.

8) 現代の文脈においては,われわれは,調査と実験を用いて,ある程度そのような観察不可能な属性に関する指標を得ることができる場合がある.

9) 実証研究におけるモデル化の利点と落とし穴に関する議論については,Kreps (1990a), Scharpf (1997), Bates et al. (1998), および Powell (1999) を参照.

† 両者の違いは本書のキー概念の1つである.第1章の1.3節に説明がある.つまり,人々は通常環境の客観的な詳しい構造(ゲーム理論のモデルが記述する客観的なゲームのルール)を直接見て自分の行動を決めている(これが,playing against the rule of tha game の意味である),のではなく,だいたい自分はどんなことをすべきで,他人はだいたいどんなことをするかという社会にいきわたっているルール(これを,グライフは制度の重要な構成要因であると考える)をもとに自分の行動を決めている(playing against the rules)ということである.

10) 予想を,その詳細(例えば,懲罰の長さ)ではなく質的な性質(例えば,有限の懲罰を伴う予想)によっていくつかのタイプに分類することは有用である.

11) Okazaki (2005) は,18,19 世紀の日本における,商人結託の組織(**株仲間**)が,評判に基づいた契約執行制度の組織的発現であったと推測している.この推測を評価するために,彼は,それを誘導形の計量経済モデルによって表現し,結託の機能が政治的に妨げられた期間と妨げられなかった期間のデータを用いてそのモデルを推定している.

12) しかし,リーダーシップが役割を果たすことがあるため,このルールには例外があり,それを事前に識別することは難しい(第7章を参照).

13) 単調比較静学,すなわち外生的パラメータの変化による均衡集合の変化を研究する方法は,常に必要であるとは限らないが,このような分析にとって有用な技術である(Milgrom and Shannon 1994).

14) ゲーム間のリンクを分析する多くのテクニック(Bernheim and Whinston 1990; Aoki 2001 を参照)も,ここで応用することができる.これらの分析は,プレイヤーの選択変数が,1つのゲームと別のゲームとをリンクすることであるという状況を考察する.そのようにゲームをリンクすることによって,1つのゲームの均衡集合が拡張される可能性がある.ここ

では，組織は，互いに影響し合うプレイヤーそれぞれにとって外生的であるが，各プレイヤーは，中心となる（元の）相互作用において，均衡集合に影響を与える（限定ないし拡張する）．

15)　具体例としては，Gintis 2000 の 11.8 節を参照.

第 5 部

結論

Concluding Comments

第12章

制度，歴史，発展

Institutions, History, and Development

　この章では，本書の中心をなす4つの問題について考察する．そのうちの2つは方法論的問題，すなわち制度の本質，および制度を研究するための分析的・実証的方法についてである．他の2つは実証的問題，すなわち，ヨーロッパ世界とイスラーム世界における制度の比較制度分析から得られる洞察，および本書で示した制度に関する見方の政策的含意についてである．

　制度は歴史の原動力である．なぜなら，第12.1節で議論するように，制度は，新しい制度を導く行動も含めて，行動に影響を与える構造の大部分をなしているからである．制度が独立した影響力を持っていること，および制度が社会的・文化的要因と相互に関係していることは，制度を環境要因や経済主体の利益の反映としてのみ研究することはできないことを意味している．制度は偶然によっても

たらされるものではなく，同じ行動を生み出すすべての制度には同じ力が働いているが，制度の細部やそれがもたらすものはこれらの力によっては決定されない．第12.2節でその中心的な側面が要約される比較歴史制度分析は，必要とされるより大局的な視点から制度をとらえ，研究するわれわれの能力を涵養する．

第12.3節では，中世後期の商業拡大期のヨーロッパ世界とイスラーム世界における制度について，それらの比較歴史分析から得られる洞察について考察する．そこでは，厚生を高める近代西欧型の制度の要素と特徴の多くが，すでに中世後期に存在したか，あるいは出現しつつあったことが強調される．こうした近代西欧型の要素や特徴とは，個人主義，人為的な成文法，団体主義（corporatism），自治，およびルールであり，そのルールには，それに服することになる人々が発言権と影響力を持つような制定過程が反映されている．制度が歴史の原動力であるということができるであろう．そして西欧の勃興がその基盤となる制度によるものであったとすれば，西欧の勃興の起源は早くも中世後期に確立しはじめたのかもしれない．

第12.4節では，多くの国が依然として直面している経済開発の課題に対して本書が提案した見方が持つ含意を検討する．有益な制度変化を目的とする社会的に有益な政策は，社会の文脈に適合し，制度の動態的変化が歴史的過程であることを認識し，過去から受け継がれた制度の構成要素を考慮に入れたものでなければならない．社会の文脈と

両立する制度を創出し，制度の動態的変化をより良い制度の均衡へ導くためには，政策はこれらの3つの柱に基づいたものでなければならないのである．

12.1　制度とブラックボックス：良いこと，悪いこと，厄介なこと

　ある社会の制度が社会的に良い結果をもたらすにせよ，悪い結果をもたらすにせよ，制度を，それが不可欠な部分として組み込まれているより広い社会の文脈から切り離して研究することはできない．制度の構成要素は，社会の構成員が共有し内部化している，文化的，社会的な世界を反映し，またその一部を構成している．いいかえれば，制度は社会の社会的・文化的な遺産によって形作られており，それらの遺産は規範や内部化された行動に関する予想を含んでいる．そして，これらの規範や予想は，相互作用，社会化，学習，実験，リーダーシップの歴史的過程を通じて生み出されてきた，認知モデル，知識，および調整を反映している．制度はまた，人々の社会的地位を決定し，共同体，民族集団，学校，企業，政治的圧力団体，集団的意思決定のための機関のような公式・非公式な組織に体現されている．文化的，社会的，公式的に伝えられる制度化されたルールは，規範と予想の形成プロセスを伝達し育成する．そして一方で，それらのルールは，われわれを取り巻く世界，われわれの利害，正当性，そして人間としての属

性に関する規範と予想を反映している.

　制度は単に, 各時点における行動や結果, そして政策に影響を与えるだけではない. 制度はまた変化をもたらすことを通じて, 歴史の原動力となる. 制度は, 制度変化の時期と性質に影響し, 新しく生まれる制度の細部に影響を与える. 制度は, 意図的ではない変化の過程を始動させるとともに, 意図的な制度変化に対して制約と機会を与える. さらに, 過去から受け継がれてきた制度の構成要素は社会と個人の属性となっているので, 制度の構成要素に具現化された歴史は, 新しいまだ制度化されていない状況について, 代替的な制度の間の選択に影響を与える.

　現存する制度は, 制度の変更によって制度変化がどのような影響を受け, したがっていかにしてどのような利害が追求されうるかに影響を与える. 制度は, 効率性や特定の集団の厚生といった, 特定の機能を果たすために制度を調整することが容易であるかどうかを決定する. 制度化されたルール・予想・規範, および対応する組織は, さまざまな利害と機能が, 制度の発展を形作る動機と能力に影響を与える. ジェノヴァ, ヴェネツィアとピサの制度の歴史が異なるのは, 機能上の必要性と利害が異なるからではなく, 各都市の制度的な遺産が異なっているからである[1]. マグリブ貿易商の結託とジェノヴァの当事者間の契約執行制度は, ともに必要に応じた2つの相異なる制度的対応であった.

　同じ必要に応える制度には規則性がある. それらの制度

にはすべて，同じ力と考慮が働いている．しかし，異なる制度は異なる動態的変化を引き起こす．制度変化のメカニズムは，現存する制度がもたらす，機会，制約と手続きの関数である．いったん均衡として確立された場合，制度には，状況の変化に効率的に対応するメカニズムが必ずしも組み込まれていない．この点は例えばマグリブ貿易商の結託のケースに見ることができる．制度は必ずしも有益な制度変化を導くとは限らないのである．実際，制度が生み出す行動がもはや効率性を向上させるものでなくなっても，制度が自己実現的であり続けることがありうる．この点はまさに，ジェノヴァの政治制度のケースについて見た通りである．同様に，ヨーロッパの多くの地域における共同体責任制がそうであったように，他によりよい選択肢が利用できない場合でも，制度はその機能自体によって弱体化することがありうる．最後に，制度の形態が変わらなくても，制度の機能が変化することがありうる．商人ギルドは，当初は所有権を保護し厚生を高める制度であったが，後には競争を抑制することによって厚生を低下させる機能を果たした．

　したがって，考察対象としている対象が国家，民族集団，あるいは企業であるかによらず，そして，研究対象としている制度が特定の行動を生み出すためにプラスかマイナスかによらず，分析は混乱したものになりそうである．われわれは，経済はより広い社会とその歴史から分離されているという仮定が成り立つ，経済学が伝統的に研究対象とし

てきた快適な領域を離れなければならない．ある社会の制度が，制度的遺産に制約されることなく，環境要因のみによって決定され，特定の機能や人々の利害に貢献すると想定することは，概して不適当である．異なる制度の軌跡の影響，起源，および持続を理解するためには，制度，利害，そして制度の動態的変化が持つ歴史的過程としての性質，これら3つの間の動学的な相互作用を認識する必要がある．

　制度が複雑な性質を持つことは，表面的な研究では誤った結果にいたることを示唆している．組織，ルール，結果が外見上同じであっても，制度は，例えばそれを支える行動によって異なるかもしれない．ジェノヴァとピサは同一の**ポデスタ**制を持っていたが，2つの都市の制度は大きく異なっていた．ジェノヴァでは**ポデスタ**は力の均衡をもたらしたのに対して，ピサでは，それは，ある集団の他の集団に対する支配の表現であった．市場が機能するためには所有権が保護されなければならないが，われわれは，潜在的な所有権の侵害者を認識するために，文脈を知る必要がある．例えば，政府，地方のエリートないし官僚制度，警察，軍隊，近隣の住民，あるいは親類さえもが所有権を侵害する可能性がある．ルールとして制度を研究することを超えた文脈に依存した分析が必要である．

　実際，なぜある経済が豊かで他の経済は貧しいのか，なぜある経済に有効に機能する市場と政体が存在するのか，なぜある社会は新しい制度の導入に失敗または成功するの

か，そして，なぜ同じ政治的ルールが厚生上異なる結果を
もたらすのかに関する説明として，ルールの相違だけでは
不十分であることが明らかになっている．こうした結果を
説明するために，制度の研究者は，公式のルールの研究を，
非公式の制度（North 1990），社会的能力（Abramovitz 1986），
ソーシャルキャピタル（社会関係資本）（Putnam 1993），社
会基盤（Hall and Jones 1999），そしてシビックキャピタル
（Djankov et al. 2003）の研究によって補完することが重要で
あると論じてきた．制度分析を進展させるためには，この
ような概念をパラメータとしてわれわれのモデルに導入し
たり，あるいは，これらの要因の影響を実証的に研究する
ためにその代理変数を使用するといったアプローチを乗り
越える必要がある．比較歴史制度分析は，互いに影響しあ
う個人の行動に対してミクロレベルで影響を与える制度の
構成要素を研究することを通じて，制度分析の前進を可能
にするのである．

12.2 比較歴史制度分析

制度分析の難問を解決するために，比較歴史制度分析
は，制度の起源，機能，および発現形態の多様性に対応し
た実用的な定義を提起する．それは，経済学者，社会学者，
および政治学者に広く使われるさまざまな定義を包含し，
同時にそれを超えるものである．**制度は，行動の規則性を
協同的に生成する社会的要因の体系である**．これらの要因

は，人工的であるが物理的ではないという意味で社会的であり，それが行動に影響を与える各個人にとっては外生的である．制度を構成するさまざまな社会的要因，特にルール・予想・規範，および組織は，社会状況において技術的にあり得る多くの行動の中で1つのものをとるように，人々に動機と能力を与え，彼らを方向づける．

　社会状況において行動を生み出す内部化されたルール，予想と規範は，それらが行動に影響を与える各個人にとっては外生的であるが，他方で，それらは取引の間の結びつきの構成要素であり，その結びつきによって形作られる．ここで取引というのは，商品，社会的態度，あるいは情報のような実体が，個人間あるいは個人以外の社会単位間で移転され，受け手に対して外から効果を与える行為を指している．関心対象となっている中心的取引（例えば，経済的取引）で行動を生み出す制度の構成要素は，補助的な取引において現実にとられた行動と予想された行動とを反映している．補助的な取引で行動に影響を与える制度の構成要素が，中心的取引において行動を可能にし，動機づけ，方向づける規範と予想をもたらす．補助的な取引における行動と予想された行動は，制度化されたルールを周知させ，特定の予想を実現可能で意味のあるものとし，人々が特定の規範を内部化するように導く．そして，これらのルール，予想，および規範が，中心的取引において行動を協同的に生成する制度の構成要素となるのである．

　関心対象となっている取引で行動を生み出す制度の構成

要素はさらに取引間の結びつきによって支えられており，制度を研究するために用いるゲームは，それらの結びつきを表現する．これらの取引間の結びつきをとらえたゲームを分析することによって，取引間の結びつきが支えている制度の構成要素を研究することが可能になる．それはさらに，中心的取引で行動を生成する，自己実現的で，再生産される制度の構成要素の範囲を限定することを可能にする．

　制度が行動に対して広範囲にわたって影響を持つのは，人々が自分の行動について，認知的・調整的・規範的・情報的な指針を求めるためである．制度が行動を生み出すような状況では，彼らは内部化されたルールの中にこの指針を見出している．そのようなルールは，共有された認識を与え，予想された行動を表現し，状況を構成し，そして規範的な意味で適切な行動を特定する．制度は人々が理解できる領域を定める．そしてその領域の中では，人々は他者の行動を予測し，利害関係を決定し，何が道徳的に適切であるかを特定することができる．ルールに従うという行動の動機は，このような認知モデルが妥当であるという信念，他者がルールによって定められた行動に従うという予想，およびこのような行動基準の内部化がもたらす固有の動機からなる．同時に，各個人は，自分の私的な情報と知識に基づいて，周知されている行動のルールと予想に反応するので，制度化されたルールは，こうした各個人の情報と知識を集約したものであり，また規範的に認められ社会

的に適切な行動をとることによる心理的・社会的便益とその行動がもたらす実利的な費用との間のトレードオフを反映している.

　内生的制度が自己実現的で再生産されるという場合，それは次のような意味である．すなわち，各個人は自分の私的な知識と情報を用いて自分に期待された行動をとり，一方で，制度によってもたらされた行動が，行動を動機づけた予想の妥当性を反証せず，また行動を動機づけた規範を浸食することもない，という意味である．制度が行動を生み出す状況においては，制度とそれが生み出す行動が均衡を構成する．制度は相互作用する主体の行動を反映しているが，他方で各主体の行動に影響を与える構造にもなっているのである.

　制度化されたルール，予想，および規範は，組織内部および組織の境界を超えた取引における行動をも生み出す．それらは，組織（社会構造）の構成員間，および構成員と構成員以外の者との間の行動を生み出す．しかし，相互に関連した予想と規範がもたらす行動が，構成員に対するものと構成員以外に対するものとの間で異なるという点で，組織は他の制度と相違している．一方で，制度の構成要素としての組織は，さまざまな中心的取引における自己実現的な予想と行動の集合を変更する手段であり，またそのような変更のあり方を反映する．組織はルールを特定し，保存し，配布する．それは，規範の内部化を促進し，中心的取引と補助的取引とを結びつける．特定の中心的取引と行

動に関連したゲームは，それと結びついた取引に依存している．

　制度が，認知，コーディネーション，情報，および規範の各側面で行動のミクロ的基礎を与えていると認識することによって，少しずつ変化していく環境の中で制度が存続する要因が明らかになる．制度の認知的側面は，状況が変わっても，その変化を認識した人々が行動を通じてそれを他者に伝えないかぎり，行動の規則性は変わらないことを含意している．制度化されたルールの調整的側面も同様に，少しずつしか変化していない状況，あるいはよく似た状況においては，ルールに従うということが，他者の行動に関する最適な予測となることを含意している．規範は，制度化された行動を環境の変化に対して頑健にするとともに，認知的な能力と注意力が限られているために，制度化された行動は習慣となっていく．

　したがって，関連のあるパラメータが制度を支持する範囲内，すなわちその行動を自己実現的で再生産的にする範囲内にある限り，制度によって生み出される行動は広く採用され続ける．逆に，制度をこの支持の外に押し出すような外生的なパラメータの変化は，その制度の終焉を導くであろう．**内生的制度変化**は，実験し，組織を創出し，そして新しい知識を発達させる能力と動機に対する制度の影響を反映する．制度は中心的取引における行動を生み出すこと以外にも，状況のさまざまな側面に対して影響を与えるが，内生的制度変化はまた，そうした影響をも反映する．

多くの場合その影響は，準パラメータに対するものである．準パラメータは，状況の一部であり，制度によって内生的に変化し，制度がその中で自己実現的となるパラメータの集合に影響を与える．準パラメータに対する制度の影響が，制度が自己実現的となるパラメータの値の範囲を拡大させるとき，その制度は**強化的**であるという．制度がそれ自身を強化するならば，より多くの状況でより多くの人々が制度に関連した行動をとるようになる．制度が**自己強化的**，すなわち自己実現的かつ強化的である場合，そうでない場合には制度変化につながったような，基礎にある状況の外生的変化も制度を変化させる効果を持たない．

　しかし，制度はまた，それ自身を弱体化させることがありうる．すなわち，制度は，自身が自己実現的となるパラメータの集合を縮小させることがありうる．その結果，自己実現的な制度は，それ自身の崩壊の種を育みうるのである．制度がそれ自身を弱体化させる場合，そうでない場合では制度の変化につながらなかったような基礎にある状況における外生的変化でも制度を変化させる効果を持ちうる．さらに，自己弱体化の過程が，行動の過去のパターンがもはや自己実現的とならないような臨界レベルに達する場合，内生的制度変化が生じるであろう．制度変化をもたらすメカニズムが意図的であるか否かは，自己強化の範囲を定める準パラメータの性質に依存する．

　取引を統治してきた制度がもはや自己実現的ではなくなった場合，制度が自己実現的な性質を失ったと認識された

場合，あるいは，技術的・組織的およびその他の変化が新しい取引をもたらす場合，社会は新しい状況に直面する．そのような状況において，新しい制度は，単に利害や環境要因だけではなく，過去から受け継いだ制度の構成要素の影響も反映する．制度の構成要素に組み込まれた歴史は，新しい制度に到達する過程に影響し，そして新しい制度の細部に影響を与える．

　新しい制度に到達する過程において初期条件の一部となるのは，技術的に実行可能な選択肢ではなく，むしろ過去の制度の構成要素である．制度の選択に過去の制度の構成要素が影響することは，こうした事情を反映している[2]．過去から受け継がれた制度の構成要素と技術的にあり得る選択肢との間には，**基礎的な非対称性**が存在する．新しく共有された認識の創出，代替的な手段による行動の調整（コーディネーション），新しく周知された予想の生成，そして新しい道徳の確立は，時間を要し，不確実で，費用のかかる仕事である．より重要なことに，過去の制度の構成要素は，人々が真実なもの，期待されたもの，適切なものとして認知し，そうであって欲しいと考えるものである．正しく，規範的に適切で，期待されているものに代わるシステムを創出しようと求めるということは，本質的に矛盾している．人々があるものが真実で規範的に適切であると信じているならば，人々はそれを変えようとはしないだろう．この基礎的な非対称性――新しい制度の構成要素を創り出す際の**取引費用**――の程度は既存の制度の細部に依存

する.

　一方,認知,コーディネーション,規範,および情報に関する行動の基礎を社会的レベルで表現するものとして,過去から受け継がれた制度の構成要素は,社会と社会を構成する構成員の属性そのものである.それらは人々が新しい状況に直面するとき,彼らが持っている外面的・内面的なものの一部である.このような状況において,人の最適な行動は他者のとる行動に依存し,そのことは,新しい状況で人々は他者の行動を予測しようとすることを意味している.過去の制度化された予想——特に集権化されたコーディネーションなしに生じる特定の文化に依存した予想——は新しい状況における自然な「関心の焦点(フォーカル・ポイント)」となる.氏族,宗教団体,企業,あるいは議会のような,過去から受け継がれてきた公式・非公式の組織は,新しい制度に到達する過程における行動主体であり,新しい制度が利用する資源となる.もはや行動に有効な影響を与えることがなくなった制度の中核をなしていた構成要素でさえ,新しい状況においては行動に影響を与えうる.過去の制度の構成要素は,新しい状況における代替的な制度間の選択に影響を与え,それらに組み込まれ,その結果として普及する,歴史的——文化的・社会的・および組織的——遺産の一部となっている.

　,過去の制度の構成要素の新しい制度に対する影響は,**環境,コーディネーション(調整),および包含効果**として現れる.新しい制度は,その成立をもたらした制度的環境を

反映し，過去の制度の構成要素によるコーディネーションを反映し，そして過去から受け継がれた制度の構成要素を含んでいる．新しい制度は，既存の制度の構成要素を再結合するか，あるいはわずかな変更を通じた既存の制度の改良を反映している．制度の発展が継起的に起こることは，ある社会の制度が相互に補完し合い，コーディネーションに関する共通の資源を反映し，制度の構成要素を共有していることを示唆している．したがって，ある社会の制度はそのような相互関係のある**制度の複合体**としてグループを形成しており，この相互関係がさらに制度の持続性や制度変化の方向に影響を与える．

　内生的制度とその動態的変化を研究するための唯一の分析的枠組みがあるわけではない．しかし，古典的ゲーム理論を他の分野における洞察によって補強して用いれば，それが有用であることは明らかである．ゲーム理論では，状況の構造，規範，内部化された予想に関する認知モデルをゲームのルールとしてとらえる一方，行動と行動に関する予想は戦略と戦略に関する確率分布として表現される．ゲーム理論的分析は，均衡においてシステムとして定着することができる制度の構成要素の集合を限定する．ゲーム理論的分析はまた，特定の行動を制度が支持すること，すなわち，あるパラメータの範囲でその行動が自己実現的になることを示す．われわれはさらに，制度的な遺産を，新しい制度に到達する過程の初期条件の一部と考えることによって，過去から受け継がれた制度の構成要素と技術的に可

能な代替的な構成要素との間の基礎的な非対称性をもとらえることができる．われわれは，**文脈に基づいた精緻化**，すなわちゲーム理論と歴史が相互に補完的に許容可能な制度の集合を限定していくという方法を用いて，新しい制度を研究するのである．

　環境，利害関係，ないし機能から制度や制度の構成要素への一対一写像が存在しないこと，および観察できない制度の構成要素があることは，社会科学における従来の実証研究の方法に難問を突きつける．計量経済学的分析は，因果関係の存在を想定するような演繹的分析に依存し，帰納的な分析によって分類を行うものであるため，制度分析には注意深く用いる必要がある．一方，理論に裏づけられ，制度を識別することを目的とした理論 – 歴史対話型の文脈に依存した事例研究アプローチは，特に期待が持てる．演繹的推理と帰納的分析に加えて，状況とその歴史の文脈に関する知識は，関連のある制度についての推測を定式化し，評価する対話的な過程の助けとなるからである．

　文脈に依存したモデルに基づいて推測を提示し，評価することはしばしば有用である．文脈に依存したモデルの細部はモデルを限定する証拠に基づいており，その妥当性は証拠によって評価されるべきである．その際のモデルは，相互作用をする主体に関するゲームとそのゲームにおける彼らの行動は，どのような取引がどのように結びついていて，どのような効果を持つかに依存しているという認識に基づいたものでなければならない．均衡分析，比較静学，

反事実的分析，およびその他の予測が，その推測を評価
——修正，棄却，ないし受容——するために用いられる．
その過程は，文脈に関する知識，理論，およびモデル化を
用いて証拠を評価し，証拠を用いて推測を評価することを
対話的に行うものであり，理論的な理解と推測の実証的な
確認に到達するまで続けられる．

　歴史に関する知識はそのような実証分析では特に重要で
ある．制度が歴史性を持つということは，制度の起源を遡
ることによって，次のようなことが可能になることを意味
している．すなわち，われわれの推測をよりいっそう展
開・評価し，「まさにそうであった」といった根拠を欠いた
説明を避け，観察可能なものに関して同等の説明力を持つ
さまざまな推測の中で，何が妥当なのかを見出すことであ
る．新しい制度は，過去に得られた知識を組み込み，環境
効果，コーディネーション（調整）効果と包含効果を反映
している．したがって，われわれは文脈に基づいた精緻化
の方法を用いることによって，鍵となる制度についての推
測をさらに展開し，評価することができる．われわれは制
度が自己実現的となる条件を課すことで，ありうる制度の
範囲を限定するだけでなく，歴史の知識に基づいて，理論
的には可能であるが文脈からするとありそうもない制度を
除外することができる．歴史はゲーム理論的な均衡の精緻
化に関する研究の失敗を軽減する一方，ゲーム理論は歴史
が影響を持つという主張を限定的にする．

　制度の文脈的依存性や歴史依存性を強調することは，一

般化を求める社会科学的な伝統を放棄することを意味しない。実際，比較歴史制度分析の蓄積は，どの制度がなぜ重要であるのか，どの制度が厚生を高める結果をもたらすのか，そしてどの制度がニーズの変化に対して効率的に適応する可能性が高いのかに関する理解を前進させるであろう。すなわち，比較歴史制度分析の蓄積によって，社会と経済が特定の制度の軌跡に沿って発展する理由，その際のプロセスはどのようなものであり，そしてどのような効果を持つかがよりよく理解されるであろう。

12.3 中世後期の商業拡大と西欧の勃興： 近代経済の起源

　実際，本書で提示された特定の制度に関するそれぞれの分析は，市場と政体の制度的基盤，およびそれに関係する諸要因・メカニズム・プロセスに関する一般的な洞察を与えた。したがって，ここでの議論は，これらの分析がヨーロッパの制度的発展に関して提供するより幅の広い結論に焦点を当てる。

　まず，これらの分析は，中世後期の商業拡大の制度的基盤が，公平な裁判を行う中央集権的国家による執行に依存していなかったことを強調した。市場拡大と経済発展が有効に機能する国家を必要とするという一般的な主張（例えば，North 1990）は，本書で報告された歴史的経験では確認されなかった。私的秩序，自己実現的な制度が中世後期の

拡大の顕著な特徴だったのである．しかし，この私的秩序は，フリードリヒ・A・フォン・ハイエクやミルトン・フリードマンといったその支持者たちが主張したような経済主体間の「自生的秩序」の結果ではなかった．そうではなく，その私的秩序は，多くの人々の意図的でコーディネートされた努力の産物であり，彼らは多くの場合，強制力を持つ政治的・経済的主体であった．

　第2の一般的な結論は，これらの意図的でコーディネートされた努力の中核をなす社会組織がそれぞれ特殊性を持っていたことである．歴史的には，中世以前に，有効に機能する国家に代わる役割を担った社会組織は，氏族や部族のような血縁関係に基づいたものであった．しかし，中世後期ヨーロッパでは，少なくとも経済的・政治的な変化の中心であり，将来の発展に向けて先頭を走っていた町においてはそうではなかった．支配的な社会組織は，血縁関係のない人々の間の，自治的で，利害関係に基づく，意図的に設立された組織であった．それらの組織は，構成員が自分たちの活動を規制するルールの制定に参加したという意味で自治的であった．ルールの制定に構成員が参加したことは，ルールに正統性を与えた．いいかえれば，経済的・政治的な**団体**（corporations）が中世後期におけるヨーロッパの商業拡大の制度的基盤の中心であった．団体とそれらの団体が設立した裁判所のような補助的な組織が，本書で考察したすべてのヨーロッパの制度，すなわち商人ギルド制度，ジェノヴァとヴェネツィアの政治制度，そして共

同体責任制の中心をなしていた.

　団体は制度を創出するための意図的に調整(コーディネート)された努力とそのための手段を反映している. それらは正統性のあるルールを生み出し, 中心的な経済的・政治的取引における自己実現的な予想のありかたを, 他の経済的および——法的またはそれ以外の——強制的取引と結びつけることによって, 変化させた. 誘因はしばしば経済的評判と強制によって与えられた. このことは, 本書では取り上げなかったが, 修道会, 騎士の軍事組織, 相互保険組合や大学のような, 他の中世の団体についても該当した.

　国家の重要性が限定的で, 団体が中世後期の商業拡大の制度的基盤の中核をなしていたという結論は, 遠隔地の国家間交易に焦点を当てたことによってバイアスを受けているという議論があるかもしれない. しかし, 自治的団体は, 既存の国家内にある私的秩序による制度であった商人ギルドや共同体責任制においても中心的な役割を担っていた. 実際この時代の, 職人組合, 商人ギルドや町のような団体は, ヨーロッパの大きな国家の内部でも生産, 取引, 課税に関して中心的な役割を持ち, また国家に対してその他のサービスを提供していたのである.

　この時代のヨーロッパの国家を研究する際には, それを自治的な血縁に基づかない団体が中心的な役割を持つ制度として扱うのがもっとも適切である. より中央集権的で絶対主義的な国家を中世後期の国家に投影するのは誤りであ

る[3]．中世後期の政体は，驚くほど自治的な政治団体として
の性格を持っていた．法やルールは人によって作られ，
すべてではないが，市民は政治的な発言権と代表権を持っ
ていた．実効性のある代表権は，多くの場合，国家内で団
体を組織していた市民の経済的重要性と強制力によって裏
づけられていた．自治的な血縁に基づかない団体という，
初期ヨーロッパの政体の一般的な性質は，西はイギリスか
ら東はハンガリー，ポーランドまで，南はシチリア，スペ
インから北はドイツまで，全ヨーロッパにおける政治的代
表権のための組織の興隆に反映されている．神聖ローマ帝
国さえもが 1356 年になって公式に立憲君主国となったの
である（Ertman 1997; Spruyt 1994; Herb 2003; Greif 2004b）．

　いくつかの要因の複合的な影響が団体の増加に寄与し
た．数世紀にわたる侵略と内部分裂がヨーロッパの国家を
弱体化させた．中世後期の国家の弱体性は，経済主体に自
己組織化する機会を与えたが，そのことは経済主体が団体
を組織するという特定の反応をしたことの説明にはならな
い．なぜ団体なのか？　血縁に基づく社会組織や神政国家
も選択可能であった．実際，歴史上，そのような社会組織
は有効に機能する国家が不在の場合にしばしば現れた．例
えばイスラーム世界では，その初期の 200 年間，国家の弱
体性と後に議論する他の要因が部族の結束を強化した．ヨ
ーロッパの反応の特殊性，すなわち利害関係に基づいた血
縁にはよらない団体の増加は，過去から受け継がれた多く
の制度の構成要素を反映している．

第 8.7 節で議論したように，ヨーロッパにおいては，教会が親族に基づく社会組織（氏族や部族など）を弱体化させ，第 9.2 節で議論したように個人主義とそれに関連する文化に依存した予想の形成に寄与した．このことは，大規模な血縁に基づく社会組織と集団主義的な文化に依存した予想に基づく制度が確立することを妨げた．しかし，教会自身は，中世後期，国家に代わる有効な選択肢を提供する立場にはなかった．教会の管理構造は中世の戦争と混乱，後に起こった神聖ローマ帝国皇帝や多くの王との紛争によって弱体化した．そのうえ，教会は第 5.4 節で論じたように，限られた状況においてのみルールを定める正当性を有していた．

　結果は，ホッブズが主張したような，万人の万人に対する闘争ではなかった．そうではなく，大規模な血縁に基づく社会組織の弱体化と個人主義は，一般の人々が，協調による利益を得るために自己組織化することを可能にし，その動機を与えた（もっとも，この協調は他の人々の費用という代償を伴う場合があったが）．これによって，人々は領主や王と並んで経済的・政治的な力を得ることが可能になった．政治的発展は，共和制への動きや政体が団体としての特徴を強めることによって特徴づけられた（Greif 2004b）．その際に，ヨーロッパ人は，ローマ法とドイツ法の伝統から受け継がれた予想と規範に依拠した．そしてそれらの予想と規範が，明示的で人間によって作られた（神から授与されたのではない）法，自治，そして公式の意思

決定を関心の焦点（フォーカル・ポイント）としたのである（実際，ヨーロッパでは教会法さえもが人間によって作られたものである）．ヨーロッパ人は，結局のところローマ時代にまで遡り，そこでの団体の考えを拠り所としたのである（例えば，Kuhn 1912）．

　政治的権力が契約的で非領域的であるという封建的な考え方も，既存の政治的単位の領域内で強制力を持つ自治的団体を創出することを容易にした．ハンザ同盟の設立さえも，ハンザ同盟の構成員の都市が所在する地域の領主は，反乱とみなさなかったのである．

　個人主義，団体主義，そして法によって統治される人々が法に対して発言力を持つという人間が作った法に内包される正当性は，中世ヨーロッパの特徴である．そしてこれらに関連する文化に依存した予想と規範は，ヨーロッパの社会組織の中核をなした．個人主義と団体主義は，中世後期の商業拡大と政治変化を支えた制度の顕著な特質であった．

　第1章でふれたルベウス・デ・カンポは，この特定の社会組織によってめざましい経済成長が生じた時代に生きた．長い間，この社会組織は，個人的関係に依存しない市場や有効に機能する政体を支え，そのことを通じて経済繁栄を促した．しかし，特定の制度の効率性への影響は制度の細部とそれが置かれる広い文脈に依存していた．このような制度は，強制力を持つ人々が経済的評判を考慮する場合，また経済力，強制力を持つ他者によって力の濫用が制

約される場合には有効であった．経済的利害が団体内で均一的で，協調と経済的利益を弱体化させる行動をとる構成員に懲罰を与えるためにのみ強制力が使用されるように団体内の資源が配分されている場合には，制度は社会的に有益であった．結局，制度が効率的なのは，団体間の相互作用が軍事的ではなく経済的な競争に限られる場合，そして経済的資源が競争を妨げるために用いられない場合であった．

　このような条件が成り立たない場合には，こうした制度は社会的に有益ではなかった．例えば，ジェノヴァにおいて，社会的に有益な強制力の独占を実効的なものとして作り出せなかったことのコストは非常に大きかった．ドイツにおいてハンザの経済力と軍事力が十分に増加したとき，それらの力は競争を制限するために使われた．イギリスとイタリアの比較は，別の一般的な力の作用の例となる．イギリスでは君主制が十分に有効であったために，その含意として，例えば，ギルドとコミューン間の団体間競争が収奪を用いて行われなかった．収奪を用いた競争ではなく，団体間の経済的競争が導かれたのである．同時に，イギリス国王は，特許を受けた町と比較して行政権や強制力が制限されていた．所有権は比較的確実に保護されていた．このような事情はイタリアには妥当しなかった．いったん海外への拡大によるレントが低下すれば，中央集権的な権威がない場合，権威をめぐるコミューン内，コミューン間の紛争が続いて起こった（詳細および他の事例の議論について

は Greif 2004b を参照).

より一般的には,中世後期の制度は,効率性を増大させ自己実現的であったが,本来的に自己弱体化的な性質を持っていた.評判がそれらの制度の機能にとって中心的な意味を持ったが,評判メカニズムの有効性はレント(完全競争下において可能な利益を超える余剰)に依存した.中世後期の制度が結果として可能となった商業拡大の進展は,市場の制度的基盤を自己実現的にしていたこれらのレントを減少させた.同様に,時間の経過,商業化と専門化は,商人共同体内で利害関係の均質性を失わせ,強制的資源と経済的資源の配分を変化させた.経済過程は全体として自己弱体化的な性質を持っていたのである.

こうした制度の衰退は,おそらく幅広い経済的・社会的・人口学的・政治的大変動として現れた 14 世紀の危機に大きく寄与した[4].ヨーロッパは,その商業,生産,および政体を制御するために新しい制度を創出しなければならなかった.それは長期間にわたるプロセスであり,中世後期に確立された多くの組織(ハンザ同盟,さまざまな商人ギルドや職人ギルド)が,レントを維持し利益を増加させる目的で,競争,革新と拡大を制限するために用いられた.中世の制度の衰退は,領域国家に対し,これらの組織を用いて,その利益に役立つ新しい制度を確立する機会を与えた.

国家は,国家が成立する以前の状態と比べて,所有権保護の提供と(North and Thomas 1973),より大規模な経済活

動を調整することに関して優れていた（S. R. Epstein 2000）
ので，国家を中心とした制度の中には効率性を向上させる
ものがあった．しかし，国家とその制度は同時に，破壊的
な国家間戦争（Hoffman 1991），重商主義やレントシーキン
グ［特権の獲得をめぐる非生産的な競争］（Ekelund and
Tollison 1981 ; Root 1994），そして絶対主義と制度の硬直性
（Rosenthal 1992）などの大きな非効率性の原因にもなった．
いずれにしても，近代に生じた第2の成長局面の直前の時
期，ヨーロッパの制度は中世後期のそれとは非常に異なっ
ていたように思われる．

　それにもかかわらず，ヨーロッパ中世後期に中心的役割
を果たした経済制度，政治制度と，ヨーロッパの現代経済
に普及している制度との間には，顕著な共通点がある．ど
ちらの時代にも，個人主義と団体主義に関連した文化に根
ざした予想と規範が普及している．基本的な社会単位は，
氏族や部族のようなより大きな血縁に基づく社会組織では
なく，個人または核家族である．支配的な社会組織は，ル
ールや法を制定する制度化された正当な手続きを持つ，経
済的・政治的な自治的団体である．それらの団体では，ル
ールや法によって統治される人々がそれらに対して発言力
を持っている[5]．このような制度の構成要素は，個人的関
係に依存しない取引を可能にし，国家にその市民に奉仕す
る動機を与えるヨーロッパの制度の中心をなしている[6]．

　特に，個人主義および非血縁者の間で国家のような権威
を持つ団体は，ますます複雑化し個人的関係に依存しなく

なっていく取引を支えた，中世後期の制度の中心をなしていた．個人主義と経済的団体は，強制力を持たないにもかかわらず，現在までのヨーロッパの経済制度において中心的位置を維持している．同様に，政治的代表制のための組織，団体によるルール制定の正統性，そして団体としての国家という概念は，中世後期における国家の制度的基盤の中核となっていた．そしてそのことは近代ヨーロッパの国家にも妥当する．

　中世後期の社会組織と近代ヨーロッパの社会組織との間のこうした共通点は偶然のものであろうか？　あるいは，近代の制度は，中世後期から受け継がれた制度の構成要素の影響を反映しており，そしてそれはまた，より深い文化的・社会的特徴を体現しているのだろうか？　中世後期の制度は，それらが含意した制度の構成要素，知識と歴史を通じて，このような特徴を再生産するのに関与したのだろうか？　中世後期はこのような意味で，ヨーロッパの後の制度発展の鍵を握っていたのだろうか？　このような質問に対する答えが「イエス」であれば，専制政治や重商主義の時代は，過去 1000 年間の制度発展の経路においてむしろ例外的なものであったのかもしれない．

　このような見方が妥当であるかどうかを評価した者はいないし，そのようにして過去の制度の遺産が後の結果に影響を与えたのかを正確に追跡した者もいない．しかし，中世後期の制度発展が後の制度に直接影響を与えたことを示唆する証拠は多くある．近代の企業は，中世のギルド，自

治体，修道院，大学のために発達した，団体に関する伝統的な法的形態から生じた．中世後期の団体の活動は，株式取引，有限責任，会計監査，徒弟制度，複式簿記のような現代の行動に反映されている，特定の知識，法，および他の制度の構成要素の発展を導いた．ヨーロッパの商法，保険市場，特許制度，公債，業界団体，中央銀行は，中世の制度の文脈の上に発展した．

政治の領域では，団体という形の社会組織が中世に発展したことは，近代ヨーロッパの国家に向かう発展に寄与した．団体は血縁に基づく大規模な社会構造が国家にもたらす難問の解決に寄与し，また近代において有効に機能するヨーロッパの国家の制度的基盤の中で中心的な意味を持ち，その発展に寄与した．近代のヨーロッパ国家は結局のところ団体なのである．これらの中で特に重要なのは，法人格としての団体の概念，個人の財産と団体の財産の分離，団体が構成員の利害関係に貢献するという予想，そして集団意思決定の過程である（このような特徴は現代の経済的団体に対しても中心的な意味を持っている）．より一般的には，団体は自治，多数決による意思決定，および人為的な法の妥当性と可能性に関する規範と予想を育んだ（例えば，Berman 1983 や Korotayev 2003）．

さらに，ヨーロッパの国家は，前近代にボトム・アップの組織形成過程を通じて成立した．国家を設立する際，支配者たちは過去から受け継がれてきた団体，それらの団体が可能にした地域統治，そしてそれらの団体が提供する資

源に依存した．したがって，これらの団体は国家による権力の濫用を制約し，その政策を方向づける能力を持っていた．そしてそのことによって，この制度の遺産は有効に機能する国家の勃興に貢献した（Ertman 1997; Tilly 1990; Greif 2004b）．より一般的には，中世における共和制的な動き，すなわちその基盤となる規範，予想，組織は，近代まで生き残った．ハンザ同盟，ヴェネツィア共和国，およびスイス連邦は近代直前まで存続した．中世の国家と近代のヨーロッパ国家の制度的基盤との間の因果関係は，多くの事例（とりわけオランダ共和国，イギリスとフランス）によく反映されている．それらの事例では中世の代表制的な組織，およびそれと関連する共有された予想や規範が，制度の構成要素となり，後により民主主義的な成長志向の国家に移行する際に，それらが中心的な役割を担った．

　オランダ共和国の勃興や 17 世紀以降のイギリス議会の政治的優位性は，中世後期の組織的・制度的基盤に基づいていた．1295 年に招集されたイギリスの模範議会の構成，形態，権力は，近代議会のための出発点と骨組みを与えた．フランス革命で中心的役割を果たした三部会は 1302 年に設立された．立憲君主政，すなわち支配者が法に従い，国家の構成員が指導者個人よりも抽象的な原理に対して忠誠を誓う体制は，中世後期に広まった．そして現代の投票理論の起源もそれら中世後期の立憲君主制にある．中世後期の国家と近代ヨーロッパ国家における正統性は，驚くほど類似した実体に基礎を置いており，2 つの時代の制度複合

体は顕著な類似性を備えている.

　近代ヨーロッパの経済成長の源泉は,中世における経済成長の源泉とは異なる.中世の経済拡大は,専門化と交易の利益によるスミス的成長に依存していた.近代の経済成長は,生産関数を変化させ,以前には用途を持たなかった資源を生産要素に変える科学技術に基づく.1750年までの100年間に生じた,有用な知識,科学技術の性質,役割と可能性に関する文化に依存した予想の変化は,直接この移行に寄与した(Mokyr 2002).しかし興味深いことに,個人主義的な研究や自治的で血縁に基づかない団体(例えば月光協会や英国王立協会のような中世の大学に類似した団体)がこのような予想を増幅し,その予想に従って行動するための資源を動員し,そして予想が有効に結果に影響を与えるようにするうえで中心的な役割を担った.このような団体の目的は,大部分の中世の団体の目的と異なっていたが,制度的な意味は驚くほど類似していた.

　中世後期と近代のヨーロッパの制度との間の類似性が,歴史過程を反映しているのか,あるいは両方の時代に共通の条件を反映しているのかについては,現在のところ評価されていない.この評価の結果がどちらであるにしても,少なくとも中世以来,ヨーロッパは特定の制度の軌跡に沿って発展してきたように思われる[7].実際,本書で行ったヨーロッパ世界とイスラーム世界との間の限られた比較分析によっても,ヨーロッパが他とは異なる制度の軌跡に沿って進化してきたことが示唆されている.2つの世界の間

における制度の相違は，少なくとも中世後期には広く存在したのである．

マグリブの集団主義は，イスラーム社会のより広い文化的特徴を反映している．イスラーム社会では，氏族，一族や部族のような大規模な血縁に基づく社会単位は今日にいたるまで中心的な役割を担い，宗教と民族に基づく社会の区分が依然として一般的である．イスラーム社会では，団体は内生的には生まれず，法的主体は認められなかった．ヨーロッパにも常にネットワーク，共同体や血縁に基づく制度がある程度は存在してきたが，団体の存在が可能な制度の範囲を増大させている．

同様に，マグリブ貿易商と国家との関係は，イスラーム社会とヨーロッパの相違を典型的に示している．イスラーム社会では，商業活動に関する法と規制は，宗教的権威，国家，あるいはその両方によって定められた．イスラーム世界の商人は，ヨーロッパの商人のように自律的秩序の制度と社会的秩序の制度を結合することを通じて法を変更することができなかったし，彼らは経済的利益を増進させる政策を立案するために国家の資源を使うこともできなかった．都市は自治的でなく，商人は政治的代表権も発言権も持たなかった．中世に「[イスラーム]世界で真の意味での都市の自治は考えられない」(Cahen 1990, p. 520) し，より広くいえば，団体と同じような利害関係に基づく社会組織は存在しなかった (Crone 2004, pp. 335-6)．実際，「普遍的なイスラーム法典の権威はあらゆる地域団体の慣習を無効にす

ることができた」（M. Hodgson 1974, 2 : 122 と Kuran 2005 を参照）．その上，「［イスラームまたはそれ以外の］商人の世界と政府の世界との間にほとんど接触がなかった」（Goitein 1973, p. 10）．

これとよく似た制度複合体が，後の世紀のイスラーム地中海世界にも広がっていた．ルールの作成過程にそのルールによって統治される人々は参加せず，経済生活を統治する公式のルールは経済主体の管理下にはなく，団体を形成する能力も非常に限られていた．Pamuk（2000）が，オスマン帝国に関する幅広い文献のサーベイに基づいて記しているように，「地主だけでなく商人や金貸しなど，さまざまな社会集団が中央政府の政策に対して与える影響は限定的であり続けた」（p. 10）．政策は中央政府官僚が定める優先順位と利害関係によって大部分決定され，民間経済部門の構造はそれ自身の必要ではなく，国家の必要によって支配された．少なくとも近代初期まで，出自，宗教，民族およびその他の基準による人々の区分が，イスラームの都市に広まっていたのである[8]．

制度複合体におけるこれらの相違は，二大文明の間で経済的繁栄と成長の軌跡が相違する理由を説明するのに役立つであろうか？　異なる制度が同じ機能を同等の効率性で実現させることがあり得るので，この質問に答えるのは容易ではない．さらに，制度はしばしば効率性と厚生に対して多次元的な影響を与えるため，制度間の比較はいっそう困難である．最後に，短期的には効率的ではないが，長期

的にはより効率的に適応する制度について，それを評価する良い指標をわれわれは持ち合わせていない．したがって，中世後期のヨーロッパの制度が，それに代わる制度よりも当時，どの程度，効率的ないし非効率的であったか，また中世後期のヨーロッパの制度がその後の制度の発展と結果の相違にどれだけ貢献したかについては，依然として検討課題として残されている．

　しかし，個人主義，団体主義と自治に基づく意図的に創出された制度が，特に適応的効率性を含めて効率性に寄与するという理論的根拠が少なくとも4つある．分業の程度が長期的に持続可能な経済成長の必要条件である限りにおいて，匿名的な取引を支える公式の執行制度は経済発展を促進する．個人主義はそのような制度の発展を促し，そのことを通じて，社会がこれらの効率性に関する利得を享受することを可能にする．同様に，経済繁栄は，社会的に有益な政策，および所有権の特定，保護，調整をもたらす制度を必要とする．個人主義，団体主義，そして政体レベルでの自治は，そのような制度の発展を促し，そのことを通じて社会が協調による利益を享受することを可能にする．第3に，個人主義的社会では社会的行動規範に人々を従わせる社会的圧力が相対的に小さい一方，団体は，個人や家族よりもよりよく資源を動員し，リスクを分散することができる．その結果，リスクを取る行動，進取の精神，そして組織的・技術的革新が促進される[9]．

　最後に，団体を軸とする意図的な制度は，有益な制度の

発展過程を助長する。あらゆる状況でもっとも効率的になる制度はなく，そのことは相対的に効率的であった制度でさえ徐々に効率的ではなくなっていくことを意味する。意図的な制度の創出は，制度の有効期間と制度変化の必要性を人々に認識させる。団体構造の柔軟性，自治，人間によって作られた法，およびルールに統治される人々からのインプットを伴う制度化されたルールの作成過程は，有益な制度変化のための手段を提供する。

早くも中世後期に現れたヨーロッパの制度と制度変化のありかたは，他の社会組織よりも効率的であったかもしれない。ヨーロッパの制度の特殊性が経済的・政治的・社会的結果の形成に関与し，それらが歴史過程を反映している限りで，中世後期の社会は西欧の勃興の種を育んだかもしれない[10]。

この主張の評価は今後の課題であるが，ヨーロッパの中で早い時期に中世の制度の発展を経験した地域が，近代的な経済成長を早く開始したことは興味深い。中世後期の制度革命は東欧の大部分，イタリア南部，バルカン諸国，あるいはスペインの各地域では生じなかった，そしてそれらの地域の多くはまさに産業化に遅れた地域であった。これに対して，オランダ共和国，ドイツ，イングランドになった地域は，商業化，工業化，そして権力が限定された中央集権的政府にヨーロッパを先導した。しかし，フランスやイタリア北部の経験を思い起こすと，このような結果は歴史的に決定されたものではなかった。フランスでは絶対主

義が長く支配的であり，イタリアは内戦と外敵との紛争で
荒廃した[11]．しかし，中世後期の制度革命を経験しなかっ
た地域と異なり，イタリア北部とフランスは，ともに，近
代的成長をもたらす制度を後に採用するのが比較的容易で
あった[12]．

　西洋の勃興の制度的な起源が中世後期に遡るかどうか
は，依然として未解決の問題である．そして，中世後期の
ヨーロッパの制度が他の社会のそれよりも効率的であった
かどうかについても解決されていない．しかし他方で，西
洋勃興の原因があらかじめ定められた要因（例えば，資源
の初期保有量）やその後に起こった出来事（植民地主義や
産業革命）であったと主張するためには，これら外生的要
因や特定の出来事の含意が，当時のヨーロッパの制度の特
殊性を反映していなかったことを立証するという難問に答
える必要がある．

　より一般的には，本書で提示した歴史分析は制度が歴史
の原動力であるという主張を支持するものである．制度は
社会の歴史的発展を形作っている．制度は，与えられた時
点で行動と結果に影響を与え，変化の時期と性質に影響を
及ぼし，新しい制度の細部を形成する．制度は，意図的な
制度変化に制約を課すとともにその機会を与え，一方で意
図的でない制度変化の過程を始動させる．過去から受け継
がれた制度の構成要素と技術的に実行可能なそれに代わる
選択肢との間に基礎的な非対称性があることは，過去から
受け継がれた制度の構成要素が，後の制度変化の方向とそ

れがもたらす歴史的発展に影響を与えることを含意している.

　制度が歴史の原動力であるという結論は，制度が経済的・政治的・社会的結果に影響を与えるという一般的に見られる，より限定的な主張を超えるものである．この結論に到達するためには，ルールの研究を超えて，ルール・規範・予想と組織の自己実現的なシステムとしての制度の研究へ，制度分析を拡張する必要がある.

12.4　将来の課題：よく機能する市場と政体の構築

　中世後期の商業拡大を理解する，すなわちどこで，いつ，なぜ，そして誰との間の取引が拡大したのかを理解するためには，特定の経済取引，政治取引において行動を可能にし，導き，動機づける制度をミクロレベルで考える必要がある．それがうまく機能した場合，これらの制度は，次のような事柄の利得を増加させ，それに関する費用を減少させた．それは，所有権の尊重，商業的に有益な政策への資源の動員，厚生を高める政体と組織の採用，個人的関係に依存した取引と個人的関係に依存しない取引における契約上の義務の遵守である.

　経済的取引，政治的活動，あるいは合法または非合法の強制的行為を可能にし，動機づけ，導くかどうか，そして厚生を高めるかどうかにかかわらず，これらの制度は同じ原理に基づいていた．すなわち，取引間のつながりが，特

定の行動に対する報酬（経済的，政治的，社会的，または規範的）と不履行に対する懲罰を作り出した．このような取引間のつながりの細部，関連した制度，したがって結果として生じる市場の範囲と政体の実効性は，初期条件としての制度の構成要素を与える社会的・文化的要因だけでなく，経済的・政治的利害を反映している．これらの要因は，情報伝達のためのネットワーク，さまざまな能力と利害を持つ公式・非公式の組織，そして期待される行動に関する規範と予想のシステムを提供した．結果として生じる制度が自己実現的で自己強化的であった場合，制度はこのような社会的・文化的特徴を組み込み，それらを持続させた．

　結果として生じる制度の有効性は，より広い文脈と制度の細部に依存した．ヨーロッパにおいては，一方では外部の軍事的脅威や国家間・団体間の経済競争によって，他方では団体内における利害の相対的な均質性を作り出す制度によって，制度の有効性が増大した．その有効性はさらに，経済的，強制的，合法ないし非合法の取引を相互に結びつける経済主体の能力によって高められた．経済的な評判は，強制的な懲罰を与える能力によって補完されて，制度の有効性を高めた．

　しかし，強制力を管理する人々が個人的な利益のためにそれを使用することが文脈と制度の細部によって抑止された時と場所では，強制力を伴った権力が経済的な意味で生産に寄与することもあった．ヨーロッパで中央集権的な国家と大きな血縁的な社会単位が弱体であったこと，そして経

済主体の間に軍事力が広く分布していたことが，こうした状況をもたらした．その結果，制度と国家の発展過程は下から行われた．政治的主体や裁判官が自分の利益のために市場や政体を構築する能力は限定されていた．自分を豊かにするために，彼らはより広く厚生に貢献しなければならなかった[13]．強制力を持つ，裁判所，共同体，氏族，および個人に，制度が，その強制力を経済的な意味で生産的に使用する動機を与えた場合，市場が拡大し厚生を高める政策が追求された．

ヨーロッパの制度発展は，第2次世界大戦以降の植民地主義の終末期に大部分の発展途上国が経験したものとは異なる文脈で，そして異なる過程を通じて行われた．現代の発展途上国においては，血縁に基づく社会組織が支配的であり，開発はまず有効に機能する中央集権国家を確立することを意図して行われた．この試みは，相対的に外的脅威が弱いという国際秩序の文脈，そして国家を支配する人々が国際資本市場で資本を調達することができ，国内の経済主体に頼ることなく国内の鉱物資源やその他の地域の生産物を売却することができるという世界経済の文脈において行われた．

国家建設の努力が成功したとき，国内の経済主体あるいは外的脅威や競争による制約を受けない政治家は，私的な経済的あるいは政治的利益に寄与する政策を追求するために，権力を使って，制度を構築し政策を追求した（Easterly 2001）．国家建設の努力が失敗したとき，政治家たちは，厚

生を高める政策の追求や厚生を高める制度を確立すること が不可能であるか,あるいは自分たちにとって利益がない ことを知った.

現代の発展途上国における,より最近の試みは,国家を 経由せずに,貧しい人々や地域社会へ資源を提供すること を通じた開発に焦点を当ててきた.しかし,国内外の主体 から提供された資源は,多くの場合,より一般的な社会厚 生に貢献するよりも,それらの主体と接触がある地域社会 の指導者たちの利益に資するだけに終わった(Platteau and Gaspart 2003).国家を中心にした開発も,地域社会を中心 とした開発も,政府,政治家,国家機関,地域社会の代表 者に適切な誘因を与えるという同じ難問に直面した.厚生 を高める行動をとり,厚生を高める制度変化を促進するこ とを目的とした政策を追求する動機を彼らに与える制度が 存在しない場合には,開発は遅れている.

しかし,そのような制度は,一見したところ厚生を高め るために必ずしも必要でないように見える.実際,「最高 政治指導部の一部がその姿勢をより市場志向的で,民間部 門に友好的な政策枠組みに向ける」(Rodrik 2003, p. 15)だけ で,制度改革なしでも一時的に経済成長を始動させること ができる.しかし制度改革を伴わない場合,成長はすぐに 息切れしてしまう.しかし制度を改革するのは難しい.西 欧の「成功事例」,すなわちそのルールと規則を導入するこ とによって制度を改革する試みは,期待通りの成果を挙げ ることはできなかった.

本書で発展させた見方に立つと，この結果は意外ではない．ヨーロッパの成長は国家を軸にしたものではなく，国際援助から利益を受ける，有効に機能する国家の内部にある共同体に基づいたものでもなかった．さらに，制度はルールではない．制度はルール，予想，規範と組織の自己実現的なシステムである．制度の発展は，ある制度が他の制度の前提条件となるような継起的な過程であり，制度の含意はさまざまな条件によって変わり，異なる制度が同じ結果をもたらすことがありうる．成功する改革は，ルールの変化以上のことを必要とする．改革を成功させるためには，人々に特定の行動をとる動機，能力，方向づけを与える，制度の構成要素の新しいシステムを作り出す必要がある．改革にあたっては，厚生を改善するうえで重要な取引はこれであるはずだと思い込むのではなく，まず実証的にそれらが何であるかを識別する必要がある．というのも，こうした取引は地域の条件や制度によって相違するからである．例えば，所有権の保護が不十分であった場合，その原因が，警察，軍隊，反乱者，あるいは政府による所有権侵害によるものなのかどうかを，理論からの演繹によって主張するのではなく，実証的に確認する必要がある．そのようにしてはじめて，われわれは，どのような制度改革が有用で実行可能であるかを考えることができる．

　そしてそれを考えるためには，次のようなことを認識する必要がある．すなわち，制度はルールではなく，制度の発展は，過去の制度の構成要素が重要な意味を持つような

順を追った過程であり，制度の含意はさまざまな条件に依存し，異なる状況では異なる制度がより望ましいこと，などである．改革の成功のためにはルールの変化以上のことが必要である．そのためには，人々に特定の行動をとる動機，能力，方向づけを与える制度の構成要素の新しいシステムを作り出す必要がある．

　自己実現的な制度を変えることによって制度改革を追求する際には，開発援助はその焦点を変更しなければならないだろう．途上国がルールを制定するのを援助することに焦点を当てるのではなく，組織，予想と取引間のつながりを変えることを試みなければならないだろう．課題となるのは，援助が終わったときにも制度が存続するように，新しい自己実現的な制度を創出することである．同時に，それらの制度は，それが有益ではなくなった場合に，内生的に変化しやすいものでなければならない．

　制度改革は，自己実現的な制度の集合を別の制度の集合へと置き換えることを伴う．制度改革は白紙の状態から始めることはできないので，新しい制度を創出する必要があるだけでなく，既存の制度も変えなければならない．例えば，われわれは，無政府状態を制度がない状態と考えているわけではない．無政府状態にいる人々は，期待される行動と関連する結果に関する予想を共有し，特定の規範を持ち，しばしば明確な社会構造に組織されている．制度変化の過程における初期条件は，既存の自己実現的な制度やその望ましくない結果を含む[14]．制度改革を必要とする経済

が制度を持たないということはない．現に働いている制度を理解しない限り，適切な改革戦略を考案するわれわれの能力は限られたものになるであろう．制度改革を成功させる前提条件は，既存の制度，それらの制度を一部として含む複合体，制度を自己実現的にする力，そして制度変化に伴う取引費用を理解することである．改革戦略は，制度の発展が時間を要するかもしれない歴史的プロセスであることを認識するとともに，既存の制度から学び，それらと連携し，それらの上に構築されなければならないし，また改革戦略は既存の制度を潜在的に弱体化させなければならない．

　認知，行動の調整（コーディネーション），規範，および情報に関する諸要因は，制度が行動の決定要因となるうえで重要な働きをするが，改革を追求する際には，まさにこれらの要因が制度改革の考案を困難にすることを想起しなければならない．特定の文脈を前提として，どのような制度が有益であるか，または，新しい制度の構成要素を導入することがどのような長期的含意を持つかを知ることは困難である．そのうえ，われわれは，時間を通じてうまく適応し続けるような制度をどのようにして考案するのかについて，ほとんど何も知らない．既存のいくつかの制度とよく適合する性質を持つ制度は導入しやすいかもしれないが，それは弱体させた方がいい他の制度を補強してしまうかもしれない．

　是非とも必要なのは，文脈に依存した制度分析を行うこ

と，既存の制度の構成要素を土台とすること，さまざまな変化の影響を学習し，実験し，測定することである．文脈に依存した分析に基づく制度改革戦略が有望であることは，Berkowitz, Pistor, and Richard（2003）の発見によって示唆されている．彼らは，公式の法秩序を国内で発展させ，輸入した法典を地域の条件に適応させた国家の方が，結局のところ西洋の法典を一語一語導入した国家よりもずっと望ましい法制度を持つにいたったことを発見した．

　本書の歴史分析は，特定の結果をもたらすのにもっとも適した制度の形態は状況の特殊性に依存しており，現在の西欧で普及しているそれとは異なったものでありうるという主張を支持している．実際，現在の西欧の制度は，それ自体過去に西欧で普及したものとは異なっている（もっとも，すでに強調したように，両者の間には多くの共通点がある）．中世後期の商業拡大，すなわちかつて経験したもっとも長期にわたる経済拡張は，ヨーロッパの近代経済成長を支えた制度とは——本質的な共通点は多いにせよ——形態が異なる制度の集合に基づいていた．中世のヨーロッパには，民主主義，立憲制や力のバランスによる支配者の制約，有効な領域国家，普遍的な所有権の保護，そして独立した司法権は存在しなかった．

　幅広い文脈や制度の遺産を考慮すると，ヨーロッパや他の場所における中世後期の制度が，近代の対応する制度より，その役割を果たすうえで適していたことは十分にありうる．マグリブ貿易商の結託は，国家が海外での契約の執

行に無力である場合に有用な制度であった．商人ギルド
は，ヨーロッパの政治的分裂と社会組織を利用することに
よって，国家の手による略奪から所有権を保護した．ジェ
ノヴァにおいては，既存の社会構造および関連する予想と
規範は，一見したところより民主主義的システムに見え
る，選挙による執政官よりも，ポデスタ制が秩序や繁栄を
促進することができたことを含意している．独立性を保
ち，領域全体を管轄する裁判所を確立することは，中世後
期の国家の組織的・財政的能力をもってしては不可能な課
題であった．しかし，公平な裁判は共同体責任制によって
もたらされた．公平な裁判は，不公平な裁判官と地域に限
定された法律にもかかわらずもたらされたのではなく，裁
判官が不公平で法律が地域に限定されたものであったとい
う，まさにそのことによってもたらされたのである．

　制度改革を通じて厚生を促進させる際の課題は，過去か
ら受け継がれた制度の構成要素と既存の制度的環境を土台
にして，当面の厚生を増加させるとともに，将来有益な変
化を内生的に作り出すことにも寄与するような制度を創出
することである．それらの制度がどのような形態をとるに
しても，物質的厚生を高める必要があるとすれば，制度は
中世後期のヨーロッパの制度が果たしたのと同じ役割を果
たさなければならない．制度は，強制力の使用を所有権の
保護に向けることによって経済的効率性を高め，契約執行
を提供し，また経済的評判が所有権保護と契約執行に寄与
しうるようにしなければならない．制度は，貯蓄，投資，

革新のような有益な経済活動を促し，レントシーキングを
抑止しなければならない．制度は社会的に有益な制度を補
強する一方で，そうでない制度は自己弱体化するようにし
なければならない．そして，制度は，過去の制度の構成要
素にとらわれることなく，それらを利用する制度の発展を
可能にするように，制度変化に伴う取引費用を減少させな
ければならない．

＊＊＊＊

　所与の環境の下で定着する制度は複数ありうる．制度の
動態的変化は非決定論的な歴史的過程である．したがっ
て，本書が提起した理論は，制度の理解とその実証分析を
育んでゆくための概念的・分析的・実証的枠組みを構成す
るものである．

　制度の発展は決定論的ではないので，制度の歴史はただ
1つではない．制度の歴史は数多くある．このような歴史
について学び，歴史から学ぶことは，異なる制度発展の軌
跡に関するわれわれの理解をより良いものとし，制度がと
りうる多くの形態，制度を形成する力，そして制度を役立
てる方法に関するわれわれの認識を向上させる．

第 12 章註

　1)　ジェノヴァのコミューンの確立は利害を反映していたが，ジェノヴァ

の制度的基盤は，特定の共有された予想，規範，および社会構造の遺産によって影響を受けた．そしてこれらの遺産は，ジェノヴァの氏族が構成員の厚生を技術的に可能な水準まで引き上げることを妨げた．イスラーム世界における奴隷制度の廃止に対する抵抗も，同様に内部化された予想を反映しており，変化の方向に対する制度複合体の影響の例となっている．

2) 個人的関係のパターン，富の分配，軍の能力，あるいは知識のような過去の制度のさまざまな含意もまた，このような初期条件の一部である．

3) S. R. Epstein (2000) も，19 世紀のヨーロッパの国家を以前の時代に投影するのは誤まりであると論じた．

4) Hatcher and Bailey (2001) がそのすぐれたサーベイの中で述べているように，新マルサス理論とマルクスの理論は，この衰退を十分に説明できない．

5) 近代西欧においては，団体はいたる所に存在している．経済領域におけるもっとも顕著な団体は企業であるが，それ以外にも業界団体や非営利組織のような団体がある．中世後期の新しい政体と同様に，近代西欧の国家は自治的な政治団体である．その政体の組織的基盤は，専制君主制，独裁政権，ファシスト体制，ないし神政国家と相違して，独立した目的関数を持っていない．さまざまな中世の団体と同様に，近代国家も，家族や私的・宗教的な慈善事業によって与えられた社会的なセーフティネット以上のものを人々に与えた．

6) 前章で論じたように，教会の道徳的権威が社会の発展に影響を与えたが，興味深いことに両方の時代の組織はともに宗教からの独立性を反映している．商業に関する証拠によると，14 世紀の危機の後には，宗教への依存に向かう移行があったことが見て取れる．この移行は，例えば，黒死病が発生した後に与えられた船の名称に反映されている（例えば，ライオンや栄光のような名前から，サンタ・マリアや信仰のような名前への変化である）(Kedar 1976)．Platteau (1994) や Lal (1998) は，教会は基本的な道徳基準を設定した点で重要であったと論じた．

7) 個人主義と集団主義の重要性に関する推測が実証されれば，ヨーロッパの経済成長におけるプロテスタンティズム倫理の重要性を指摘したウェーバーの論文 (1958 [1904-5]) に対して重要な補足となるであろう．そのような推測が実証されれば，プロテスタンティズムの勃興以前に，特定の組織的・制度的発展がヨーロッパを世界の他の地域と異なるものとしたという見方の根拠が示されるであろう．同時に，プロテスタンティズム倫理

の独自性に関するウェーバーの主張にもかかわらず，非プロテスタントの経済もまた，異なった組織的・制度的枠組みの中ではあるにせよ，やはり経済発展をした理由を説明するであろう．

8) 区分については，第 8, 9 章，Lapidus (1984)，および Hodgson (1974, pp. 105 ff.) を参照．より一般的にイスラームの制度については，Kuran (2004) を参照．他方で，Cahen (1990); Lapidus (1984, 1989); Çizakça (1996) は，ヨーロッパ世界とイスラーム世界との間での事業パートナーシップの類似性を強調している．

9) この柔軟性は，啓蒙主義時代に生まれ，近代的な成長を可能にした科学技術の飛躍的な進歩を導いた新しい考えや予想にとって，決定的に重要であったかもしれない (Mokyr 2002)．

10) Hamilton (1991, pp. 1-2) は，他の多くの研究者とともに，先の議論と整合的な，ヨーロッパと中国との間の制度的な相違を指摘している．「西洋においては，民間の商業組織は法制度と個人主義に基づいているが，それらはいずれも中国では中心的な意味を持たなかった」と彼は述べている．「中国における血縁関係と同僚間関係は，西洋の法制度と個人主義と同様の役割を果たしたが，その発展の軌跡と結果は非常に異なったものであった」．

11) イングランドとオランダ共和国は，団体が経済的にのみ競争し，軍事的競争をしないように制限する制度を持ち，一方で，自分の目的のためにレントを引き出す制度を作る中央当局の能力が限定されていた点で特に恵まれていたかもしれない (Greif 2004b を参照)．

12) Mokyr (2002) は，近代の科学技術をこれらの地域と結びつけた制度の起源を追跡している．

13) とりわけ，彼らは他者を排除することによって強制力と経済力を持つ人々の厚生を高めた．

14) 制度改革を妨害する政治権力を持つ人々の能力はよく認識されているが，予想，規範，過去から受け継がれた公式的・非公式的な組織，あるいは利害に対する過去の制度の含意についてはほとんど関心が払われてこなかった．

付録

Appendixes

A　ゲーム理論入門

A: A Primer in Game Theory

　本章で紹介する，本書の議論を理解するうえで必要なゲーム理論の主要な考え方と概念は，これまでゲーム理論に接したことのない読者に向けて書かれたものである[1].

　ゲーム理論的分析は，ゲームのルールを定めるところから始まる．このルールは，意思決定者（プレイヤー），プレイヤーのとりうる行動，プレイヤーが利用可能な情報，偶発事象の確率分布を定め，また生じうる結果（すなわちプレイヤーの行動のすべての可能な組み合わせの集合）に対する各プレイヤーの選好を与えるものである．ゲームは，プレイヤーの集合，行動集合（各プレイヤーのとりうる行動を定める）および利得集合（プレイヤーたちがとる行動の関数としての各プレイヤーの利得を定める）の3つの組み合わせによって表現され，定義される．ゲームのルールは周知の事実（common knowledge）であると仮定する[2].こうして考察される状況は，各プレイヤーの最適戦略が他

のプレイヤーの行動に依存しているという意味で戦略的なものである（その特殊ケースとして非戦略的状況が考えられる）.

　ゲーム理論的分析の目的は，戦略的状況における行動を予想すること，すなわち，任意に与えられたゲームのルールに対して1つの行動の組み合わせ（各プレイヤーの行動）を予想することである．このような解を求めることが困難であるのは，各プレイヤーの最適行動が他のプレイヤーの行動に依存しているため，どのプレイヤーも，他のプレイヤーがどう行動するかとは独立に自らの最適行動を決定できないからである．プレイヤー A が行動を決めるにあたっては，プレイヤー B が何をするかを知る必要があり，しかし B が行動を決めるにあたっては，A が何をするかを知る必要がある．古典的ゲーム理論におけるナッシュ均衡や，それを精緻化する，部分ゲーム完全均衡をはじめとする概念は，この無限ループの問題に対処し，与えられたゲームでもっともらしくないと考えられる一部の行動の組み合わせを消去するものである．

　ナッシュの制約条件の基本的考え方は，時間を通じた行動選択の調整については考えずに，行動選択問題に対するある種の解を構成する行動とはどんなものかを考えるものである．ナッシュ均衡は，適切な解（行動の組み合わせ）を自己実現的（self-enforcing）なものに制限しようとする考えである．自己実現的とは，他者が期待されている行動に従うという期待を各個人が持っている場合に，自らも期

待されている行動に従うのが最適である状態をいう.

議論を簡単にすすめるために，以下では２人のプレイヤーを持つゲームのみを取りあげるが，同様の分析は３人以上のゲームにも適用することができる．A.1節およびA.2節では，プレイヤーが同時に行動する静学ゲームと，プレイヤーが順次行動する動学ゲームをそれぞれ扱う．つづいてA.3節ではくり返しゲームの理論を議論し，特定の（静学ないし動学）ステージ・ゲームが長期にわたってくり返される状況を分析する．不完備情報ゲーム，すなわちゲームの構造に関してプレイヤーが異なる情報を持っている状況についての知識は，本書を読むうえでは必要ない，不完備情報ゲームについては短い説明が第３章および付録Cの C.1節にある．ゲームにおける学習の理論は第５章で，不完全観測の問題は付録Cの C.2.7小節で論じる.

A.1 静学ゲームにおける自己実現的行動：
    ナッシュ均衡

初めに，静学ゲーム（同時手番ゲームともいう），すなわちすべてのプレイヤーが同時に行動をとるゲームを考察する．すべてのプレイヤーは状況について同一の情報を持っていると仮定する．この種のゲームの構造は以下のようになっている．プレイヤー１は選択可能な行動の集合 A_1 から行動 a_1 を選択する．同時に，プレイヤー２は選択可能な行動の集合 A_2 から行動 a_2 を選択する．プレイヤーが

各々の行動を選択した後，プレイヤー1は $u_1(a_1, a_2)$，プレイヤー2は $u_2(a_1, a_2)$ の利得を受け取る．

囚人のジレンマゲームが，おそらくもっともよく知られており，もっとも詳しく分析されている静学ゲームであろう．囚人のジレンマがよく知られているのは，戦略的状況において合理性のみではパレート最適な結果をもたらすために十分でないことを示しているからである．市場的な状況とは異なり，戦略的状況では，各人が自分の分け前を増やそうとすることは必ずしも社会厚生の最大化をもたらさない．囚人のジレンマゲームでは，各プレイヤーは相手と協調するか裏切るかを選ぶことができる．双方が協調を選べば，各プレイヤーの利得は双方が裏切る場合に比べて大きくなる．しかし一方が協調を選びもう一方が裏切りを選ぶ場合，裏切ったプレイヤーは双方が協調した場合よりも高い利得を得ることができる．一方，協調を選んだプレイヤーは自らも裏切りを選んでいたとしたら得られたであろう利得よりも低い利得を得る．

図 A.1 は囚人のジレンマゲームを1つ示したものである．プレイヤーの行動は C（協調）および D（裏切り）で表示されている．各マスは行動の組み合わせ，すなわち行動のペアに対応している．行動の各組み合わせに対応した利得が2つの数字で表現されており，それぞれプレイヤー1の利得とプレイヤー2の利得である．

このゲームでは，各プレイヤーにとってもっとも望ましい行動は裏切りである．プレイヤー1が何をするかにかか

		C	D
プレイヤー1の行動	C	1, 1	$-15, 5$
	D	5, -15	$-8, -8$

図A.1 囚人のジレンマゲーム

わらずプレイヤー2は D を選ぶ方が得であるから，プレイヤー1はプレイヤー2が C をとるとは期待できない．もしプレイヤー1が C を選ぶならば，プレイヤー2は C を選べば1を得るが，D を選べば5を得る．もしプレイヤー1が D を選ぶならば，プレイヤー2は C を選べばマイナス15の損失をこうむるが，D を選べばマイナス8の損失に抑えられる．同じことがプレイヤー1にも言えるので，プレイヤー1も常に D を選ぶ方が得である．ゲーム理論の用語では，裏切りは各プレイヤーの支配戦略であるという．支配戦略とは，他のプレイヤーが何をするかに関係なく，自分にとって最良な戦略のことである．したがって，このゲームが（考察する）状況のすべての側面を正しくとらえたものであるならば，行動の組み合わせ (D, D) がとられるであろう．

　囚人のジレンマという特別なケースでは，他のプレイヤーの行動に関する期待は，自らの行動を選択する際に問題

プレイヤー2の行動

		左	右
プレイヤー1の行動	左	2, 2	0, 0
	右	0, 0	2, 2

図A.2　運転ゲーム

とはならない. D を選択することは, 相手の行動の選択とは無関係に最良の行動である. しかし一般の戦略的状況では, あるプレイヤーの行動の最適な選択は他のプレイヤーの行動の選択に依存する.

例として, 図 A.2 に示されている運転ゲームを考えよう. このゲームは 2 人のドライバーの運転する車が互いに向かって近づいている状況を表わしている. 各プレイヤーは, 道路の左を走るか右を走るかを選択することができる. もし両人が同じ側を走ることを選べば衝突は避けられ, 各プレイヤーは 2 の利得を得る. もし両人が互いに逆側, すなわち (右, 左) か (左, 右) を走ることを選べば車は衝突し, 各プレイヤーは 0 の利得を得る.

このゲームでは状況は戦略的である. あるプレイヤーの最適な行動は他のプレイヤーの行動に依存している. 例えば, プレイヤー 1 が左を選ぶことを期待されているならば, プレイヤー 2 の最適反応は左を選ぶことで, 右を選ん

だ場合の0の代わりに2の利得を得る．しかし，もしプレイヤー1が右を選ぶことを期待されているならば，プレイヤー2は同様に右を選ぶことが得である．プレイヤー2の最適選択はプレイヤー1の実際の選択に依存する．行動を決めるにあたって，プレイヤー2はプレイヤー1の行動を知る必要がある．しかし同じことがプレイヤー1にもいえるのである．各プレイヤーの行動の選択が他のプレイヤーの行動の選択に依存しているため，各人は行動を選択することができない．

　このような意思決定の相互関係は，囚人のジレンマゲームで行ったような各プレイヤーの行動を別々に分析する方法では，プレイヤーたちが何をするであろうかに関して答えを出すことができないことを意味している．ナッシュ均衡の概念が巧妙なのは，プレイヤーの意思決定プロセスを分析することでプレイヤーの行動を予測しようとする代わりに，期待されたとおりの行動に人々が従うのはどんなときかを検討することで，ありうる結果を見つけようとするところにある．

　プレイヤー双方が，ゲームがどのようにプレイされるかについて同一の期待を持っていることが周知の事実であるとしよう．このとき，行動に関してどんな期待を持つことができるだろうか？　彼らは自己実現的な行動がとられるであろうということのみを期待することができる．行動が自己実現的であるとは，プレイヤーたちがその行動が実現すると期待しているときに，実際に実現するような行動の

ことである．その理由は，他人がその行動をとると期待すると，各プレイヤーがそれに従うことが最適である，ということである．この条件を満たす行動の組み合わせ（しばしば戦略の組み合わせとも呼ばれる）がナッシュ均衡である．ナッシュ均衡は，相互最適反応の条件を満たしている．すなわち，他のプレイヤーの行動を正しく予想した際の各プレイヤーの最適反応が，彼自身に期待されている行動に従うことになっている，ということである[3]．

　すべての行動がこの条件を満たすとは限らないことを示すために，仮に期待されていたとしても実現しないような行動を考えてみよう．先の運転ゲームにおいて，行動の組み合わせ（右，左）がこれにあたる．これは，他人がこれに従うことを各プレイヤーが期待していたとしても実現しない行動の組み合わせである．もしプレイヤー1が右を選ぶであろうとプレイヤー2が期待しているならば，プレイヤー2の最適反応は右を選んで0のかわりに2の利得を得ることである．したがってこの場合，プレイヤー1はプレイヤー2が左を選ぶであろうという予想を保持することはできない．このような検討を続けてゆけば，さまざまな行動の組み合わせについてそれが自己実現的であるかどうかをみることができる．こうしてみていくと，運転ゲームには2つのナッシュ均衡，（左，左）と（右，右）とがあることがわかる[4]．例えば，もし（左，左）が期待されているならば，両プレイヤーは，相手がそうするならば自分もそれが最適反応であるので，左を走るのが良いという結論に達

プレイヤー2の行動

		表	裏
プレイヤー1の行動	表	−1, 1	1, −1
	裏	1, −1	−1, 1

図A.3　コイン合わせゲーム

するであろう．実際に，この2つのナッシュ均衡がそれぞ
れ異なった国で実現しているのである．またこの例は，ゲ
ームによっては複数のナッシュ均衡が存在することもある
ことを示している．

　ゲームによっては，ナッシュ条件を満たす行動の組み合
わせが存在しないこともある．図A.3のコイン合わせゲー
ム（matching pennies game）を考えよう．2人のプレイ
ヤーはそれぞれ同時に表か裏かを選択する．もし2人の選
んだものが一致しなければ，プレイヤー2が負けてマイナ
ス1の利得を得，プレイヤー1は1の利得を得る．もし一
致したら，プレイヤー1が負けてマイナス1の利得を得，
プレイヤー2は1の利得を得る．このゲームでは，上で定
義したようなナッシュ均衡は存在しない．均衡がないとい
うことは，このゲームは，各プレイヤーが他人の行動を出
し抜こうとしている状況を表現したものであることを表わ
している．もしプレイヤー2は表を選ぶであろうとプレイ

ヤー1が考えているならば，プレイヤー1の最適反応は裏
を選ぶことである．しかし，プレイヤー1が裏を選ぶであ
ろうとプレイヤー2が考えると，プレイヤー2の最適反応
は裏を選ぶことになる．もしプレイヤー1が，プレイヤー
2は裏を選ぶと考えるならば，プレイヤー1の最適反応は
表を選ぶことになる．もし2が1が表を選ぶと考えると，
2の最適反応は裏を選ぶことになり，サイクルの最初に戻
る．

　このような状況では，行動に関する人々の期待は本来確
率的なものであると考えるのが合理的である．人々は，相
手はときには表を選び，ときには裏を選ぶであろうと考え
るはずである．ゲーム理論はこのような状況についてもナ
ッシュ均衡を定義している．プレイヤーの行動集合（A_i）
内の行動を純粋戦略と呼び，プレイヤーの純粋戦略上の確
率分布として混合戦略を定義するのである．こうすると，
いわゆる混合戦略ナッシュ均衡を解くことができる[5]．例
えば，コイン合わせゲームや運転ゲームでは，各プレイヤ
ーが0.5の確率で各行動をとる状況は混合戦略ナッシュ均
衡になっている．

　有限人のプレイヤー，有限個の純粋戦略をもつゲームは
すべてナッシュ均衡が存在するが，ゲームによってはこの
うち混合戦略均衡しか存在しない場合もある．行動の組み
合わせ（すなわち行動計画）をナッシュ均衡の意味で自己
実現的なものに制限することで，ゲーム理論はこのような
ゲームにおいて許容できる行動の集合を制限しているので

ある.

　ここであげた例は非常に単純なものに過ぎないが, 同様の分析をより複雑な状況, すなわちプレイヤーが順を追って行動したり非対称情報や不確実性がある状況にも適用することは可能である. これらの複雑な状況で用いられる均衡概念は, 概してナッシュ均衡の精緻化, すなわち追加的な条件を要求するナッシュ均衡である. 次節以降の動学ゲームの議論によって, 精緻化の性質や, 許容できる自己実現的行動に更なる制限を加えることの有用性が明らかとなるであろう.

A.2 　動学ゲームにおける自己実現的行動:
　　　後ろ向き帰納法と部分ゲーム完全均衡

　プレイヤーが同時にではなく順を追って行動をとる動学的な状況を考えよう. 動学ゲームを表現するには, 図A.1-3 までのような標準 (行列) 型よりは, 展開型 (樹形図) を用いる方が容易である. 展開型ではゲームはグラフあるいは木として表現され, 分岐点はプレイヤーの意思決定点, 枝の1つ1つはそれぞれ異なる行動と対応している. さまざまな行動の結果生じる利得は, 木の終わりに表示されている.

　動学ゲームは場合によってはたくさんの枝や意思決定点を持つが, 基本的な構造は2つの意思決定点があるゲームの場合を考えれば把握できる. このゲームでは, プレイヤ

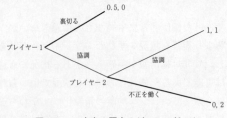

図A.4 一方向の囚人のジレンマゲーム

ー1は選択可能な行動の集合 A_1 からある行動 a_1 を選択する．プレイヤー1の選択を見た後で，プレイヤー2は選択可能な行動の集合 A_2 からある行動 a_2 を選択する．プレイヤーたちが行動を選択しおえると，プレイヤー1は $u_1(a_1, a_2)$ の利得を，プレイヤー2は $u_2(a_1, a_2)$ の利得を得る．

　一方向の囚人のジレンマゲーム（one-sided prisoner's dilemma）が，この構造を持つ動学ゲームの例である（図A.4）．まず，プレイヤー1が協調するか裏切るかを選択する．プレイヤー1が裏切りを選択するとゲームは終了し，プレイヤーたちの利得は $(0.5, 0)$ となる．プレイヤー1が協調を選択すると，プレイヤー2に行動選択の機会が訪れる．プレイヤー2が協調を選ぶと，両プレイヤーはそれぞれ1の利得を得るが，プレイヤー2が不正を働くことを選ぶと，プレイヤー2の利得は2に増え，プレイヤー1の利得は0となる[6]．このゲームでは，プレイヤー1には協調

の利益があるが、それはプレイヤー2が協調する場合にのみ生じる。もしプレイヤー2が不正を働くと、プレイヤー1は協調していなかったのであれば得られたであろう利得よりも低い利得を受け取ることになる。

一方向の囚人のジレンマを初めとする動学ゲームは、人的、社会的、経済的、政治的なすべての交換関係の根幹をとらえているので、社会科学において重要なものである。商取引は常に順を追って行われる。すなわち、受け取りと支払いとの間にはいくらか時間の経過がある。より一般的にいえば、社会的関係においては、受け取る前に与えなければならないことがしばしばある。与える瞬間は、将来において何かを受け取る約束のみを受け取るだけである。

プレイヤー1はプレイヤー2が協調すると信頼できるのであろうか？　答えを見つけるために、ゲームの木を後ろから解いて、各分岐点において行動するプレイヤーの最適行動を分析していくことができる。この方法は後ろ向き帰納法として知られている[7]。

プレイヤー2の意思決定を考えよう。プレイヤー2は不正を働くと2の利得を得、協調すると1の利得を得るので、不正が最適な選択であることがわかる。このことを考慮に入れて、プレイヤー1は、協調して0を得るよりは裏切って0.5を得ようとするであろう（これらの枝は図A.4のゲーム樹形図で太く描かれている）。この行動の組み合わせは自己実現的である。なぜなら、不正に対するプレイヤー1の最適反応は裏切りであり、裏切りに対するプレイ

プレイヤー2の行動

		協調する	不正を働く
プレイヤー1の行動	協調する	1, 1	0, 2
	裏切る	0.5, 0	**0.5, 0**

図 A.5　標準形の一方向の囚人のジレンマゲーム

ヤー2の最適反応は不正であるからである．後ろ向き帰納
法によって，（裏切り，不正）が自己実現的な行動の組み合
わせであることがわかる．この行動の組み合わせはナッシ
ュ均衡である．

　この例が示すとおり，ナッシュ均衡はパレート劣位なも
のであることがある．（協調，協調）によってもたらされる
利得はプレイヤー1が裏切る場合よりも各プレイヤーにと
ってよりよい利得をもたらす．よって，協調は利益にかな
っており効率的である．しかしプレイヤー1が協調を選ぶ
と，プレイヤー2の利得は協調よりも不正をとればさらに
高くなる．したがって協調は自己実現的ではないのであ
る．

　一方向の囚人のジレンマゲームでは，後ろ向き帰納法が
唯一のナッシュ均衡を導いた．このことは，同じゲームを
行列型で表現するとよりわかりやすい（図 A.5）．行列型
では，プレイヤー1は協調と裏切りのどちらかを選び，プ

レイヤー2は協調と不正のどちらかを選ぶ. 各行動の組み合わせに対する利得は図 A.4 におけるものと同様のやり方で表示されている. ナッシュ均衡は太字体で書かれている.

後ろ向き帰納法が利用可能な場合には常にナッシュ均衡の行動の組み合わせを導くことができるが, 逆は必ずしも正しくない. 展開型(樹形図)ゲームを行列(標準型)で書き直すとき, 行列型におけるすべてのナッシュ均衡が, 元の樹形図の後ろ向き帰納法によって導けるというわけではないのである. これは, 後ろ向き帰納法を用いて樹形図のゲームを分析する際には, プレイヤーが順を追って行動するという, 行列型表示では表われることのない要因がとらえられているためである. 樹形図がゲームの構造についてより多くの情報を含んでいることのおかげで, 標準型において消去することのできないいくつかのナッシュ均衡を消去することができるようになる. 具体的に言うと, 信憑性のない脅しや約束に基づくナッシュ均衡を消去することができる. したがって樹形図表示は, 許容できる自己実現的行動の集合を演繹的に制限(精緻化)する働きをするのである.

この後ろ向き帰納法の利点を見るために, 以下のような同一のゲームについての樹形図表示と行列表示とを考えよう(図 A.6). このゲームでは, プレイヤー1は左(L)と右(R)のどちらかを選び, プレイヤー2はプレイヤー1の行動の後に上(U)か下(D)のどちらかを選択する. プ

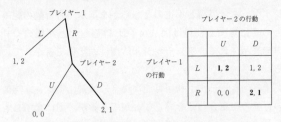

図 A.6 後ろ向き帰納法を通して信憑性のない脅しに基づく
ナッシュ均衡の消去

レイヤー1が L を選べば，プレイヤー1の利得は1，プレ
イヤー2の利得は2となる．プレイヤー1が R を選んだ
場合，プレイヤー2が D を選べば利得は (2, 1)，プレイヤ
ー2が U を選べば利得は (0, 0) となる．このゲームの分
析によって，後ろ向き帰納法が，どのようにして信憑性の
ない脅しに基づくナッシュ均衡を消去するかが明らかにな
る．

このゲームの行列表示を見ると，2つのナッシュ均衡が
ある．(1, 2) の利得をもたらす (L, U)，および (2, 1) の利
得をもたらす (R, D) である．後ろ向き帰納法では，(R,
D) しか出てこない．(L, U) が後ろ向き帰納法で導かれな
かったのは，標準型表示では見えなくなっている信憑性の
ない脅しに依拠したものであるからである．この均衡で
は，プレイヤー2が U を選ぶはずであることがプレイヤ
ー1が L を選ぶ動機になっており，プレイヤー1が L を

選んだ場合のプレイヤー2の最適反応はたしかにUを選ぶことである．プレイヤー1がLを選んだことを前提とすれば，実際にはUやDの行動はとられないので，プレイヤー2の利得はUとDの選択に依存しない．したがって(L, U)という均衡は，均衡経路外の信憑性のない脅し，すなわち，この行動の組み合わせに従っている限り絶対に発生しない状況において，プレイヤー2がある行動をとることに依存したものになっている．もしプレイヤー2にこの行動をとる必要性が実際に生じていたならば，プレイヤー2はそれが最適であるとは考えなかったであろう．後ろ向き帰納法はプレイヤー2のはったりを暴き，それによって許容できる自己実現的行動の集合を制限することができるのである．もしプレイヤー1がRを選びプレイヤー2の行動の選択が利得に影響するような状況が生じれば，プレイヤー2にとっては（Uを選んで0の利得を得るのではなく）Dを選んで1の利得を得ることが最適である．後ろ向き帰納法は，プレイヤー1がこの反応を織り込んで，Lを選んで1を得るのではなくRを選んで2を得るであろうという考え方をとらえたものである．

　後ろ向き帰納法は，すべての完備情報の有限期間動学ゲームに適用することができる．この種のゲームでは，プレイヤーは順を追って行動し，過去のすべての行動は次の行動が選択される前に周知の事実となる．しかしながら，同時手番のある動学ゲームや無限期間の動学ゲームのような他の種類のゲームでは，後ろ向き帰納法を直接適用するこ

とはできない．部分ゲーム完全均衡の考え方は，そのような場合であっても，信憑性のない脅しや約束に依拠した均衡を消去することで，許容できるナッシュ均衡の集合を制限することを可能にするものである．実際に，後ろ向き帰納法が適用できる場合には，結果として残るナッシュ均衡は部分ゲーム完全均衡——すなわち，追加的な条件を満たすナッシュ均衡であるという意味で，ナッシュ均衡の精緻化である．

　部分ゲーム完全均衡の考え方を直感的に把握するために，上で挙げた例では，後ろ向き帰納法によって求められる行動の組み合わせが，ナッシュ均衡における相互最適反応の条件を満たしていたことに注意しよう．さらに，プレイヤー2が行動を選ぶ点から始まるゲームにおいて，プレイヤー2の行動が最適なものになっているという条件も満たしていた．この意思決定点から始めて，後ろ向き帰納法はプレイヤー2の許容可能な行動を最適なものに制限しているのである．

　しかしながら，同時手番のある動学ゲームでは，一般的には，最適行動は他のプレイヤーの行動に依存するので，この手続きに従うことはできない．なぜこのことが後ろ向き帰納法の使用を妨げるのかを見るために，展開型および標準型で表示されている（図A.7）次のようなゲームを考えよう．プレイヤー1が最初に動き，AかBのどちらかを選ぶ．プレイヤー1がBを選ぶと，ゲームは終了し利得は$(2,6)$となる．プレイヤー1がAを選ぶと，両プレ

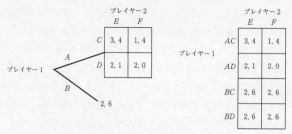

プレイヤー2
E   F

	E	F
C	3, 4	1, 4
D	2, 1	2, 0

A

プレイヤー1

B

2, 6

プレイヤー2
E   F

プレイヤー1

	E	F
AC	3, 4	1, 4
AD	2, 1	2, 0
BC	2, 6	2, 6
BD	2, 6	2, 6

図 A.7 部分ゲーム完全

イヤーは 2×2 行列で示された同時手番ゲームをプレイする．プレイヤー 1 が行動 A を選んだ後に続くこの 2×2 ゲームでは，プレイヤー 1 やプレイヤー 2 の最適行動を考えることによる後ろ向き帰納法を適用することはできない．各プレイヤーの最適行動は他のプレイヤーの行動に依存しているからである．いいかえれば，逐次手番ゲームのように最後に行動するプレイヤーはいないのである．

しかしながら，この 2×2 ゲームでのナッシュ均衡を求め，それに基づいてプレイヤー 1 の A と B の最適選択を考えることによって，後ろ向き帰納法のロジックを依然として活用することができる．2×2 ゲームでのナッシュ均衡は (C, E) であり，利得は (3, 4) となる．したがってプレイヤー 1 の A か B かの最適選択は A となる．この方法で求められる行動の組み合わせは (AC, E) であり，これが部分ゲーム完全均衡である．

この手続きが信憑性のない脅しに依拠したナッシュ均衡を消去していることを見てみよう．このゲームには３つのナッシュ均衡 (AC, E)，(BC, F)，(BD, F) がある．(BC, F) および (BD, F) における利得は $(2, 6)$ であり，部分ゲーム完全均衡 (AC, E) と比べてプレイヤー１は損をしており，プレイヤー２は得をしている．しかしながら，この２つの均衡はいずれも，均衡経路外での信憑性のない脅しに依拠したものになっている．(BC, F) を考えてみよう．ゲーム全体で考えると，行動 C や F はプレイの経路外であり，その選択が利得に影響することはない．しかし，もしこれらの行動を実際にとる必要が生じた場合には，これらの行動は相互最適反応の条件を満たさないであろう．プレイヤー２が F を選ぶのならば，プレイヤー１の最適反応は C ではなく D である．C は２の利得をもたらすのに比べて，D は１の利得をプレイヤー１にもたらすからである．同様に，(BD, F) でも，もしプレイヤー１が D を選ぶのならば，プレイヤー２の最適反応は F ではなく E である．E は１の利得をもたらすのに比べて F は０の利得しかプレイヤー２にもたらさないからである．

　部分ゲーム完全均衡の定義は，ナッシュ均衡の本質である相互最適反応の考え方を部分ゲームに適用したものである．大雑把にいうと，部分ゲームは元のゲームの一部であり，ある時点以降にプレイされるような部分のことであるが，詳しく言うと，部分ゲームは，ゲームがどのようにこれまでプレイされてきたかに関する完全な歴史がすべての

プレイヤーに知らされている点においてのみ始まるものである。（ゲーム全体での）ナッシュ均衡が部分ゲーム完全均衡であるとは，プレイヤーの戦略がすべての部分ゲームにおいてナッシュ均衡を構成していることである。すべての有限ゲームにおいて，部分ゲーム完全均衡は存在する。

A.3 くり返しゲームでの自己実現的行動：
部分ゲーム完全均衡・フォーク定理・
不完全観測

ここまでは，プレイヤーたちが一度のみ関係を持つようなゲームを分析してきた。しかしながら，制度分析にかかわりが深いのは，くり返し発生する状況，すなわち個々人が長期にわたって関係を持つ状況である。このような状況を分析する１つの方法は，より複雑なゲームの木をもつ動学ゲームを用いることである。このようなゲームの特殊ケース——くり返しゲーム——は，フォーマルな分析に特に適しており，また制度分析にも有用であることが近年わかってきている（第６章）。

くり返しゲームの理論は，同一の（動学ないし静学）ステージ・ゲーム（囚人のジレンマや一方向の囚人のジレンマゲームなど）が各期くり返される状況を分析するものである。各期の終わりに利得が分配され，情報が必要に応じて開示され，そして同じステージ・ゲームが再びくり返される。将来の利得は時間割引因子（しばしばδによって表

示される）で割り引いて計算される．くり返しゲームにおける歴史とは過去にとられた行動の集合であり，くり返しゲームにおける戦略とは，すべてのステージ・ゲームでの行動の組み合わせを，可能なすべての歴史に応じて指定するものである．戦略の組み合わせとは，各プレイヤーがどんな戦略をとるかを定めたもののことである[8]．

　このようなゲームでの自己実現的行動を分析するために，ステージ・ゲームとして図 A.1 に掲げた囚人のジレンマゲームを考えよう．このステージ・ゲームが 1 回だけくり返されるのであれば，唯一の部分ゲーム完全均衡は (D, D) であり，(C, C) は均衡ではない．くり返しゲームにおいてもこれに良く似た部分ゲーム完全均衡があり，それは，どんな歴史の後でも両プレイヤーは常に D を選ぶというものである．この均衡はまた，ゲームが有限回数くり返される場合の唯一の均衡でもある．このことの理由および制度分析における重要な意味合いについては付録 C の C.2.1 節で議論する．ここでは，ステージ・ゲームが無限期間にわたってくり返される状況に注目することにする．

　ステージ・ゲームが無限回くり返される場合でも，上で述べた戦略は依然として部分ゲーム完全均衡の 1 つである．この戦略に対する各プレイヤーの最適反応は，常に裏切ることである．しかしこの他にもいろいろな均衡がありうる[9]．例えば，各プレイヤーが次の戦略に従う場合を考えてみよう．第 1 期には，協調する．その後は，過去のす

べての期における行動が（協調，協調）であったならば協調し，それ以外の場合は裏切る．このようにして各プレイヤーの戦略は，第1期において互恵的行動を開始し，相手も協調を続けている限り協調することを求めている．そして，どちらか一方が一度でも裏切ったならば，協調をやめてしまうことを求めている．(D, D) が1つの均衡であるので，こうして永遠に協調をやめてしまうことは信憑性のある脅しになっている．

このような「トリガー戦略」の信憑性のある脅しは，プレイヤーたちが十分に忍耐強ければ，彼らに協調する動機を与えることができる．この戦略は，プレイヤーに現在の利益と将来の利益との間での選択をせまるものである．裏切りをとると，相手は協調をしているので，比較的大きな利益をただちに得ることができる（図 A.1 のゲームでは 5）．しかし裏切りによって，両プレイヤーは永遠に裏切り続ける（各々 −8 の利得を得る）ことになるので，協調によってもたらされる将来の利益を失うことになる．トリガー戦略に従うことの純現在価値は $1/(1-\delta)$ である．これから逸脱すると，5 の一時的利得を得るが，その後の各期には −8 を得ることになる．これは差し引き $5 - \delta/(1-\delta)$ の純現在価値をもたらすが，この純現在価値はプレイヤーの時間割引因子が大きくなるにつれて減少する．すなわち，プレイヤーたちが十分に忍耐強ければ——将来の利得を十分に評価するならば——上で述べた戦略は均衡となる．

くり返しゲーム理論のもっとも便利な特徴の1つは，ある特定の戦略の組み合わせが部分ゲーム完全均衡であることを証明することが，ある戦略がナッシュ均衡であることを証明することよりもしばしば容易である点にある．大ざっぱに言うと，任意のくり返しゲームにおいて，どのプレイヤーも任意の歴史の後で1期だけ逸脱をしても得をすることがなければ，その戦略の組み合わせは部分ゲーム完全均衡となる．いいかえれば，ある特定の戦略の組み合わせが部分ゲーム完全均衡であることを確かめるには，どの歴史の後でも——戦略を所与として，生じうる行動のどの列の後でも——どのプレイヤーも，1期だけ逸脱してその後は元の戦略に戻ることによって得をすることがないことを確かめれば十分なのである[10]．

　動学的な戦略的状況では，複数の均衡がしばしば存在する．くり返しゲームのフォーク定理は，無限回くり返しゲームでは通常，無数にたくさんの部分ゲーム完全均衡が存在することを証明したものである[11]．ゲームのルールを所与としたとき，複数の行動のパターンが均衡の帰結として生じる可能性があるのである．そしてこのことは大きな行動集合を持つ動学ゲームにおいてより起きやすいのである．

　複数均衡が一般に存在することを明らかにしたことによって，ゲーム理論は均衡選択の問題に直面した．ゲーム理論における「精緻化」の研究は，ナッシュ均衡の概念を精緻化することによって，許容可能な帰結の集合を演繹的に

制限しようとする分野であった．そして部分ゲーム完全均
衡はこのような制限の1つである．しかし現在のところゲ
ーム理論では，無限回くり返しゲームにおいて一意の均衡
を導くような，適切な演繹的精緻化は得られていない
(Van Damme 1983, 1987; Fudenberg and Tirole 1991).

付録A註

1) ゲーム理論の比較的簡単な入門は，Dixit and Nalebuff (1991); Gibbons
   (1992, 1998); Watson (2001) を参照．より専門的な分析は，Fudenberg
   and Tirole (1991) および Gintis (2000) がある．ゲーム理論の経済学・政
   治学への応用については Aumann and Hart (1994, 2002), 組織論への応用
   は Milgrom and Roberts (1995), 契約理論への応用は Hart and Holm-
   strom (1987) および Hart (1995), 政治学への応用は Weingast (1996),
   Sened (1997), Bates et al. (1998) がそれぞれ詳しい．

2) S が周知の事実 (common knowledge) であるとは，すべてのプレイヤ
   ーが S を知っており，すべてのプレイヤーが「すべてのプレイヤーが S を
   知っている」ことを知っており……が永遠に続くことをいう (D. Lewis
   1969). 完備情報ゲームでは，ゲームのルールは周知の事実である．不完
   備情報ゲームでは，ゲームの一部が周知の事実になっていないが，その部
   分がどんな確率分布に従うかは周知の事実になっている．こうしたゲーム
   の戦略の集合は，全プレイヤーが，自ら利用可能な情報に条件づけて行動
   をとる状況での，とりうるすべての行動計画の集合として定められる．

3) 静的ゲームにおいて，行動の組み合わせ (a_1^*, a_2^*) がナッシュ均衡であ
   るとは，a_1^* が a_2^* に対するプレイヤー1の最適反応であり，かつ a_2^* が a_1^*
   に対するプレイヤー2の最適反応であることである．つまり，a_1^* は A_1 に
   属するすべての a_1 について $u_1(a_1^*, a_2^*) \geq u_1(a_1, a_2^*)$ を満たし，a_2^* も同様に
   A_2 に属するすべての a_2 について $u_2(a_1^*, a_2^*) \geq u_1(a_1^*, a_2)$ を満たさなければ
   ならない．

4) さらに3つ目の混合戦略ナッシュ均衡があり，それは各プレイヤーが

どちら側を走るかを確率 0.5 で決めるというものである．この概念については この付録の後のほうで述べる．

5) Harsanyi はこの混合戦略について，他のプレイヤーの行動選択に関する不確実性を表わしたものであるという解釈を与えた．直感的説明は，Gibbons（1998）を参照．

6) このゲームは信頼ゲーム（Game of trust）としても知られている（Kreps 1990a）．プレイヤー 1 は相手を信頼しない（裏切り）かする（協調）かの一方を選ぶことができる．プレイヤー 1 が「信頼しない」を選ぶと，ゲームは終了する．プレイヤー 1 が信頼すると，プレイヤー 2 は信頼に応える（協調）か信頼を裏切る（不正）かの一方を選ぶことができる．

7) 人々が後ろ向き帰納法を使っているという実験結果は，付録 B を参照．後ろ向き帰納法と部分ゲーム完全性の理論上の弱点については，Fudenberg and Tirole（1991）; Binmore（1996）; Hardin（1997）を参照．

8) 表現を簡単にするため，しばしば行動の組み合わせを戦略と呼ぶ．

9) 実験結果によると，人々は 1 回限りのゲームとくり返しゲームとの間の戦略的相違を理解しているとのことである．付録 B を参照．

10) 正式な分析は Abreu（1988）による．定義：戦略の組み合わせ s，プレイヤーの集合 N，プレイヤーを i で表示する．戦略は，プレイヤー i の戦略 s_i と，他のプレイヤーの戦略 s_i とで成り立っている．戦略 s_i が s に対して改善不能（unimprovable）であるとは，（任意の t に対して）どの $t-1$ 期の歴史のもとでも，i が s_i から t 期にのみ逸脱する（そして $t+1$ 期以降はまた s_i に戻る）ことによって得をすることができないことをいう．**命題** ステージ・ゲーム G の利得が有界であるとする．時間割引因子 $\beta \in (0, 1)$ を持つのど有限/無限回くり返しゲームにおいても，戦略 σ が部分ゲーム完全均衡であるための必要十分条件は，$\forall i$（どのプレイヤーについても）σ_i が σ に対して改善不能であることである．

11) くり返しゲームの最初のフォーク定理（Friedman 1971）は，プレイヤーたちが十分に忍耐強ければ，（静学的な，1 回限りのゲームでの）ナッシュ均衡利得よりもすべてのプレイヤーにとって良い任意の平均利得ベクトルが，無限回くり返しゲームの部分ゲーム完全均衡の結果として達成できることを示した．その後の分析によって，均衡結果の集合はさらに広いことが明らかになった（例として，Fudenberg and Maskin 1986 を参照）．

B 社会学的人間は戦略的か？

B: Is Home Sociologicus Strategic?

　本書の分析は，人々は社会的に期待され，かつ道徳規範に適った懲罰を尊重する傾向があるという考えを受け入れたものである（第5章）．本書はまた，合理性について特定の考え方に依拠しており，制度が行動を生み出す際には，明確な形で社会に流布された，状況に関するルールが，人々が理解する領域を定め，そこでの情報を使って人々は合理的に行動できると考えている．この2つの前提は互いに一貫性があるのであろうか？　人々を合理的な存在ととらえる一方で，社会的・規範的配慮が行動に影響を与えると考えることは適切なのであろうか？　それとも，人々を社会学的人間（homo sociologicus）すなわち受動的にルールに従う存在としてモデル化すべきであろうか？　とりわけ，明確な形で社会に流布されたルールが人々の行動に指針をあたえているような状況において，こうした社会的・規範的意向を持っている個人を，合理的意思決定主体とし

てモデル化するのは適切なのであろうか？[1]　人々はさまざまな結果について，安定した選好を持っているのであろうか？[2]　人々は自分たちの行動のもたらす帰結によって動機づけられているのであろうか？　いいかえると，彼らは戦略的に行動しているのであろうか？　この付録Bでは，人々は社会的・規範的傾向を有するとはいえ，上に述べた意味で人々は合理的であるととらえることは適切かつ必要であるという主張を裏づける論拠を提示する．

　実験ゲーム理論は，これらの論点を取り扱うのに有望な分析的枠組みである．それは特に，被験者がゲームのルールを周知の事実として共有しており，多くの実験が個々人の社会的・規範的傾向を明らかにするためにデザインされているという理由による．実験ゲーム理論は，先の論点を取り扱うために３つの方法を提供している．１つは合理性に基づかない説明がデータにより適合しているか否かを検討すること，２つ目は観察された行動が何らかの正常な選好順序と一貫性があるか否かを検証すること，３つ目は実験結果を用いて人々が帰結によって動機づけられ戦略的に行動しているか否かを決定することである．実験によって得られた結果が示すことは，合理性に基づかない説明は当てはまらず，正常な選好順序は当てはまり，人々は帰結主義的・戦略的に行動するということである[3]．

　例として，利他性を分析するのに用いられている「最後通牒ゲーム」を考えてみよう．このゲームでは，提案者が，一定の金額の分け方を提案する．応答者は，この提案に同

意する（その場合，お金がその提案に応じて分けられる）か，同意しない（その場合両人共に何も得られない）かを選ぶことができる．もしプレイヤーが自分の利益と金銭収入のみによって動機づけられているのであれば，唯一の部分ゲーム完全均衡では，提案者はもっとも小さな額を提案し，反応者はそれを受け入れることになる．さまざまな国でさまざまな金額および実験手順のもとで行われた数多くの実験によると，実際にはこの部分ゲーム完全均衡は実現しないことが明らかになっている．Fehr and Schmidt (1999) は，全体の 71 パーセントにおいて提案者は 40-50 パーセントを相手プレイヤーに提案していると報告している．加えて，人々はしばしば低額の提案を拒否し，不適切な分配と彼らが考えるものを受け取るよりは両者何も得ずに終わることの方を選好することが明らかになっている．

　この結果は通常，利他性や不平等の忌避を反映したものとしてとらえられているが，この種の行動について合理性に基づかない説明もなされてきた．Roth and Erev (1995) および Binmore, Gale and Samuelson (1995) は，非合理的学習モデルを用いて，このゲームにおいて公平な提案がなされたり低額提案が拒否されることを説明しようとしている[4]．この中心となる考え方は，提案者と反応者が異なる学習のインセンティブを持つというものである．低額提案の拒否は反応者にとってコストのかかるものではない．提案者は低額提案を拒絶しないことを，演繹的な推論ではなくゆっくりとした学習によって発見するという点で非合理

的である。これと対照に、拒否は提案者にとって非常にコストが大きく、提案者は低額提案を避けることを即座に学習する。こうして、もっとも少額の提案がなされるという部分ゲーム完全均衡へは収束しないのである。

最後通牒ゲームのような単純なゲームに関してこのような学習に基づく議論をすることの有効性は疑わしいと考えられる。さらに、(後に述べる)多くの研究によると、提案者は反応者の反応行動を予想しているのである[5]。

利他的な個人は合理的なのであろうか？ Andreoni and Miller (2002) は、「独裁者ゲーム」を用いて、社会的選好を表す行動は正常な選好順序と一貫していることを示している。独裁者ゲームは最後通牒ゲームに似たものであるが、提案者は自らの好きなように(すべてを自分の取り分とすることを含めて)与えられた金額を分けることができる独裁者として行動するという点が異なる。Andreoni and Miller は、独裁者が与える額と相手が受け取る額との間の「交換比率」をコントロールする独裁者ゲーム実験を考案した。独裁者が分け与える1ドルごとに、相手はそれより低い額、同じ額、もしくはそれより大きい額を受け取るというものである。このようにして独裁者の予算制約を変えることで、同一個人の行動を異なる制約のもとで分析することが可能になった。これにより、正常な選好が存在するための必要十分条件を、観察された行動が満たすか否かを検証することが可能になったのである[6]。

結果は明白で、著者たちは、選好は集団レベルでは予想

可能かつ正常であり，個々人は合理的な利他行動をかなり
の程度示すとの結論にいたった．実際，被験者の98パー
セント以上が効用最大化と矛盾しない選択を行った．人々
が準凹効用関数を持つ際の利他的選択を把握することは可
能である．すなわち，背後にある選好をひとたび認めてし
まえば，利他性は合理性を反映したものなのである[7]．さ
らに，Andreoni and Miller は，1つの実験で表明された選
好をとらえたモデルが他の実験における行動を矛盾なく説
明することを明らかにした[8]．

　多くの実験結果により，人々は互いに関係を持つ戦略的
環境に対して，ゲーム理論で前提とされているような反応
を示すことが明らかになっている[9]．何百にのぼるダブル
オークション（多数の売り手と買い手がそれぞれ売値と買
値を提示して取引を行うこと）の実験では，価格と数量は，
自己利益に基づく標準的な理論で予想されている競争均衡
に迅速に収束している[10]．最後通牒ゲームと独裁者ゲーム
について，Forsythe et al. (1994) は，もし人々が利他性や
不平等の忌避のみによって動機づけられているのであれ
ば，2つのゲームにおける結果は同一のものになるはずで
あるという仮説を立てている．しかしながら，人々はまた
相手に報いる性質も持っている．すなわち，他者の過去の
行動や感じ取った意図に依存して，他者の利得を上げたり
下げたりする，コストのかかる行動をとることを望む条件
つき協力者ともなりうるのである．具体的に言うと，もし
人々が，彼らが不公平な低額提案と考えるものに対して他

者に懲罰を与えることを望み，そして提案者がこれを後ろ
向き帰納法を通じて予想するならば，独裁者ゲームよりも
最後通牒ゲームにおいてより高額の提案がなされるはずで
ある．事実，提案額は最後通牒ゲームにおいて有意に高く
なっており，多くの提案者が後ろ向き帰納法を適用してい
ることを示している．10 ドル独裁者ゲームでは，提案者の
21 パーセントが相手に何も与えず，21 パーセントが少な
くとも平等な取り分を与えた．しかしながら，10 ドル最後
通牒ゲームにおいては，すべての提案者が反応者に対して
何らかのものを提案し，うち 75 パーセントが少なくとも
平等な取り分を提案した．

　類似の結果は国際的な比較分析でも報告されている．
Henrich et al. (2001) は現代都市から狩猟採集社会まで，非
常に異なる 15 の設定のもとで実験を行った．彼らの結論
は，これらのすべての社会において，個々人は安定な選好
を示し，行動は帰結によって動機づけられていたというも
のであった．各社会において，人々は概して他者の反応を
正しく予想していた[11]．

　Fehr and Schmidt (1999) もまた後ろ向き帰納法の根拠
となるものを発見している．彼らの報告によると，懲罰な
しの 12 回くり返しの公共財ゲーム†において，第 1 期にお
ける寄付金額の平均値および中央値が持ち分の 40-60 パ
ーセントにのぼったが，最終期においては被験者の 73 パ
ーセントが何も寄付しなかった．

　Fehr and Gächter (2000) は，寄付額が確定したあと，

人々が他者への（コストのかかる）懲罰に参加するオプションを加えた，拡張された公共財ゲームの実験を行った．彼らの報告によると，ただ乗りに懲罰を与えようとする，相手に報いる行動が，潜在的にただ乗りをしようともくろむ人々の，少なくとも一部には予想されていた．そして，ただ乗りには懲罰が与えられるであろうというこうした期待が，そもそもただ乗りの発生を防いだのである．平均的な寄付額からより大きく逸脱したプレイヤーには，より厳しい懲罰が与えられ，彼らはこの懲罰に対して自らの寄与額を引き上げるという反応を示した．一部のプレイヤーは，平均的寄与額の上昇をうながそうとする懲罰を科し，実際に成功していた．

Fehr and Fischbacher（2001）は，1回きりゲームとくり返しゲームとの間の戦略的相違を人々が理解することができるかどうかについて，明示的な検証を行った．そこで得られた結果によると，概して，人々はその相違をよく理解しているとのことである．Fehr と Fischbacher は2種類の最後通牒ゲームの実験を行った．いずれにおいても，被験者はゲームを10回，それぞれの回で異なる相手とプレイした．片方の実験では，提案者は相手の反応者の過去の行動について何も知らされていない．もう片方の実験は，反応者の過去の行動が知られているという「評判」条件を課して行われた．理論的には，もし人々が1回きりの関係とくり返される関係との区別を理解していれば，反応者は，「低額の提案を拒否する手ごわい相手である」という評

判を構築する動機を持つはずである．したがって，受諾の境界値（反応者にとって受諾可能な最低の金額）が上昇するはずである．実際に，80パーセントを少し上回る反応者が，評判条件のもとで受諾の境界値を上昇させた[12]．

Gächter and Falk（2002）は，「人々は，自分たちがある特定のタイプであると他者に思い込ませるため，あたかもそのようなタイプであるかのように行動することがある」，という不完備情報ゲームがもたらした洞察と整合的な行動を発見している．彼らは，提案者が反応者に対して賃金を提示し，反応者はそれを受諾するか拒否するかを選択するという「ギフト交換ゲーム」における行動を分析した．反応者が提案を拒否すると，両者はゼロの利得を得る．反応者が提案を受諾すると，反応者は提案どおりの賃金を受け取るが，コストのかかる「努力」の水準を選択しなければならない．もし反応者が自身の金銭利得のみを最大化するのであれば，明らかに，彼の最適反応は常にどんな提案でも受け入れ，もっとも低い努力水準を選択することである．

Gächter と Falk はこのゲームについて2通りの分析を行った．1回きりの実験では，被験者は，二度と互いに相手とプレイすることがないことを知らされていた．くり返し実験では，彼らは10回プレイすることを知らされていた．相手に報いるという互酬性，つまり賃金と努力の間に有意な正の相関があることは，両方の実験において観察された．ゲーム理論の分析が予測したとおり，互酬性と関係

のくり返しがもたらすインセンティブは，互いに補完して
いるようにみえた．賃金と努力の正の相関は，くり返しゲー
ム実験においてより強く，また努力レベルもより高くな
っていた．くり返しゲーム実験の最終期に利己的な努力水
準を提供したため，自らが利己的であることが露呈した被
験者が何人かいたが，そのうち約半数は，くり返しゲーム
実験の他のすべての期において互酬性を持つ者と同じ行動
をとっていた[13]．人々は，他者にそのようなものとして認
識してもらうために，**あたかもある特定のタイプであるか**
のように行動するのである．

　実験結果はこのように，安定した選好を持ち，行動のも
たらす帰結によって動機づけられているという意味で人々
は合理的なのであるという主張を支えるものとなってい
る．人々は戦略的に行動し，自らの行動に対する他者の反
応を予想しようと努め，他者の行動に対する自らの反応を
調整し，そして後ろ向き帰納法を用いている[14]．実験結果
は，偉大な社会学者タルコット・パーソンズの考え方を補
強するものである．パーソンズは「複雑かつ多面的な評価
基準を比較衡量する人間による，半ば意図的な満足感の追
求を構成するという意味で，行動は依然として合理的であ
るといえる」と述べている（DiMaggio and Powell 1991a, p.
17）．

　これらの実験結果は，制度社会学における最近の実証的
研究結果によくあてはまるものである．新しい制度に直面
すると，人々は積極的に自らの取り分を改善しようと努め

る．例えば，DiMaggio と Powell は「組織の革新を初期に
取り入れる者は共通して，成果を改善しようという欲求に
突き動かされている」と述べている（DiMaggio and Powell
1991b, p. 65）．同時に，彼らは模倣行動の重要性も強調して
いる．すなわち，人々は，制度が行動をうみだすような状
況では他者の行動を模倣するのである．この種の反応は，
社会的性向を持つ人々は新たな状況に直面すると合理的に
行動するが，制度化された均衡行動が一度成立すると，各
人が模倣的に行動することが最適になるという，第 7 章で
展開された議論と一貫性がある．

　人々は，社会的・規範的なことがらを斟酌して行動に反
応させる傾向がある．しかし，実験結果や社会学の結果が
示すように，このような個人でさえ，帰結に関して安定し
た選好を持ち，それを達成しようと戦略的に行動するので
ある．

付録 B 註

1) 合理性の問題に関する研究は莫大な数にのぼる．最近の議論とサーベ
　イは，Mantzavinos（2001, pp. 50-4）を参照．
2) 個々人が常に安定した選好を持つとは限らないことを示す心理学的証
　拠の概説としては，Rabin（1998）を参照．そこでは，その理由として 2 つ
　の主な要因が挙げられている．第 1 に，人々は自らの選好を評価すること
　は困難である，すなわち，人々は常に正確に自らの将来の選好を予想する
　ことができるとは限らず，あるいは過去の選択において経験した幸福を正
　確に評価することすらできるとは限らない．第 2 に，フレーミング効果，

選好逆転現象やそれらに関連する現象に関する研究によって、人々は、ある方法で誘導されればyよりxを選好すると言い、別の方法で誘導されればxよりyを選好するという場合があることが明らかになっている。第1の論点は、人々が何を交換することを欲するかについてより関連が深いが、ここでの問題、すなわちどのように制度が行動を実現しているかということについての関連は薄い。第2の論点は、ここで行う議論、すなわち、制度は人々が行動を選択する際の文脈を構成するという議論と一貫したものである。

3) E. Hoffman et al. (1996a, 1996b); Fehr and Schmidt (2001); Henrich et al. (2001); Falk and Fischbacher (2000) を参照。

4) 他に考えられる説明として、現実世界での人間関係はほとんどくり返されるものなので、実験室の中の被験者は1回きりのゲームをくり返しゲームと勘違いしているというものがある。たしかにそうかもしれないが、それでは説明できない結果が多数報告されている。例えば、匿名性が保たれ、行動が短期間に及ぶものであることがはっきりわかっている場合ですら、人々は協調する傾向がみられる。

5) 別の理論——個々人はくり返しゲームにおけるのと同じように1回きりゲームでも行動するという理論——の有用性は後に議論する。

6) 特に、彼らは、人々が「顕示選好の一般化公準」(GARP) を満たす選好順序を表明するかどうかを分析した。AがBより好ましいことが「直接に表明される」とは、Aが選択されたときBが選択集合の中にあったことをいう。AがBより好まれることが直接に表明され、BがCより好まれることが直接に表明され、……、YがZより好まれることが直接に表明されるならば、AがZより好まれることが「間接に表明される」という。
GARPとは以下のようなものである。「AがBより好まれることが間接に表明されるならば、Bが選択される際の予算集合の厳密な内部にはAは入っていない、すなわち、BがAより厳密に好ましいことが直接に表明されることはない」。GARPを満たすことは、線形の予算制約を所与とすると、正常な選好が存在するための必要十分条件である。

7) しかしながら彼らも述べているように、彼らの分析は環境の変化——ゲームのルール、匿名性の程度、参加者の性別や年齢、意思決定の骨組み——が選好順序に与える影響については調べていない。

8) Fehr and Schmidt (1999) も類似の結果を報告している。

9) しかしながら、Ostrom (1998) は、「実験結果から明らかなことは、プレ

イヤーたちは，実験室における意思決定計画において後ろ向き帰納法を用いていないことである」(p. 5) と述べている．しかしながら，これらの言葉の文脈から見て，彼女の念頭にあったのは，人々は自己利益のみに動機づけられているという仮定のもとで，実験結果が有限回くり返しゲームにおける後ろ向き帰納法と一貫していなかったということであろう．Ostrom は，彼女の主張を裏づけるものとして，Rapoport (1997) と McKelvey and Palfrey (1992) を引用している．しかし Rapoport の分析の主な目的は，後ろ向き帰納法を棄却することにあったわけではない．彼の分析の焦点と主要な結果は，行動に対するフレーミング効果の重要性を，プレイの順序に関する情報によってとらえることにかかわるものである (p. 133)．彼は，行動の順序が均衡選択に影響を与えると述べている．McKelvey and Palfrey (1992) は「むかでゲーム」(centipede game) を分析しているが，このゲームは Fudenberg and Tirole (1991, pp. 96-100) が述べているように，後ろ向き帰納法をあてはめるうえで問題をはらんだものである．彼らは，評判に基づく不完備情報ゲームが彼らのデータを説明できると結論づけている．

10) Davis and Holt (1993) および Kagel and Roth (1995) によるサーベイを参照．

11) Roth et al. (1991) も参照．

† 自分の持ち分のうち，いくらを公共財のために寄付するかというゲーム．何も寄付しない「ただ乗り」が支配戦略となる．

12) 「ギフト交換ゲーム」における類似の結果については，Gächter and Falk (2002) を参照．彼らの発見は，人々がその気質の上で社会的選好を示すのは，1 回きりの実験室での実験をくり返し起こる現実の状況と勘違いすることによるのだという考え方を揺るがすものである．

13) 類似の結果については，Fischbacher, Gächter, and Fehr (2001) を参照．

14) Lindbeck (1997) は，自ら内面化した価値を所与として人々が合理的に行動すると仮定することがなぜ適切であるかについて詳しい分析を行っている．

C　理論の役割：評判に基づく自律的秩序制度

C: The Role of Theory: Reputation-Based Private-Order
　Institutions

　理論は，事実解明的な制度分析において欠かすことので
きないものである．制度の研究者は，論点の選択を方向づ
ける際，また関連のある要因や因果関係を明らかにする
際，直接間接に理論を用いている．理論は，取引・政治体
制・強制力の利用が重要性を持つことを示し，そのことに
よって，代理人関係・財産権の保障・個人的関係に依存し
ない取引・集団的行動のための資源の動員に対する，制度
的基盤の分析を方向づけている．そうした分析自身は，制
度の概念によって方向づけられている．そこで中心をなす
のは，異なる取引同士の結びつき，それに関連する制度的
諸要素，自己実現可能性，そして歴史過程としての制度発
展の性質である．ゲーム理論は，所与の環境における制度
的要素の自己実現可能性をとらえ，評価しようとする際
に，何に目を向けたらよいのかを教えてくれる．
　理論はまた，これとは異なる重要な貢献をしている．特

定の結果をもたらすことのできる制度の働きを背後で支える一般原則を明らかにすることで，理論は，制度——そして制度をもたらす歴史——がランダムなものではないことを示している．たしかに文脈や偶発性は重要なものであるが，同一の中心的取引において類似の行動を生み出す制度には，同一の力が働いている．またそうした制度は，時間や場所の特異性にかかわらず同一の事柄に対処するもののはずである．同一の結果を生みだす制度は，同一の困難を緩和するようなものであるはずである．同一の困難とは，そこでの中心的取引の固有の性質と，一般的文脈とが生み出すものである．したがって理論は，特定の制度が特定の時と場所で広く見られたか否かを予想し，評価することを可能にするような証拠にたいして，われわれの研究の注意を向けるという点において，有用なものである．

　この付録 C では，本書で取り上げた歴史上の実例において重要な役割を果たす，「評判に基づく自律的秩序の経済制度」の一般的な属性を形作る力を描写する．その際に強調されるのは，これらの力が一般に何を意味し，意味のある制度を見出すことを目的とした，文脈依存的な分析に対して，どのような指針を与えるのかということである．ここでの議論は，ゲーム理論分析と制度分析との区別を浮き彫りにするものである．すなわち，ゲーム理論は与えられたゲームにおける起こりうる均衡を考える．それに対して，制度分析が扱うのは，次のような性質を持った，人為的に作り出された非物質的な要因である．すなわち，行動

に影響を与える一方で，それが行動に影響を与える各個人にとっては外生的なものであるという性質を持つ要因である．

　中心的取引の固有の特徴が，囚人のジレンマまたは一方向の囚人のジレンマゲーム（いずれも付録 A において述べた）を 1 回くり返してプレイするようなものとしてとらえることのできる状況を考えよう．このようなゲームでは，弱支配戦略が少なくとも 1 人のプレイヤーにある行動をとらせ，それに対する他のプレイヤーの最適反応によってゲームはパレート劣位な結果に終わる．これらの行動は通常「裏切り」と呼ばれ，より良い結果をもたらす別の選択肢は「協調」とか「誠実なプレイ」と呼ばれる．このような状況は，経済的・政治的・社会的分野のいたるところで見ることができる．経済的分野では，財・サービスの自発的交換（Greif 2000 参照）や，他企業による労働者の引き抜きのような非自発的交換（Kambayashi 2002 参照）などの顕著な特徴となる．また，政府と経済主体間の関係（Kydland and Prescott 1977）や，共有資源の所有者間の関係（Ostrom 1990）に固有の特徴にもなっている．端的にいえば，自発的/非自発的交換，代理人関係，集団行動，ただ乗り問題などとして私たちがモデル化するものにおいて，この種の状況は中心的役割を果たしている．したがって，この単純なゲームの背後にある理論を一般化すれば，さまざまな現実世界の状況を考察するために用いることができるのである．

外生的な強制なしに，自らの短期的経済利益に適わない行動をとるように個人を内生的に誘導することはできるのだろうか？　ゲーム理論の定式化でいえば，どのようにして個人は，（二度とない）1期間のゲームにおいて均衡経路外にある行動をとるような動機を与えられるのであろうか？　ゲームが一度きりしかくり返されないのならば，裏切りが経済合理的であるにもかかわらず，なぜ人々は協調したり誠実な行動をとったりするのであろうか？

　少なくとも一部の人々が自らの物質的幸福のみを考慮する場合でさえ，協調や誠実さといった社会規範が維持されることがある．これに対して，2つの分析の流れから検討が加えられてきた[1]．1つは，さまざまな経済主体が他人を裏切る性質を持っているかどうかについて，非対称情報（asymmetric information）が存在する状況を考えるものである．ここでの文脈でいえば，任意のプレイヤーが一定の確率で「良い」プレイヤーとなるような状況のことである．「良い」プレイヤーであるとは，経済的誘惑があっても（どんな場合でも決して）裏切ろうとしないという意味である．しかしながら，特定の個人が「良い」かどうかは私的情報である．各プレイヤーは自らが「良い」か否かを知っているが，他のプレイヤーはこれを知らない．協調は，逆淘汰（adverse selection）とよばれる現象によって抑制される．すなわち，ある人の決定が私的に持っている情報に依存するとき，その依存の仕方が，情報を持たない他者に悪い影響を与えるという現象である．したがってこうした

分析が焦点を当てるのは，なぜ，そしてどのように個々人は，「良い」タイプのプレイヤーであるという評判を高めることを狙って協調行動をとるよう動機づけられるのか，ということである．

分析の２つ目の方向性は，常に物質的幸福を最大化する「悪い」経済主体しか存在しないというモラルハザード問題がある状況を考えようとするものである．分析の焦点は，なぜ，そしてどのように，将来の交流の期待がこれらの人々に協調する動機を与えうるかという点にある．どちらの分析の考え方においても，プレイヤーの評判とは，ゲームの履歴によって，彼の戦略上の確率分布を定める関数である．

この２つの分析方法は互いに排他的なものではないが，両者を区別することは分析上有用である．このような状況における，評判に基づく自律的秩序制度のゲーム理論分析は，特定取引同士の結びつき――長期にわたる同一の取引，もしくは異なる個々人間の同一の取引――に主として焦点をあてる．したがって，このことはまたこれから展開する議論の焦点でもある．とはいえ，これらの特定の取引の結びつきに焦点をあてることは，社会的交換，組織，暴力の使用などを通じた他のさまざまな取引の結びつきの潜在的役割をも浮き彫りにするものであることは付記しておく．

C.1 逆淘汰：不完備情報

　不完備情報モデルは，非対称情報と逆淘汰のある状況を分析するうえで有用なものである．このモデルでは，少なくとも1人のプレイヤーが自分のタイプを知っており，他のプレイヤーはこれを知らないことを仮定する．自然が最初に動いて，何らかの確率にしたがってさまざまなプレイヤーのタイプを選択する．タイプに関する事前確率分布は周知の事実であるが，結果として実現したタイプそのものは私的情報である．ゲームは，有限回ないし無限回の期間にわたってくり返される．こうした状況では，仮に「良い」プレイヤーの実際の人数がきわめて少なかったとしても，すべての経済主体の均衡行動に大きな影響を与えうる．実際，プレイヤーの多くが悪いタイプであったとしても協調はしばしば達成されうる（Kreps et al. 1982）．

　直感的な理解のために，代理人と商人とが各期ランダムに選ばれて関係を結び，過去の行動はすべてのプレイヤーに観察されるという状況の一方向の囚人のジレンマゲームを考えてみよう．「悪い」代理人は，「良い」代理人の行動を一定期間模倣し，裏切りを止めようとすることが最適であると考えるであろう．最初の期に裏切ってしまっては，将来の協調からの利益や，再び裏切り行動をとる機会を失うことになる（商人たちは代理人のタイプに関する予想を更新し，彼を再雇用しないであろう）．何期かにわたって

「良い」タイプのように行動し，その後裏切り行動をとるという戦略は，何期かにわたる協調とその後の裏切りの利益をもたらす．しかし裏切りは将来に延期されているので，代理人の時間割引因子および協調の利益が裏切りの利益に比べて十分に大きいときにのみ，後者の戦略がより高い利得をもたらす．そのような場合，「悪い」タイプは，少なくとも1期間，「良い」タイプの行動を模倣することが最適であると考える．この行動を所与とすると，多少の確率で彼は将来裏切るかもしれないとはいえ，この代理人と取引をすることが最適になる．不完備情報と，将来の行動を過去の行いに条件づけすることは，「悪い」タイプと「良い」タイプが多期間にわたって同一の行動——誠実な行動——をとるという「一括均衡」の可能性をもたらす．ある人が誠実である可能性が非常に低い場合でさえ，ゲームが十分に長い期間にわたってプレイされるのであれば，協調の度合いはファーストベスト（全員が誠実に行動することでパレート最適な帰結が達成される状況）に次第に近づくのである[2]．

理論が，われわれが目標とする制度の識別にとって有用であるかどうかを評価するうえで重要なのは，理論が明らかにする協調が広がる正確なメカニズムと，これが成立するための条件を理解することである．理論は，例えば以下のような問題に焦点を当てる．歴史的文脈を広くとらえるとき，一部の経済主体が生得的に良いタイプであると人々に信じさせることができるような，宗教的信条や罪の文化

のごとき要因を見出せるだろうか？ 将来の取引相手に関する期待はどのように生成されるのであろうか？ もしプレイヤーが異なる期に異なる相手とステージ・ゲームをプレイするのであれば，どのようにして将来の相手は彼の過去の行いについて学習するのであろうか？ 一度裏切りをした代理人が新たなアイデンティティを確立し（現代経済では，企業の名称を変更することでこれが行われている），過去の裏切りを清算して再び代理人関係を結ぶことができないのはなぜであろうか？[3]

同様に，この理論の一般的な意味を考えることで，不完備情報がもたらす評判に基づく制度というものが，現実妥当性を持つかどうかを判断できる．他のさまざまな要因を抜きにすれば，個々人は年をとってから裏切りをすべきである．しかし実際にそれが起きているのであろうか？ 商人たちが各代理人のタイプに関する予想を改訂しているならば，商人たちの予想を自らに有利な形で改訂させる行動をとる代理人は得をするということになる．実際に代理人たちが，自らのタイプを知らせるために，慈善事業に寄付したり信者のふりをしたりという，コストのかかる行動をとることが観察されるのであろうか？ 一括均衡では，プレイヤーは他のプレイヤーに対する態度を，他のプレイヤーの過去の行いのみによって条件づけ，民族性のような他の要因は考慮しないことになっている．実際にそうであろうか？ また，過去に裏切りを行った代理人は実際に二度と再雇用されないのであろうか？

評判が不完備情報を反映したものであると考えること
は，直感的に魅力的な考え方である．しかしその理論がも
たらす一般的な洞察からわかることは，それに基づいた協
調の現実妥当性を実証的に立証しようとすることには本質
的な困難がつきまとうということである．不完備情報モデ
ルを用いた分析結果は不完備情報のあり方に大きく左右さ
れるのであるが，研究者は，特定の状況設定における不完
備情報の詳細や本質を観察することはできない．したがっ
て，特定の行動やその欠如に対する説明を，観測すること
のできないタイプの多様性が社会にあることに求めてしま
うのが通例である[4]．

C.2　モラルハザード：完備情報

　すべての代理人が「悪い」タイプである場合，将来の報
酬をエサにすれば，彼らに誠実な行動を取る動機を与える
ことができる．協調がもたらす将来の報酬を過去の行動に
条件づけることで，行動を動機づけるのである．理論が明
らかにする基本的な洞察は，誠実な行動に対する報酬を引
き上げ，不誠実な行動をとった場合の利得を減らすことの
重要性である．この2つの差が大きければ大きいほど，よ
り誠実な行動を引き出すことができる．
　基本的な直感はくり返しゲームのフォーク定理でつかむ
ことができるが，これを無限回くり返し囚人のジレンマゲー
ムで例示してみよう（付録AのA.3節を参照）．各プレ

イヤーにとって，両プレイヤーが将来ずっと協調する場合の純現在価値が，今期彼が裏切り（相手は協調し）その後は両プレイヤーが毎期裏切りをとる場合の純現在価値を上回っていると仮定する．この場合，協調が達成される均衡が存在する．この均衡では，将来の協調は過去の行動に条件づけて行われる．すなわち，どちらかが裏切りをすると，両プレイヤーの戦略は未来永劫裏切りをせよと命じるのである．裏切りを使った脅しは信憑性がある――それは部分ゲーム完全均衡の1つである――が，これは，相手が裏切りをするという期待がある場合の最適反応が裏切りだからである．

　将来の報酬の約束が潜在的に協調を支えることができるということは，制度分析の結論というより出発点である．理論は，将来の長きにわたる協調のために必要な条件を明らかにしている．制度分析は，特定の時間と場所でこれらの条件を現実化させた（またはそれに失敗した）制度的要素の詳細について分析するものである．制度分析は，どのように，またどのような人々の間で，くり返し関係を結ぶことへの期待が生成されたのかを理解することにも関心を向ける．なぜ人々は，裏切りによる利益ではなく協調による利益から多くを得る立場にあったのであろうか？　なぜ1人の相手を裏切った者は，同等に利益をもたらす協調関係を他の場所で構築することができなかったのであろうか？　なぜ，そしてどのように，裏切られた者はその情報を流す動機を与えられ，またそれが可能であったのだろう

か？　どのようにして，裏切りに反応するべき者はこの情
報を得ることができたのであろうか？　懲罰の脅しに信憑
性をもたらしたものにしたのは何であろうか？

　理論が与える一般的な洞察は，問題となる制度的要素や
その他の要因を識別しようとする際に有用な指針を与えて
くれる．以下の議論は，将来の報酬の内生的供与につい
て，そのような洞察を扱うものである．続いて，関係を保
持することの信憑性や，将来の二者間・多者間懲罰の脅し
や，裏切りの後の再交渉が信憑性を持つかどうかについて
分析する．また，情報の生成や配信，不完全観測，評判に
基づく制度のコスト，内生的な取引同士の結びつきや組織
についての洞察にも触れる[5]．

C.2.1　ゲームの最終期にまつわる問題

　将来の報酬を過去の行動によって条件づけることは，現
在の行動に関する決定に影響を与える．しかしながら，こ
のような条件づけのためには，将来報酬が得られるであろ
うという予想を生み出すことが必要である．有限回および
無限回くり返しゲームとの間の均衡集合の差異は，このこ
との根本的な難しさを明らかにしている．

　囚人のジレンマゲームのような，唯一の均衡を持つステ
ージ・ゲームを考えよう．フォーク定理は，ゲームが無限
期間にわたりくり返されプレイヤーが十分に忍耐強ければ
（つまり，将来期の報酬に重きをおくならば），将来の協調
を過去の協調によって条件づけることで協調を維持するこ

とができることを示している．裏切りは今日の利益をもたらすが，将来の協調がもたらす利益をすべて失う．

このようなステージ・ゲームが有限期間にわたってくり返される場合は，将来の報酬の約束に基づく協調は維持することができない――つまり，均衡の結果とはならない．直感的にわかるとおり，最終期にとれる最善の行動は裏切りである．裏切りに対して将来懲罰を与えることは，ゲームが終了する時点では結局のところ不可能である．自分の裏切りを予想すると，相手のプレイヤーもまた協調しないであろう．こうして両プレイヤーとも最終期に協調しないことを予想すると，最後から1つ前の期においてとれる各々の最善の行動も裏切りである．この理屈にしたがって，均衡はこうして後ろ向きに順次定まっていき，その結果，どの期においても協調は均衡の結果として出てこないことがわかる．これがゲームの最終期にまつわる問題である．

一般的には，不確実性によってゲームの最終期にまつわる問題を緩和することができる．なぜならば，無限期間ゲームは，最終期が不確実なゲームと分析上は同値だからである．正確に言うと，くり返しゲームが各期の終わりに一定の十分に低い確率で終了する可能性があるならば，このくり返しゲームはステージ・ゲームが無限回くり返されるものと分析の上では同値になるのである．不確実性の唯一の影響は，時間割引因子を低下させることである（Telser 1980）．この場合，ゲームは確実にどこかの時点で終了す

るにもかかわらず，それがいつかがわからないため，将来
の協調がもたらす（期待）利益は常に存在し，裏切りを行
うとこれが消えてしまうことになるのである．

　長い将来の影響に基づいて協調を維持する際に，以上の
ことは潜在的には重要な要因ではあるが，人々が引退する
までの期間は年をとるにつれ短くなる傾向があるし，年齢
を隠すことは困難である．したがって，ゲームの最終期に
まつわる問題は，個人間の関係をモデル化する際には意味
を帯びてくる．将来に基づく制度は，将来が十分に長いこ
とを保証する必要がある．したがって，将来の報酬に基づ
く制度を理解するためには，なぜ，裏切りをするか否かを
決定しなければならないときにはいつでも，まだ将来の報
酬が十分に残っていて，誠実な行動をもたらす動機が与え
れらるのかを明らかにする必要がある．

　理論は，こうしたことを達成するためにいくつかの方法
があることを示している．1つは，一方向の囚人のジレン
マゲームに特に関係するものであるが，協調から得られる
利益を時間に応じて変化させるというものである[6]．つま
り，裏切りをしなければ，協調から得られる利益の分け前
は時間が経つにつれ増加し，あるいは引退とともにボーナ
スがもらえるように，戦略を構成するのである．このよう
な支払いを確約することが可能ならば，この戦略は協調を
もたらす均衡となりうる．協調から得られる利益の分け方
をこのように変える方法としては，問題とされている取引
それ自体における利益を分配すること（代理人関係におけ

る賃金支払い）と，それを他の取引に結びつけること（社会的交換）の2つがある[7]．例えば，中世後期のジェノヴァでは，貴族商人一家は，長年にわたって仕えてきた代理人を，婚姻によって貴族階級に迎えるという報酬を与えていた．

　一方向の囚人のジレンマおよび囚人のジレンマ両ゲームにおいて，ゲームの最終期にまつわる問題に対処するもう1つの方法は，異なる世代に属する個人間の評判に，内生的な関連を持たせることである．異なった時点の効用の流れを結びつけることにより，無限の寿命を持つ実体と同等なものを作り出すことができるのである．あるいは少なくとも，生存の1期当たり確率が協調を可能にするほど十分高いような実体と同等なものを作り出すことができる．ある人の過去の行動に応じて他人が行動を変え，そうした行動がその人の厚生に影響を与える場合，最終期においてさえこの人に協調させる動機を与えることが可能になる．家族，王朝，同族会社，その他の固有の社会的単位は，多くの歴史上の出来事において，ゲームの最終期にまつわる問題をその構成員のために解決するための，無限の寿命を持つ実体として機能してきた．マグリブ貿易商の間では，各個人自身の寿命は有限であるにもかかわらず，子孫の幸福に配慮することを活用して世代間の取引を結びつけることにより，評判に基づく制度を構築していた．第4章において商人と支配者との関係をモデル化する際に，私はこの時代の国家の王朝的性質をとらえるため，支配者は無限の寿

命を持つと仮定した.

　現代経済においては，所有者とは別個のアイデンティティを持つ企業のような，他のさまざまな内生的実体が同様の役割を果たしている．Tadelis（1999, 2002）はモラルハザードと逆淘汰を組み合わせたモデルを用いて，個々人が晩年において協調をする動機を，アイデンティティを実態から分離する組織がどのようにして与えるのかを分析した．彼は，企業の評判はその所有者の過去の能力と行動を反映したものであり，その所有者は企業の顧客に知られずに企業を売却することができると仮定している．企業の製品の買い手が，評判の高い企業にはより多くの金額を支払ってもよいと考えるとき，評判は価値のあるものとなる．したがって評判の高い企業の所有者は，自らの晩期においても裏切りをすることを最適とは考えないことがありうる．なぜならば，評判を失うことは企業の名前が持つ価値，すなわち彼が売却することのできる資産の価値を低下させるからである．彼の分析はまた，企業が他の企業の名前をかたることができないことを保証するような，補助的制度やそれに関係する予想の役割にも，間接的に光をあてるものである．

　ゲームの最終期にまつわる問題は，裏切りをすることができるプレイヤーのみにあてはまる論点である．もし裏切りをすることができるプレイヤーが長い期間生きかつ十分に忍耐強ければ，そうでないプレイヤーが短い寿命しか持たなかったとしても，協調をもたらす均衡が存在しうる．

こうした協調においては，短い寿命のプレイヤーがその行動を条件づけるために，他のプレイヤーが自らの前任者にどのようにふるまったかが用いられる．

このことがもたらす結果を理解するために，無限の寿命を持つ企業とその労働者との間のゲームを考えてみよう．各労働者は数期間にわたって生きるが，その後は死に，他の労働者によって置き換えられる．このゲームは一方向の囚人のジレンマゲームの一種である．各期，労働者がまず，労働を企業の投入物として提供するか否かを決定することができる．これを提供する場合，企業は約束された賃金を支払うか否かを決定することができる．各労働者が過去に自分に起こったことのみを知っている場合，ゲームの最終期にまつわる問題によって，労働投入の提供と賃金支払いをもたらす均衡は存在しないことになる．なぜなら，企業の最適戦略は，最終期にある労働者に対して支払いをしないことだからである．しかしながら，企業の過去の行動が労働者の間で公にされた情報であり，また生産から得られる企業の（賃金支払い後の）期待将来利益が十分に高ければ，労働の提供と賃金支払いを伴う均衡が存在する．この均衡では，将来の労働者が（一度でも支払いをしないことがあれば働かないことで）企業に懲罰を与えるという脅しが，企業に支払いをする動機をもたらしているのである（Bull 1987; Cremer 1986; Kreps 1990b; Tadelis 1999, 2002 を参照）．

複数世代の構成員で作られる組織内の世代間の取引の結

びつきはまた，その構成員間の関係におけるゲームの最終期にまつわる問題を緩和しうる．人々が予め定められた寿命を持つ状況を考えてみよう．毎年，組織は，死んだ構成員に置き換えるため新たな構成員を勧誘する．組織の構成員は，まじめに努力するか否かを選ぶという，囚人のジレンマ型の状況のもとで関係を結んでいる．行動は観測可能であるとする．各構成員にとって最適な行動は，引退直前の期において努力を提供しないことである．にもかかわらず，そうした構成員が最終期において，彼の努力に応じて報酬や懲罰を得ることは［若い構成員がそのように行動することによって］可能である．したがって，若い構成員が働き，老いた構成員は働かず，にもかかわらず補償を受け取るという戦略が，（最適ではないが）ある程度の協調を維持することができるのである．若い労働者が懸命に働き，貢献しない老いた労働者に報酬を与えるよう動機づけられているのは，さもなくば，いっさいの協調が無い状態にゲームがいきついてしまうからである（Cremer 1986）．

　共同体責任制の研究が明らかにするように，組織はまた，組織間の関係を表すゲームにおいても，最終期にまつわる問題を解決する．共同体内における世代間関係は，これらの共同体が，有限の寿命を持つ構成員の厚生にしか関心がないにもかかわらず，あたかも無限の寿命があるかのように行動することにコミットすることを可能にする制度の一部であった．

C.2.2 内生的利得

将来の報酬の約束が協調をもたらすための必要条件は，裏切りをすることの利益とそれに続く効用の流列の純現在価値が，協調から得られる純現在価値よりも低いということである．評判に基づく制度を理解するためには，この条件がどのように内生的に満たされてきたのかを明らかにする必要がある．評判に基づく制度は，さまざまな行動や外部の選択肢から得られる利益を操作して，協調を可能にしている．利得を内生的に操作するさまざまな方法や，これらの利得と環境との関係について，理論は示唆をあたえるものである．

雇用者と被雇用者がランダムに出会って一方向の囚人のジレンマゲームをプレイする状況を考えよう．過去の行動は私的情報であり，雇用者と被雇用者との関係は，雇用者が誠実であったとしても，各期の終わりに外生的に与えられた確率で終了する．したがって各期において一部の商人は，失業状態にある代理人の集団の中からランダムに代理人を雇用することになる．雇用者より被雇用者の人数のほうが多いので，再雇用されるまでの間，何期かにわたって失業状態にとどまることがありうるとする．

雇用者が裏切りをした被雇用者を解雇するような協調的な均衡では，各雇用者は，裏切りをした後失業代理人の集団に加入することの利益が，誠実な行動をして賃金を受け取り続ける期待賃金よりも低くなるように，十分に高い賃

金を労働者に支払う必要がある．このようにして，賃金と失業率が正しいインセンティブを創出するように内生的に調整されるのである．均衡では，一部の労働者は，均衡賃金より低い賃金でも働きたいと思っているにもかかわらず雇用されていないという意味で，非自発的失業の状態にある（Shapiro and Stiglitz 1984）．しかしながら，被雇用者の過去の行動に関する情報を配信する組織があれば，被雇用者が（特定の関係で裏切りをした後で）得る外部の選択肢を変化させることができる．過去に裏切りをした労働者が雇用される確率を，情報の配信によって低下させることができるからである（Greif 1989, 1993）．

　仮に雇用者の方が被雇用者よりも人数が多く，賃金契約が法的に執行可能な環境では，雇用者は，解雇や賃金支払いの拒否によって被雇用者に懲罰を与えることができない．賃金契約は法的に執行可能であるので，過去の行動が私的情報である限り，失業状態にある被雇用者は雇用されるであろう．このような場合に協調をもたらす均衡を作り出すためには，効用の流列を異なった形で操作することが必要となる．1つの方法は，被雇用者に賃金ではなくボーナスを支払うというものである（MacLeod and Malcomson 1989）．

　もう1つの方法は，囚人のジレンマゲームをプレイする2人のプレイヤー間に「関係を構築する」ことで内生的なサンク・コストを創出することである．保証金を積んだり贈り物を交換するなどのさまざまな手段を用いて，新たな

関係を構築する必要から生じる裏切ることの事後のコスト
を，事前に増加させることができる[8]．理論はこの直感を
肯定する一方でまた，関係の構築に投資することが均衡に
おいて生ずるようにするには，不完備情報が重要な役割を
果たすことも明らかにしている．

　以上のことを確かめるために，関係の構築の内生的サン
ク・コストが以下の方法で達成される状況を考えよう．2
人のプレイヤーが一度出会うと，両人は各期，高利得の囚
人のジレンマゲームか低利得の囚人のジレンマゲームのい
ずれかを選択することができる．高利得のゲームにおいて
は，プレイヤーは裏切るとより多くのものを失う．したがっ
てプレイヤーは，何期かにわたって低利得ゲームをプレ
イすることで自分たちの関係に投資することができる．両
プレイヤーにとって低い効用をもたらす期を経た後で，彼
らは可能な限り長期にわたっての協調を始める．新たな関
係が形成されるたびにこのような投資をすることをプレイ
ヤーの戦略が要求するならば，裏切りをすれば，他のプレ
イヤーとの関係を構築するための投資が必要になってしま
う．

　これらの直感的な戦略は均衡の一部にはならない．なぜ
ならば，他の全員がこの戦略に従っていることを所与とす
れば，新たに会った2人は保証金の役割を果たすこうした
コストの支払いを放棄するインセンティブがあるからであ
る．結局，現在の関係における裏切りを思いとどまらせる
のは，裏切った後の次の新しい関係において保証金を支払

わなければならないということである．しかしこれはすべての人にとって成り立つので，誰も保証金を積むインセンティブを持たない．したがって，関係構築の内生的コストを利用した均衡は存在しないことになる．しかしながら，人が「悪い」タイプであるという確率が十分に高く，このような人はどちらのゲームでも裏切りをするであろうと考えられるときには，この問題は消滅する．タイプが観察不可能ならば，この不確実性は，各プレイヤーに低利得ゲームをプレイすることでまず相手のタイプを立証しようとする動機を与える（Kranton 1996; Ghosh and Ray 1996 および Watson 1999 を参照）．

組織はまた，内生的に利得を変化させる役割を持つ．中世後期において，特定の交易や工芸において独占力を持っていた商人ギルドやその他のギルドへの，返金されることのない入会金はおそらく，それなくしては不可能であったギルド内の協調を可能にしたのであろう．参入や退出への規制は，現代の経済においても類似の役割を果たしている．現代の経済では，組織は資源の所有権を操作することにより，高品質のサービス提供を保証（コミット）している．このことが可能になるのは，所有権が，必要に応じて顧客がその組織に懲罰を与える機会をもたらすようなものである場合である．例えば，ホテルチェーンが独立したホテルを買収すれば，良いサービスを提供することに失敗した場合に顧客がホテルチェーンに懲罰を与える機会を増やすことができる．チェーン内の１つのホテルで二流のサー

ビスを受けると，顧客はそのチェーンの他のホテルを利用することを止めることができるのである（Ingram 1996）．

　より一般的に，利得の操作は中心的取引――囚人のジレンマや一方向の囚人のジレンマとしてモデル化される――を他の取引と結びつけることによって達成されうる．社会的交換，規範，暴力がしばしばこれを達成するうえで役割を果たす．裏切りをした人に対する社会的・心理的・物理的いやがらせは，裏切りをやめさせるべく利得を変化させる手段となりうる[9]．

　問題となる取引の詳細な性質が，協調に必要な利得の操作について，別種の重要な問題を派生させることがある．これまでの議論は暗黙のうちに，1つの期における裏切りが，将来における効用や可能な行動に直接には影響しないという仮定をおいていた．特に，裏切りをした人は，その期の最後に裏切りをすることの利益を「消費する」と暗黙に仮定していた．しかし，裏切りをすることはしばしば投資財をもたらし，それは後の期における利得を変化させるために用いることができる．例えば，マグリブ貿易商の間では，裏切りをした代理人は資本を得，将来の期における投資の能力，知識，機会を得たのである．したがって，評判に基づく制度がこのような状況において協調を維持するためには，裏切りが高い利益をもたらすにもかかわらず，誠実な行動が得であるということを保証する必要がある．マグリブ貿易商はこれを，代理人にその資本を他の代理人を通じて投資させることで実現した．他の代理人は，過去

に裏切り行為をした代理人を裏切っても罰せられないということが了解されていたのである.

C.2.3 信憑性

評判に基づく制度の実効性を理解するためには，どのようにしてさまざまな行動の約束や脅しに信憑性が与えられているかを理解する必要がある．誠実な代理人を雇用し続けるという（暗黙の）約束が信憑性のあるものでない限り，その代理人にとって最適な行動は裏切ることになってしまう．これと対照的に，裏切りをした場合，新たな関係を構築することはしない，ということを代理人が確約（コミット）することができなければ，彼を雇用する商人はいないであろう．関係を続けることの信憑性がどのように達成されるかに関する一般的な理論的知見のほとんどは，すでに内生的な利得操作との関係で論じた.

マグリブ貿易商の例で見たように，この信憑性を理解することは分析の不可欠な一部である．マグリブ貿易商の間では，商人たちはグループ内の代理人を雇用し続けることにコミットできていたと考えられる．なぜならば，集団的制裁によって，代理人に誠実な行動をとらせるのに必要な賃金の割り増し分（プレミアム）が，グループ外部よりグループ内において低くすることができたからである．おそらく，代理人もまた自らのグループへ帰属し続けることにコミットできたと考えられる．それは，代理人関係から得られる（より高い雇用確率に基づく）より高い期待収入と

資本プレミアムによるものである[10].

　ゲーム理論は，裏切りに対する懲罰の脅しが信憑性を持つための条件を明らかにするうえで，非常に有用であるが，それは，ナッシュ均衡と部分ゲーム完全均衡との区別に注目しているからである．部分ゲーム完全均衡とは，すべての部分ゲームにおいてナッシュ均衡になっているという追加的な条件を満たすナッシュ均衡である．特に，脅しや約束が信憑性を持つものであるためには，均衡経路外における行動がナッシュ均衡を構成する必要がある（付録Aの A.3 節を参照）．

　ゲーム理論が一般的に示すことは，もし，プレイヤーの戦略が，ステージ・ゲーム（一期限りのゲーム）の均衡への移動を懲罰として使うものであれば，懲罰は信憑性のあるものとなるということである[11].　囚人のジレンマゲームの例では，この働きをするのは（唯一の）均衡で，そこでは両プレイヤーは裏切りをする．交換される財の性質が，誠実な行動を約束することに信憑性をもたらすこともある．現代の国際交易においては，まさにこの目的のために物々交換が通常用いられている（Marin and Schnitzer 1995）.

C.2.4　信憑性と多者間（第三者による）懲罰

　制度分析にとって特に興味深く重要性も高いのは，懲罰や報酬が第三者，すなわち制度が統治する中心的取引の参加者ではない主体によって提供されるような場合であり，そうしたケースに関する評判に基づく制度において，懲罰

や報酬が持つ信憑性である．マグリブ貿易商の例で見たように，このような評判に基づく制度は通常，二者間関係における以上の協調を維持することができる．多者間懲罰は通常，二者間よりも厳しい懲罰を意味し，より広いパラメータにおいて協調を可能にするのである[12]．

懲罰の信憑性の問題は，多者間懲罰の場合により深刻なものとなる．なぜ，自らに損害を与えたわけでもない者を罰するのであろうか？　どのようにして，集団的懲罰の脅しが信憑性を持つのであろうか？　軽蔑，反感や，他人に対して不公平な行動をとった者を罰したいという欲望のような動機的要因の重要性は否定しないが，ゲーム理論ではこれら以外の要因に注目している．不完備情報の場合では，集団的懲罰に参加する動機が与えられるのは，裏切りをすることはその人が「悪い」タイプである証拠としてとらえられることであった．雇用者は，「悪い」タイプであることが露呈した労働者を雇いたいと思わない．なぜなら，その労働者はまた裏切りをするであろうと予測するからである．集団的懲罰が不完備情報に基づいている場合には，人々は自ら進んで誰が過去に裏切りをしたかに関する情報を獲得しようとする動機を与えられている．

完備情報モデルは，人々に集団的懲罰に参加する動機を与えるためには，別のやり方もあることを明らかにしている．囚人のジレンマゲームでは，人々に，自らを裏切ったわけでもない者の懲罰に参加する動機を与えるために，そうしないと他者からの懲罰を招くという脅しを使うことが

できる．均衡戦略は，過去に裏切りをしたか，あるいは過去に裏切りをした者への懲罰に参加しなかった者とは協調しないというものである．この「2次的な懲罰」は，懲罰に参加しなかった者への懲罰に参加しなかった者への……とは協調しないというようなより高い次元の懲罰によって維持される必要がある．

2次的懲罰は，一方向の囚人のジレンマゲームにおいては実効的でない．それは，囚人のジレンマゲームと異なり，非対称な構造を持っているからである．一方向の囚人のジレンマゲームでは，2種類のプレイヤー（例えば，商人と代理人）がおり，取引は常に異なるタイプの主体同士の間でなされる．したがって商人－代理人ゲームでは，商人は常に代理人とプレイする．したがって商人は，他の商人との協調を拒むことでその商人に直接に懲罰を与えることはできない．

このような状況における多者間懲罰は，主に2つの異なる方法によって達成されうる．1つは，ある代理人へ懲罰を与えなかった商人を裏切った代理人に対して懲罰を与えないことである．2つ目は，一方向の囚人のジレンマゲームによってとらえている中心的取引を他の取引と結びつけることである．商人ギルドの例は，この戦略と取引同士の結びつきに関する歴史上の実例である．海外における商人の所有権を尊重しなかった者への懲罰に参加しなかった商人は，商品の運送にあたってギルドの船の使用から締め出された．そして，その締め出された商品を自らのものであ

るかのように装ってギルドの船に乗せて運送した別の商人
も，懲罰の対象であった．こうして理論は，中心的取引の
特徴と，集団的懲罰による評判に基づく制度の利用可能性
と性質との関係について明らかにしている．

　集団的懲罰の脅しに信憑性を持たせるために，さらに別
の戦略を用いることもできる．（2次的懲罰に依拠するこ
となく）囚人のジレンマゲームにおいて集団的懲罰を誘導
することの1つの難しさは，両者が裏切りをするという，
ステージ・ゲームの均衡へ戻ることを懲罰として使用する
と，その懲罰を科す人にとってコストがかかってしまうと
いうことであった．この問題を緩和する1つの方法は，
人々が自分自身を罰することに協力するという戦略をとら
せることである（Kandori 1992; Ellison 1994）．この戦略で
は，過去に裏切りをした者は，彼に対して裏切りによって
懲罰を与えようとしている者に対して協調をとることにな
っている．したがって懲罰を与える者にはそれが利益をも
たらすので，そうする動機を与えられる．懲罰は，相手が
協調しているのに自分は裏切りをする形を取るので，利益
をもたらすのである．しかしなぜ，裏切り者は自らへの懲
罰において裏切り続けるのではなく協調をとるのであろう
か？　このことの動機は，懲罰期間を有限の長さにするこ
とによって与えられる．自らへの懲罰にしばらく参加する
と，彼は「許され」，まるで裏切りをしなかったかのように
協調してもらえるようになる．彼は，将来の赦免から得ら
れる期待利益によって，自らの懲罰に参加する誘因を持つ

のである．他の者は，懲罰期間の間は彼が協調しているのに裏切りをとることで直接の利益があるので，彼に対する懲罰に参加する動機が与えられている．

これらの解析的な結果は，効用が移転不可能なゲーム——すなわち，（ステージ・ゲーム内での）協調から得られる利益の分配をプレイヤーたちが自由に決定することができない状況——におけるものである．これらのゲームでは，対戦相手はランダムである——人々は誰と交流するかを選択することができず，したがってすでに裏切りをしたことのある誰かと対戦したいか否かを決定することができない——と仮定している．

Greif (1989, 1993) は，効用が移転可能であり，個々人が誰と交流するかについて多少のコントロールができるという一方向の囚人のジレンマゲームを考察している．加えて，その分析では，仮に代理人が誠実であったとしても，商人と代理人との関係は外生的に終了することがあるという仮定を組み込んでいる．この場合，第3章で見たように，集団的懲罰を維持するために更に別の方法を取ることができる．均衡では，代理人を誠実にさせるのに必要な賃金は，二者間懲罰よりも多者間懲罰の脅しにおいての方が低くなっている．これが起こるのは，どの代理人に対しても科すことが可能な最悪の懲罰が同一のもの，すなわち将来の取引からの完全な排除であるからである．しかし，過去において誠実な行動をした者は将来の取引からより大きな利益を得る．一度現在の商人との関係が終了すると，彼

は別の商人に正の確率で雇用され，均衡賃金を得る．均衡賃金は非雇用状態にある代理人の所得よりも高いので，過去に一度も裏切りをしなかった代理人は，裏切りによってより多くのものを失う．しかし過去において誰かに対して裏切りをした代理人に支払われるべき賃金が，裏切りをしなかった代理人に支払われるべきものよりも高ければ†，すべての商人は過去に誠実であった代理人を雇用するインセンティブを持つことになる．

C.2.5　再交渉

　懲罰の信憑性に関する議論は，評判に基づく制度の性質に対して，理論が与える洞察の重要な一面——プレイヤー間の再交渉——を無視していた．直感的には，再交渉——すなわちプレイヤーたちが所与の歴史の後でどのようにゲームがプレイされるかを決定する過程——は厚生を改善するようにみえる．ところが実際には，理論は再交渉が逆に厚生を低下させる可能性を示唆している．なぜそのようなことが起こるのかを見るために，囚人のジレンマゲームを考えよう．協調をもたらすためには，裏切りに対する懲罰によってステージ・ゲームの均衡に移動し，そこでの利得の合計が両者協調の場合よりも低くなるようにする必要があることを思い出してみよう．このような懲罰期間において，再交渉が可能であるならば，両者は過去を水に流して協調を再開する強いインセンティブを持つ．しかしこのことが事前にわかっていれば，裏切りに対する懲罰を弱め，

結果として元の協調均衡は維持されなくなる．裏切りの後で協調が再開されるのであれば，裏切りをしない理由はないではないか！

　理論は，なぜ再交渉の可能性が最初に協調することを損なわないのか，ということを注意深く考える必要があることを示している．歴史分析は，再交渉が協調を阻害しない２つの基本的な理由を明らかにする．マグリブ貿易商の間では，再交渉は２つの相互に関連する理由によって問題とはならなかった．１つは，代理人の「市場」が厚みのあるものであったので——多くの代理人がそれぞれの交易の中心地におり，互いに代替的であったので——，商人は少ないコストで代理人を切り替えることができた．第２に，商人は過去に裏切りをしたことのある代理人に対して，過去に裏切りをしたことのない代理人よりも厳密に高い賃金を支払う必要があった．なぜならば，各商人の戦略は，過去に裏切りをしたことのある代理人を誰も雇わないというものであり，特定の商人と代理人との間の代理人関係は外生的な理由によって終了されうるものだったからである．つまり，他者によって雇用されることを期待していない代理人は，将来において他者の代理人として仕えることの将来の利益を失うことを期待していない．したがって懲罰は弱く，代理人に誠実な行動をとらせるためにより高い賃金プレミアムが支払われる必要があるのである．

　商人ギルドは，再交渉の問題に対して別の論点を示している．この例の場合，再交渉の問題はただ乗り問題，すな

わち一部の商人が禁輸期間中に地域の支配者と交易をするという問題である．権利を侵害した支配者に科すことのできる最大の懲罰は，（交易をすれば支配者が権利を侵害するため）交易は行われない，というステージ・ゲーム均衡に移行することであった．しかしこの均衡は，禁輸期間中の交易水準の低さによって一部の商人の所有権が保障され，彼らとの間で交易が行われるという均衡に比べて，支配者と商人の双方にとってより低い利得をもたらす．この低い交易水準のもとでは，商人への課税から支配者が得る利益の重要性が高く，商人たちの所有権が侵害されたならば交易には復帰しないであろうという脅しのもとで，支配者は所有権を尊重するのに十分な動機を与えられる．しかしながら，こうした均衡に移行することは，最適な交易が行われている状態において権利を侵害する支配者に対して与えることのできる懲罰の厳しさを損なってしまう．この問題に対する解決方法は，支配者－商人間の取引を，商人間の取引と結びつけるように組織を変更することであった．商人ギルドの組織は，禁輸期間中に取引を行った商人に懲罰を与える強制力を用いることで，こうした問題を解決したのである．

C.2.6　内生的情報

理論はまた，評判メカニズムが機能するために必要な情報の詳細な性質を明らかにしている．多者間懲罰は，懲罰を与えるべき人が，誰が懲罰を与えられるべき人であるか

を識別する能力に決定的に依存している．理論によると，集団的懲罰のために十分な情報は，ある人が罰せられるべき立場にいるか否かを示す「ラベル」に集約させることができる（Kandori 1992）．加えて，仮にそれがコストを伴うようなものであったとしても，裏切られた主体はその裏切りを公的に知らしめる動機を与えられる必要があり，懲罰を与える者たちはこの情報を獲得する動機を与えられる必要がある．これらの情報や動機づけの内生的生成や伝達は，制度の機能の仕方において欠かすことのできない部分である．

　取引関係が比較的小さな集団に限られている場合，特に人々が社会的にも交流している場合，これらの情報は直ちに利用可能であるかもしれない．このような集団内での歴史上の交流のほとんどにおいて，異なる取引の結びつきや，それと関連する予想や規範が，情報を提供し，またそれを伝達し獲得し，それに基づいて行動する動機を与えていた．しかし，例えばマグリブ貿易商の例のように，これらの情報が個人的親交に基づくものである場合，協調は，その社会的ネットワークが情報を伝達できる範囲と速度に限定されることになる[13]．

　より一般的に言えば，どのようにこれらの情報が流通し，どのように動機づけがなされるかということが，集団的懲罰の脅しがどの程度まで信憑性を持つかに影響する．つまり，関係を持つ人の数がどの程度の範囲で，あるいは他人に託してもよいと考える金額がどの程度の範囲で，そ

うした脅しが信憑性を持つのかということである．より多くの個人間で，個人的関係に依存しない取引がいきわたることを可能にする制度的要素を導入してきたことが，現代の経済的に発展した世界における主要な制度変化の1つであった．個人の身元を規定するのに国家，身分証明書，パスポート，興信所，クレジットカードなどを使うことは，見知らぬ人に対して自分の身分を保証し，また過去の行動に関する情報を提供することを可能にした制度変革の1つである．

多者間の評判メカニズムが機能するためには，人々は情報を伝達する誘因をもたなければならない．なぜ過去に裏切りをされた人は，他人に対して自分がそうしたことを伝えるのであろうか？　均衡経路では誰も裏切りをしないことがわかっていて，なぜ人々はお金を払って情報ネットワークへアクセスしたり，最新の情報を収集したりするのであろうか？

ある人が過去に裏切られたと他者に伝える動機づけは，裏切りをした人に懲罰を与えるべきプレイヤー間の関係に決定的に依存している．懲罰を与えるべき人たちの間に競争関係があると，このような情報を提供する動機は低下するであろう．マグリブ貿易商たちの場合，彼らは互いに競争関係にはなかった．彼らは競争的な市場で財を売っていたので，ある商人の損失が他の商人の利益にはならなかった．ある代理人が裏切りをしたことを他者に伝えることは，それを伝える商人の利得を下げるものではなかったの

で，裏切りをする代理人について情報を与えることで失う
ものは何もなかったのである．厚い情報ネットワークと商
人間の定期的な商業上のコミュニケーションは，この情報
供給のコストを取るに足らないものにした．ある者の経済
活動の低下が他者の利益になるような「薄い」市場におけ
る生産者や商人の間では，このようなことは起きなかった
であろう．

　同様に，集団的懲罰が信憑性のあるものであるために
は，人々は必要な情報を獲得する動機を与えられる必要が
あった．もし人々が誰に懲罰を与えるべきかを知らなけれ
ば，懲罰の脅しは信憑性のあるものにはならない．不完備
情報の状況にあるため，人々が新たな相手の過去の行動に
関する情報を自ら進んで獲得しようとする場合には，人々
に情報獲得の動機を与えることは容易である．それが難し
いのは，均衡経路上では裏切りは起きないはずであった
り，その確率が非常に小さいため情報に対する投資が価値
を持たないような状況である．

　これらの論点は，2次的情報ネットワークとでも呼ぶべ
きもの——すなわち，裏切りの情報とは関係なしに人々が
アクセスする動機を持つような情報ネットワーク——の重
要性を明らかにしている．マグリブ貿易商たちの間では，
情報ネットワークを保持する動機が与えられていたが，こ
れは商業に関連した一般的情報を集めるうえで有用であっ
たためである．地理的近さや社会的・宗教的活動における
定期的な交流が，独立したネットワークが存在しうる他の

理由として挙げられるであろう．いずれの要因も，ニューヨークに住むユダヤ人のダイヤモンド商人について当てはまるとされている（Bernstein 1992）．

　情報を求め配信することに特化した組織はまた，多者間懲罰に必要な情報を獲得するインセンティブを人々に与える．第10章で論じた Milgrom et al.（1990）による論文は，このような組織の役割を分析している．彼らは，2人のプレイヤーが一度だけ出会って囚人のジレンマゲームをプレイするが，過去の行動を皆に知らせるのに必要な社会的ネットワークをプレイヤーたちが共有していないという状況における，無限くり返しゲームを考察している．そして，彼らはこのゲームに，過去の行動を立証し，過去において裏切りを行った者の記録をつけることができる組織を導入する．情報を獲得しこの組織に訴えることは各プレイヤーにとってコストがかかる．このコストの存在にもかかわらず，裏切りが発生せず，プレイヤーたちが協調の維持に必要な情報を法廷に提供するという（対照的な逐次）均衡が存在する．情報をコントロールすることで多者間の評判メカニズムを稼動させる法廷の能力が，適切なインセンティブを与えているのである．こうして，組織は，評判メカニズムの作用を補うことによって，裏切りをした人に対して強制力を行使できない場合でも，長期にわたる契約執行を保証できるのである[14]．

　すべての状況において，多者間懲罰の脅しが実効性のあるものとなるために情報の流通が必要というわけではな

い．Kandori（1992）および Ellison（1994）は，無限期間生きるプレイヤーが各期ランダムに出会って囚人のジレンマゲームをプレイする状況を考察している．二者間懲罰では協調を維持できず，過去の裏切りは私的情報である．にもかかわらず，「伝染性を持つ均衡」（contagious equilibrium）に基づいて協調は可能である．この均衡における戦略は，すべてのプレイヤーが，もし現在裏切りをされたり，過去に裏切りをされたことがあれば以後ずっと裏切り続けるというものである．こうして1つの裏切りが協調の全面的な崩壊につながる．

このようにして構築された均衡は，あまり理にかなったものとはいえない．なぜなら，たった1つの「腐ったリンゴ」がひとたび裏切りを行うと，それが意図的なものであれそうでないものであれ，懲罰局面への移行がもたらされてしまうからである[15]．加えて，このような均衡は，一方向の囚人のジレンマゲームには存在しない．懲罰の脅しが裏切りをやめさせるためには，懲罰期間中のプレイヤーの効用が，同期間中に協調が行われていたら得られるであろうものよりも低くなくてはならない．ではなぜ，人々は一度裏切りをされると裏切りをはじめるのであろうか？　囚人のジレンマゲームでプレイヤーが裏切りをされた後で裏切りをするのは，他のプレイヤーが同じように裏切りを続けるであろうと期待するからである．もしそうであれば，彼の最適反応は裏切りをすることである．しかしながら，一方向の囚人のジレンマゲームでは，裏切ることのできる

者は1人しかいない[16]．したがって，他のプレイヤーも同様に裏切るであろうという期待によって裏切りを続ける動機づけは得られないのである．

C.2.7 不完全観測

ここまでの議論は，人々は相手の行動を事後的に確実に知ることができるという完全観測の仮定をおいてきた．裏切りに懲罰を与える立場の者は，裏切りが実際に発生したことを立証することができる．しかしながら，現実世界においては，しばしば観測の不完全性が見られる．

不完全観測とは，行動が直接には観察されない状況をいう（付録AのA.3節を参照）．人々は他者の行動を，その行動と完全には相関していないシグナルによって推論することができる．いま，ある人が特定の行動をとったとしよう．するとシグナルは，その行動がとられたことを，その行動がとられなかった場合よりも高い確率で示す．しかしシグナルは確率的なものにすぎないので，この行動がとられなかったことを示すこともありうる．こうしてプレイヤーが他者の過去の行動について誤った印象を受けることが生じうるのである[17]．

完全観測のゲームにおいて得られたさまざまな基本的な洞察は，1つの重要な追加点を除けば，不完全観測のゲームにそのまま当てはまる．その追加点とは，協調をもたらす均衡の経路上では，実際には誰も裏切らないにもかかわらず，裏切りのシグナルが発せられることがあるため（有

限期の）懲罰が実際に発動される，という点である．直感
的に言うと，もしある者の戦略が裏切りを観測した後に懲
罰を発動しないようなものであれば，他のプレイヤーの最
適反応は裏切ることであり，これでは協調は維持されなく
なってしまう．協調を維持するためには，裏切りが起こっ
たというシグナルを観測した後には，仮に裏切りはないは
ずだとわかっていたとしても，他のプレイヤーはそのプレ
イヤーに懲罰を与える必要があるのである．

C.2.8 内生的な取引同士の結びつきと組織

　先の議論は特定の取引同士の結びつきに焦点をあてた．
すなわち，異なる時間における同一の中心的取引同士の結
びつきである．評判に基づく制度においては，人々はある
取引を別種の取引と結びつけることもでき，それによって
考察対象の中心的取引における予想のありかたを変化させ
ることができる．例えば，裏切った者に対して嫌がらせや
暴力を用いる場合がそれにあたる．組織もまた，評判に基
づいた制度の運用を，取引同士を結びつけることによって
促進するうえで重要な役割を果たす．組織は――社会的ネ
ットワークや共同体のような非公式なものであれ，興信所
やギルドのような公式なものであれ――，中心的取引にお
ける自己実現的な予想のありかたをさまざまな方法で変化
させる．これまで，無限期間生きるプレイヤーとして機能
する組織が，人々が有限の寿命しか持たないにもかかわら
ず，さまざまな事柄にコミットすることを可能にしている

ことを見てきた．組織はまた，取引関係の頻度を増加さ
せ，あるプレイヤーから他のプレイヤーへ課せられた裏切
りのコストを内部化することができる．加えて，組織は，
情報を獲得し，保存し，配信したり，さまざまな行動の意
味づけを与えそれを宣伝したり，過去の行動について一様
の解釈を与えたり，公的シグナルを提供することで行動を
調整したりする．

　組織はまた，懲罰を科したりそれに参加したりする際に
かかる，期待費用を軽減することができる．紛争が起こっ
た際に，組織は適正な動機を持った第三者機関として働
き，過去の行動を立証し，裁定し，プレイヤーが互いに補
償しあうことを促し，パレート改善をもたらす（コストの
かかる懲罰を回避する）ことを可能にする．制度内部にお
いて，組織は，将来の報酬や利得を内生的に生み出し，関
係の継続や将来の懲罰の脅しの信憑性を促進し，裏切り後
の再交渉を防止し，情報を生成・分配し，観測の精度を上
げるといった，多彩な働きをなしうるものなのである．

　望ましい行動を保証（コミット）する能力を増進させる
仲介機関として機能する組織は，これまで触れてこなかっ
たとはいえ，組織の中でも重要な役割を果たす一群であ
る．現代経済においては，クレジットカード会社，エスク
ロー（第三者預託）勘定，書類引換現金払い（cash against
document）契約，銀行小切手などが，この目的に用いられ
る組織や手段の例である．ここで望ましい行動を保証（コ
ミット）する能力が内生的にもたらされるのは，こうした

組織が取引関係の頻度を増大させ，無限期間生きるプレイヤーを創出するからである．他のプレイヤーと取引する代わりに，元の取引にかかわる各プレイヤーは，これらの組織と関係を持つのである．

クレジットカード会社の運用を考えてみよう．売り手と買い手との間の取引は，売り手とクレジットカード会社との間の取引と，クレジットカード会社と買い手との間の取引によって置き換えられる．クレジットカード会社から売り手への支払いの信憑性は，公的な制度によって，クレジットカード会社が支払いにコミットすることが可能になっているからである．買い手からクレジットカード会社への支払いの信憑性をもたらす要因の1つは，買い手の信用格づけを下げる権限を，クレジットカード会社が持っているということである．

しかしながら，組織は人間によって構成されている．よって，制度の行動や意味を理解するためには，これらの人々がさまざまな行動をとる際の動機や能力を考慮することが必要になる（第5章を参照）．理論がもたらす重要な洞察の1つは，評判に基づく制度においては，自らの収益性と評判を気にすることが，組織に協調をもたらす行動を取らせる動機を与えるということである．『コンシューマー・リポーツ』誌が信頼に足る情報を提供することにコミットするのは，さもなければ読者はそれを買うのをやめてしまうからである．証券取引所が，上場された会社が提供する情報の正確さを監視する動機を持つのは，さもなけれ

ば人々の株式を購入する意欲が薄れてしまうかもしれない
からである.

C.2.9 評判に基づく制度のコスト

　評判に基づく制度はコストなしで運用できるものではな
い.その運用はしばしばコストのかかる組織に依存する.
そうした組織の能力と働きは,さまざまな活動に従事する
ことに対する障壁に依存し,またそうした障壁を作り出す
ものである.

　以下の例はこのようなコストの例を示すものである.多
者間懲罰への期待に基づく制度においては,プレイヤー
は,グループのすべての構成員の反応を恐れて誠実な行動
をとることになる.したがって,そのグループ内で特定の
個人とどの程度長い付き合いをするかということは,二者
間懲罰の場合にくらべて重要なものではなくなる.もし取
引相手となる人を頻繁に変化させることで効率性の改善が
あるのであれば,そうした取引相手の変更がグループ内で
のみ起こるであろう.これと対比させるために,回収でき
ない(サンク・コストへの)投資をすることで,二者間関
係を作り出す制度を考えてみよう.仮に新しい関係を築く
ことがより効率的で,結果としてより大きなパイが得られ
るとしても,いったん回収不能な投資がなされると(コス
トがサンクされると)人々は新しい関係を築くことをやめ
るであろう.サンク・コストは効率的な取引関係と実際に
利益を生む取引関係との間にギャップをもたらす.もし新

たな売り手がより低い価格で同一の財を提示したとしても，買い手はこの売り手と関係を構築しようとはしないかもしれない．関係を構築するのに回収不能な投資をもう一度する必要があるからである[18]．

　しかしながらここでの議論の中心になっているのは，評判に基づく制度のコストを直接考察することではない．関心があるのはむしろ，理論の一般的な洞察に従ってこれらのコストがもたらす観測可能な影響を明らかにすれば，それらを用いて制度を識別することができるということである．先に取り上げた2つの制度のそれぞれが持つコストは，行動に対して異なった影響を持っていたが，そのことによって，実証的にそれら2つの制度を識別することが可能になったのである．

C.3　結語

　以上の議論は，特定の制度の現実妥当性に関する予想を形成し，実証する際に，理論が重要な役割を果たすことを浮き彫りにするものである．例えば，無限の期間にわたって関係が続き，プレイヤーが十分に忍耐強いならば協調は達成可能であるというゲーム理論の基本的な洞察は，制度分析の結論というより出発点となる見方である．それは，このメカニズムの運用において必要な条件が本当に満たされているか否か，またどのような形で満たされているかを評価するためのお膳立てをしている．このようなことを評

価するための分析を実施する場合，事実から理論へ，そして理論から事実への不断のフィードバックが行われる．理論を用いれば，さまざまな可能性や，特定の制度の存在や機能をもたらす条件の輪郭を描くことができるようになる．また，事実を用いれば，特定の論点や可能性に分析の目を向けることができるようになる．

さまざまな可能性を考慮するのに理論を用いる際は，その理論の外部にある要因の重要性に注意を払うことが欠かせない．評判に基づく自律的秩序の制度に関して言えば，それと公的秩序（そして，より一般的に，強制力に基づく）制度との間に補完性がしばしば存在する．（マグリブ貿易商の例のように）行動が法廷によって立証できない場合や，（商人ギルドの例のように）取引関係を持つ人々が法廷の運営も行っているような場合，評判のみに基づく制度がとりわけ重要なものとなる．しかしこのような環境においてさえ，公的秩序の制度は自律的秩序の制度の運用において重要な役割を果たすのである．例えば，商人ギルドの例では，支配者が自らの領域内の暴力の利用をコントロールする能力を持つことは，支配者と外国商人との間で評判に基づく制度を運用する際に，決定的であった．しかしながら，このような補完性についての理論は十分に発展しているとは言い難い．したがって，特定の中心的取引における行動を生み出す制度を識別しようとする際には，制度的要素が，自律的秩序の評判に基づくものと，公的秩序の強制力に基づくものとの双方を含んでいる可能性があることを

念頭に置くことが重要である．特に評判に基づく自律的秩序の制度を識別する場合には，公的秩序の制度への依存やそれとの相互関係を考慮することが重要なのである．

付録 C 註

1) これらの分析の流れや評判に基づく制度のサーベイについては，Greif and Kandel (1995); Klein (1996); Greif (2000); Hart (2001); Dixit (2004) を参照．重要な貢献と考察については，Milgrom and Roberts (1982); Shapiro and Stiglitz (1984); Kreps et al. (1982); Kreps (1990a); O. Williamson (1985); Joskow (1984); Nelson (1974); Klein and Leffler (1981); Shapiro (1983); Akerlof and Yellen (1986) を参照．

2) 類似の結果は，すべての代理人が，もし裏切りをするならば何らかの内在的精神コストを被るという意味で，信頼に足ると仮定する場合にも得られる．この精神コストの分布は周知の事実であるが，各人に内在するコストは私的情報である．低コスト（「悪い」）代理人が何期かにわたって高コスト（「良い」）代理人の行動を模倣し，ついには裏切りで元を取るであろうという評判を獲得することによって，均衡経路上で協調が維持される (Hart and Holmstrom 1987)．

3) 後に述べる Tadelis (1999, 2002) の企業評判のモデルは，均衡においては，アイデンティティを変更する代理人はより低い利得を得る．

4) 1つの議論の例として Hart 2001 をみよ．

5) 制度の中では，これらの論点はすべて互いに関連がある．これらについて順次議論すると，それぞれの論点に焦点をあてることができるが，論点の間の関連性を論じられないうらみがある．

6) これはまた，利得が移転可能な非対称的な囚人のジレンマゲームでも可能である．

7) 技術的には，（囚人のジレンマゲームとは異なり）ステージ・ゲームに複数均衡が存在するような，完備情報の有限回くり返しゲームを用いてこれらのつながりを分析する．古典的分析については，Benoit and Krishna

(1985) を参照.

8)　しかしながら，保証金を積むことは片側囚人のジレンマの状況を作り出すことに注意しなければならない．一度被雇用者が保証金を積んでしまうと，雇用者はそれを没収して他の代理人を雇用することができる．多くの場合，保証金は（証書受託会社のような）第三者の手におかれ，その第三者の行動は法制度か評判に対する考慮のいずれかによって統制されている.

9)　Wiessner (2002) は，低い社会的地位にあるアフリカのブッシュ族の女性が，高い地位にある男性がそのグループの規範から逸脱した場合に懲罰するうえでのゴシップの役割について論じている.

10)　第3章で述べたように，この主張は実証的に立証することはできないが，実際にこれが起こっていたという理論的可能性が，より大きな確信を持ってそうした提携関係を見出すことにつながったのである.

11)　より一般的にいえば，懲罰を与えられるべきプレイヤーに対してより低い利得をもたらす均衡への移行が起こるのであれば，懲罰は信憑性のあるものとなり裏切りをやめさせることができる.

12)　例外として Bendor and Mookherjee (1990) がある．プレイヤーが同時に多くの二者間ゲームをプレイし，すべてのゲームが同一である場合，各ゲームにおいて二者間懲罰によって協調を維持できないならば多者間懲罰によっても協調は維持されない.

†　これは，上述のように，過去に裏切った代理人を働かせるためには二者間懲罰を使わざるをえず，したがってより高い賃金を支払う必要があるためである.

13)　評判に基づく制度には，協調からより多くの利益をもたらしうるより大きなネットワークの利点と，大きなサイズがもたらす情報伝達の遅れやコストとのトレードオフがある．技術的には，時間割引因子をサイズの減少関数とすることで，大きなサイズの追加的情報コストをとらえることができる．すなわち，よりグループが大きければ，裏切りに関する情報が拡散するのにより時間がかかると考えるのである.

14)　今日，興信所やベリサイン（Verisign）のような組織がこの機能を満たしている（Greif 2000).

15)　全員が将来のある時点で再び協調するように切り替えるならば，この状態から脱出することは可能である．しかしながら，そのためにはコミュニケーション能力を持たないとされているプレイヤー間で，行動を調整す

ることが必要になってしまう.

16) 裏切りをされた者はゲームから出ていくと仮定する.

17) 不完全観測ゲームについての古典的な研究は, Green and Porter (1984) がある. Abreu et al. (1986); Abreu, Milgrom, and Pearce (1991); Fudenberg, Levine, and Maskin (1994) も参照. 近年のサーベイは, Pearce (1995) および Kandori (2002), そして *Journal of Economic Theory* の 2002 年 1 月号に掲載された Bhaskar, van Damme, Piccione and Ely, Valimaki, Compte, Mailath, Morris, Aoyagi の論文を参照. 制度分析への応用については, Clay (1997) および Maurer and Sharma (2002) を参照.

18) Fafchamps (2004) は, このような行動は現代のアフリカにおいてみられると報告している. 評判に基づく制度のコストの分析については, Kranton (1996); Kali (1999); Dasgupta (2000); Annen (2003) を参照.

解　説

　本書は，ユニークな1次史料に基づいた厳密な歴史分析と，経済社会において人々の行動を動機づけるさまざまな誘因（インセンティブ）を数理的に分析するゲーム理論を統合する画期的な試みである．

　1989年の経済学界は，ノースウェスタン大学出身の若い研究者が書いた博士論文の話題で持ちきりであった．経済学の博士号のほかに歴史学の修士号をも合わせ持つこの研究者は，カイロ旧市街のゲニーザと呼ばれる驚くべき文書貯蔵庫から発掘された膨大なヘブライ語書簡を丹念に読み解き，11世紀の地中海遠隔地交易に従事したユダヤ人貿易商が，ゲーム理論の数理モデルから導かれる「評判メカニズム」「くり返しゲームのトリガー戦略」を使って協調を達成していたことを明らかにしたというのである．この若き研究者こそが，本書の著者であるアブナー・グライフであり，その博士論文とその後の研究の進展は，経済史のみならず，経済学一般や政治学における制度と社会秩序の研究に大きなインパクトをあたえた．こうした一連の研究を集大成したものが本書である．

　「歴史研究とゲーム理論の統合」というと，ややもすると理論好きな研究者が現実の詳細を十分に知らないまま，数理モデルを無理な形で現実に当てはめたものと思われがち

だが，経済学と並んで歴史学の訓練も受けた著者の手になる本書は，現実の歴史的事実に忠実であろうとする実証精神に貫かれている．そのため，ゲーム理論を歴史的事実に当てはめた豊富な事例を提示するだけにとどまらず，ゲーム理論と歴史的現実とのギャップにも大きな注意を払い，このギャップを埋めるものとしての制度分析の方法や，さらには現状のゲーム理論に足りないものは何か，またそれをどのように発展させて行ったらよいかに対しての示唆にも富んだものとなっている．

　また本書は，中世の遠隔地交易を主な題材としているが，そのことにとどまらず，「制度とは何か，それはなぜ存続し，どのようにして変化するか，またそれを理論的・実証的に分析する方法はなにか」「経済の近代化・発展をもたらすメカニズムはなにか」という壮大な課題に答えようとするものである．このために著者は，伝統的な経済学のみならず，行動経済学，政治学，社会学などの幅広い分野で得られた重要な知見を総合しようと試みており，本書はそうしたさまざまな分野に興味を持つ読者にも刺激を与えるものとなるであろう．

　ここでは特に，ゲーム理論と経済史においてどのようなことが分析されてきたかをわかりやすく解説し，その中で本書がどのような意義をもつものかを位置づけることにしたい．また，本書は大部でその内容も多岐にわたるため，全体の簡単な要約を付け加えておく．歴史・ゲーム理論・制度に興味を持つ幅広い読者（ならびに本書を書店でいま立

ち読みしているあなた）が本書を読み解くための参考となれ
ば幸いである．

ゲーム理論と本書の貢献

　ゲーム理論は，人々の利害対立を数理モデルで表現す
る．例えば，遠隔地交易を行う商人が，現地での商品の運
搬や代金の受領を管理する代理人を雇うとき，商人と代理
人の利害は必ずしも一致していない．両者が協力すれば大
きな経済的な利益が生み出される一方で，代理人は商品の
輸送をずさんに行ったり，支払われた代金を横領しようと
する誘惑に駆られるであろう．ゲーム理論はこうした利害
関係を数理モデルで表現し，各人が自らの利益を追求する
結果，何がおこるかを予測する．

　商人と代理人との関係が１回限りであり，代理人は商人
を騙してそのまま商人と二度と出会うことがなければ，代
理人は商人を騙す強い誘因に駆られる．商人はこのことを
見越して，代理人を雇うことをあきらめ，両者が協調すれ
ば実現したであろう経済的な利益は実現しないまま終わっ
てしまう．これが，商人と代理人との関係が１回限りであ
る場合のゲーム理論が与える予測であり，それは，商人と
代理人との関係を表現した「ゲーム」と呼ばれる数学モデ
ルの「ナッシュ均衡点」として表現される．

　ナッシュ均衡点とは，各人が相手の出方を正しく読んだ
うえで，自らの利益を追求した結果，実現する状態であり，
ゲーム理論はこれを数理モデルの中で一定の条件式を満た

す点として定義し，それを計算する．上で述べたような単純なケースでは，数理モデルを使わなくとも，何が起こるかを簡単に予想できるかもしれない．しかし，より複雑な状況では，利害関係を明確なモデルで表現し，ナッシュ均衡点を数学の力を借りて見つけ出すことが，各人の利害追求の結果生ずる状態を予測するうえで大いに役立つのである．

　ゲーム理論で中心的な役割をはたすナッシュ均衡という考えは，うまく機能する制度の一面をとらえている．ナッシュ均衡点は，各人が他人がどう行動するかをよく理解したうえで，自らの行動を最適に選んでいる状態である．言い換えると，人々がどう行動するかについて人々は共通の理解を持ち，しかも自分1人だけが行動を変えても得をしないような状態がナッシュ均衡なのである．制度がうまく機能し，安定した行動パターンが人々に定着しているならば，それはまさにこうした条件をみたすもの，すなわちナッシュ均衡になっているはずである．本書はこうした観点から，ゲーム理論とナッシュ均衡を1つの軸として，制度一般とその具体事例として中世遠隔地交易を研究している．

　ここで，先に述べた商人と代理人を再び考察してみよう．先に見たとおり，商人と代理人との関係が1回限りであると，両者の協調は達成されないが，商人と代理人が長期的関係を結ぶ場合はどうであろうか？　関係が将来にわたってずっと続くならば，代理人は今日商人を騙すことで

目先の利益を得られるが，明日以降については商人との信頼関係が崩れて利益が減ってしまうかもしれない．目先の利益よりも，協調が崩れることで将来失うことになる利益のほうが大きければ，代理人は誠実に行動し，商人と代理人との協調関係は達成されるであろう．ゲーム理論は，こうしたことを，「くり返しゲーム」の均衡点として表現する．

　現実の問題では，商人と代理人が一対一の関係をずっと続けていくとは限らない．商人を騙してクビになった代理人は，すぐに別の商人のもとで働けるかもしれない．現実の経済史上の問題を考える際には，こうした可能性は無視できないものである．グライフは，もしある1人の商人を騙した代理人が，他のすべての商人から相手にされなくなるならば，こうした場合でも代理人は誠実に行動するであろうことに着目し，固定的な取引相手との長期的関係を分析する「くり返しゲーム」の理論を，取引相手が変わっていくケースに拡張した．そして，11世紀の地中海交易に従事したユダヤ商人（マグリブ貿易商）が，上で述べたような一種の村八分戦略（「多者間の懲罰メカニズム」と本書で呼ばれているもの）を実際に使っていたことを，当時の商人たちが交わした書簡などから傍証していくところが，本書のハイライトのひとつとなっている．本書はこのほか，ある地方から来た商人が不正を働いた際，その土地から来たすべての商人に責任を負わせる「連帯責任制」の機能とその興亡の分析や，交易の中心地を訪れる外国人商人たちの所有

権が侵害されると，彼らが一丸となって所有権を侵害した為政者に報復する「商人ギルド」の機能の分析など，くり返しゲームの理論をより歴史的事実に適合するような形に拡張するさまざまな試みがなされている．

　ゲーム理論に対する興味から本書を読まれる読者は，本書がゲーム理論の予測に合致する歴史上の具体的事例を提示するにとどまらず，理論を現実に注意深く適用する過程で，現状のゲーム理論の不足点をあぶり出し，それを乗り越えるさまざまな萌芽的なアイデアをも提示していることに驚くであろう．

　一番の論点は，制度をとらえるゲーム理論のモデルを構築すると，通常そこにはたくさんの，まったく性質が異なったナッシュ均衡点が存在するということである．たとえば，道路の左側を車が通行するというのは（皆がそれに従うとき，自分1人だけが右側通行に行動を変えても得をしないという意味で）ナッシュ均衡になっている．同様に，おなじ「道路通行ゲーム」には，車が右側通行をするという別のナッシュ均衡がある．「右側通行」と「左側通行」のどちらが制度として定着するかは，ゲーム理論からは予測できないことになる．より重要な例をあげると，旧東ドイツと西ドイツは，同一の民族，同一の時点，ほぼ等しい資源や技術を持ちながら（つまり，理論上はほぼ同一の大きなゲームをプレイしていたにもかかわらず），そこでは社会主義と資本主義という異なる制度が定着し，そのパフォーマンスは全く異なっていた．

グライフは，ひとたび技術・資源・人々の嗜好などの状況が与えられると，どのような制度的な行動（ナッシュ均衡行動）が定着するかについて，ただ1つの予測を与えることができないという意味で，「ゲーム理論は制度の（＝制度を一意に決定する）理論を与えていない」と述べる．そして，複数のナッシュ均衡行動のなかから，1つのものを定着させるさまざまなメカニズムの複合体として，制度をとらえようと試みている．また，特定の行動様式に注意を向ける「文化に根ざした予想」，現実の人間はゲーム理論が「ゲームのルール」として記述する状況の詳細な情報に従って行動するのではなく，制度が与える簡単化された認知モデルにしたがって均衡行動を取っているとするアイデア（人々は「ゲームのルールに対してプレイする」のではなく，制度として流布している簡約化された行動の「ルールに対してプレイする」という考え方），過去の制度が次に来る制度に独自の影響を与えるという「歴史的過程としての制度ダイナミクス」の考えなど，萌芽的なアイデアが豊富に提示されている．これらを，数理モデルの形でどのようにゲーム理論に取り入れていくかが，今後のゲーム理論の1つの課題となるであろう．

　複数均衡に関する上記の論点は，ゲーム理論を実証する際に生ずるゲーム理論のもう1つの難点をも示している．外生的な要因をひとたび与えると唯一の予測を生み出すような経済モデルについては，計量経済学と呼ばれる実証の手続きが確立している．そこでは，一定の手続きでデータ

を処理し，その結果が統計的テストに合格すれば，理論は
実証されたことになる．一方で，複数のまったく性質の異
なる均衡をもつゲーム理論モデルを実証する際には，学界
で広く定着したこのような手続きはいまだ存在しない．グ
ライフは，この難問に挑み，ある時代にある特定の均衡が
成立していたことを論証するやりかたとして，「理論−歴
史対話型の，文脈に依存した分析」を提唱し，それを，マ
グリブ貿易商をはじめとする具体的な歴史事例を用いて説
明している．先に述べた複数均衡間の選択の問題と同様，
この分析方法も萌芽的なアイデアの段階にあり，それをど
のようにして既存の計量経済学の手法のような標準化され
た実証手続きとして定式化するかは，今後の大きな課題と
なろう．実際，マグリブ貿易商の実証分析には異議を唱え
る論文（Edwards et al. 2008）が最近発表されており，グライ
フはこれに対してさらに詳細な史料分析を使って反論を行
っている（Greif 2008）．興味をもたれた読者は，両者の論争
から実証方法について更なる洞察を得ることができよう．

経済史における制度研究と本書の貢献

　経済史研究において制度は長く関心を持たれてきた．そ
してそのことは，経済史研究へのマルクスの影響と切り離
して考えることはできない．マルクスは，歴史上に現れ
た，生産手段に対する所有権配分のパターンに注目し，そ
れを軸に「生産関係」，すなわち生産に関して人々が取り結
ぶ社会関係という概念を提起した．マルクスは，特定の生

産関係は特定の「生産力」，すなわち技術水準に対応していると考え，両者の組み合わせを「生産様式」と呼んだ．そして生産力の上昇によって，生産様式が奴隷制，封建制，資本主義などと順次展開して来たという見方を示したのである（Marx 1867）．

マルクスの歴史理論は，技術と社会関係（組織）の関係を強調した点，所有権に焦点を当てて社会関係を考察した点で現代の制度分析の重要な先駆となっている（North 1990, p. 132; Hart 1995, p. 5）．しかし，マルクスには，社会関係が生産力に与える影響を分析するための道具が欠けていた．そのため，洞察に富む指摘が散見されるとはいえ，基本的には生産力の上昇は外生的に与えられたものと捉えられている．すなわち，マルクスの歴史理論は，自身が社会・経済発展の起動力と位置づけた生産力の動きを，その枠組みの中で説明していない．

経済史研究において，あらためて制度を正面から研究対象に据え，上の問題に解決の道筋を示したのは，North and Thomas（1973）である．同書は，近代の西欧社会が世界でいち早く持続的な経済成長を軌道に乗せ，貧困を抜け出すことに成功したという歴史事象に焦点をあてて，その原因を探究した．その際に同書は，この事象に関するそれまでの研究に対して，それらが挙げてきた「さまざまな要因（技術革新，規模の経済性，教育，資本蓄積など）は成長の原因ではない．それらは成長そのものである」（邦訳，pp. 2-3）という根本的な批判を提起した．技術革新，規模の経済

性，人的・物的資本の蓄積が経済成長をもたらすとして，なぜ近代の西欧という特定の時代，特定の地域でこれらの現象が活発に生じたのかがさらに説明されなければならないという批判である．

そのうえで，North and Thomas（1973）は，上の前提条件が「効率的な経済組織」であるとする新しい仮説を提起した．「効率的な経済組織」は，取引コスト（transaction cost）を削減して個人的な便益を社会的な便益に近づける諸制度からなるとされる．すなわち，North and Thomas（1973）は，Oliver Williamson などの取引コスト経済学を経済史研究に応用することを通じて，「効率的経済組織」の形成が利己心に基づく経済行動が社会的に望ましい結果をもたらすという Smith（1776）が描いた経済システムを実現させ，持続的経済発展を始動させたという新しい見方を提起した．「効率的経済組織」を構成する制度として，具体的には国家による所有権の保護が重視される．国家による所有権の保護という制度が，取引コストの低下を通じて人々が市場取引に参加するインセンティブを高め，市場経済の拡大をもたらしたという見方である．

このような見方において制度は，「社会におけるゲームのルール」，あるいは「人々によって考案された制約であり，人々の相互作用を形づくる」ものとなっている（North 1990, 邦訳，p. 3）．しかし，人々によって考案された制約がなぜ人々の相互作用を形作るのか，言い換えれば，人々はなぜその「制約」を遵守するのかについて，ノースは分析

していない．そのため，事実上，その「制約」が外部から執行（enforce）されるという想定が置かれ，結果として具体的な歴史研究においては，上述のように国家による所有権保護に対象が限定されることになっている．本書の著者，アブナー・グライフは，本書の前提となったいくつかの論文において，この問題の所在を明らかにし，それを乗り越えた．

　その際に鍵になったのはゲーム理論の応用である．グライフは，比較制度分析を提唱している青木昌彦などとともに，制度をゲームの均衡と捉える見方を提唱した（Greif 1993, 1997; 青木・奥野 1996; 青木 2001）．Greif（1997）は，制度を「技術以外の要因によって決定される行動に対する自己実現的な制約」（p. 84）と定義している．「自己実現的」（self-enforcing）というのは，社会を構成する人々がその制約にしたがう動機を持っているという意味である．これは，ゲーム理論の用語を用いると，その制約が，社会を構成する人々がプレイするゲームの均衡になっていることと表現される．ゲーム理論の応用に基づく新しい制度概念は，ノースなどの制度研究が未解決のまま残した問題を解決することに貢献した．後述するように，本書の中でグライフは，これまでに自身が提唱してきた，「ゲーム均衡としての制度」という見方をさらに進める試みを行っているが，そこでも制度の自己実現性をゲームの均衡によって説明するという見方は維持されている．

本書の概要（1）：中世後期経済史の比較歴史制度分析

　本書の中でグライフは，ゲーム理論に基づく制度分析を，中世後期（11‒14世紀）の地中海世界とヨーロッパにおけるいくつかの具体的対象について行っている．すなわち，マグリブ貿易商の間の代理人契約（3章），ヨーロッパの商人ギルド（4章），ジェノヴァにおける政治制度（8章），マグリブ貿易商とジェノヴァにおける制度比較（9章），ヨーロッパにおける共同体責任制（10章）である．

　マグリブ貿易商は，11世紀に地中海で交易に従事していたユダヤ人貿易商である．彼らは遠隔地間の交易を行うに当たって，海外の交易中心地で代理人を雇用した．第3章は，この商人‒代理人関係において，代理人が誠実に行動することにコミットすることを可能にし，したがって代理人関係に基づく遠隔地交易の拡大を可能にした制度を分析している．マグリブ貿易商は，グライフが「結託」と呼ぶグループを形成しており，その内部から代理人を選んで雇用した．本章は，結託においては「多者間の懲罰戦略」（Multilateral Punishment Strategy；MPS），すなわち，結託の構成員の1人を騙した代理人は結託の構成員全員が雇用しないという戦略がゲームの均衡となり，均衡では代理人の誠実な行動が導かれることを示している．ある構成員が，過去に自分以外の構成員を騙した代理人を雇用しないのは，他のすべての構成員がその代理人を将来にわたって雇用しないと期待されるために，その代理人を誠実に働かせるために必要な賃金が相対的に高いことによる．

商取引に従事する人々の所有権を侵害する可能性があったのは取引相手だけではなく，国家ないし支配者による所有権侵害の可能性も大きかった．第4章は，中世後期のヨーロッパで，この問題が商人ギルドの機能によって解決されたと論じている．商人ギルドは，ある地域との将来の交易をその地域の支配者による過去の権利の保護に関係づけるという戦略をとった．すなわち，ギルドの構成員の所有権をある地域の支配者が侵害した場合，ギルドはその地域に対する禁輸を発動した．ギルドの禁輸によって失われる将来の税収が十分に大きいために，支配者が商人の所有権の尊重にコミットすることが可能になったのである．ギルドが構成員の商人に生み出す独占的なレントが，商人が禁輸に参加する誘因として機能した．

　本書の対象は政治制度にも及んでいる．ジェノヴァでは11世紀末に執政官システムと呼ばれる制度に基づいて国家が建設されたが，12世紀半ばに内戦が勃発し，その後12世紀末になって，ポデスタ制と呼ばれる新しい制度の下でふたたび政治的安定が実現した．第8章では，この執政官システムとポデスタ制が分析される．執政官システムは「相互抑止均衡」に基づいていた．ジェノヴァには2つの有力氏族があり，それぞれは相手を攻撃してジェノヴァの支配者になることができれば，ジェノヴァが交易から得る利益を独占することができた．他方で，両氏族の協力関係が崩れれば，海賊行為から得られる利益は失われた．このような状況の下で，交易利益の独占という利得が，攻撃

費用と海賊行為の利益の喪失による機会費用を下回ることによって成立していたのが相互抑止均衡である.

　ポデスタというのは雇用された行政官であり，一定の契約期間の後に報酬を支払われた．ポデスタ制の下でジェノヴァの政治的安定が実現したのは，ポデスタ自身が独裁者とならず，一方の氏族と結託せず，一方の氏族が他方の氏族を攻撃した時，そしてその時にのみ攻撃された氏族の側に立って戦う誘因がポデスタに与えられていたことによる．その誘因は，ポデスタ自身の軍事力がジェノヴァ全体の軍事力に比べれば小さく，しかし2つの氏族間の軍事力バランスを変えるには十分であったという条件に基づいていた．ポデスタが一方の氏族と結託しないのは，事後的な結託の報酬に氏族がコミットできないためである.

　第3章で論じられているように，マグリブ貿易商の代理人関係は多者間の懲罰戦略に基づく制度によって統治された．これに対してジェノヴァの貿易商は，同じく遠隔地で代理人を雇用しながら，多者間の懲罰戦略を用いず，貿易商本人との取引履歴のみに基づいて代理人との雇用を決定した．第9章は，このような雇用の仕方，すなわち個人主義的戦略は，マグリブ貿易商がプレイしたのと同じゲームにおける異なる均衡であることを示している．他のジェノヴァ貿易商が個人主義的戦略をとることが期待される場合，過去に他の貿易商を騙したことがあるかどうかは代理人の行動に影響を与えず，したがって貿易商は代理人の過去における他の代理人との取引履歴を考慮しないことにな

る．すなわち，マグリブ貿易商とジェノヴァ貿易商におけるゲームの均衡ないし制度の相違は，他の貿易商の行動に関して貿易商が持つ期待，すなわち「文化に根ざした予想」(cultural belief) に基づいている．個人主義的戦略は，騙した代理人に対する懲罰が弱く，それだけでは代理人関係を支えることができない．著者は，個人主義的社会，すなわちヨーロッパでは，それを補完する仕組みとして法制度が発達したと論じている．

　近代的な法制度に基づく取引統治への発展途上において，12-14世紀のヨーロッパで「共同体責任制」と呼ばれる制度が普及した．第10章はこの共同体責任制を対象としている．その前提となるのはコミューンとよばれる地域的な組織である．コミューンは内部の人々が相互に親密である点では共同体と共通し，領域内で強制力を独占している点では国家と共通するという中間的な性格を持つとされている．各コミューンには裁判所があって，コミューンに属する商人が他のコミューンの商人から債務不履行を受けた場合，自分のコミューンの裁判所に訴えることができた．貸し手側の裁判所は一定の費用をかけて訴えの妥当性を検証し，立証された場合，借り手商人が属するコミューンの商人が領域内に持っている財を差し押さえ，そのうえで借り手側コミューンの裁判所に補償を要求した．要求を受けた借り手側コミューンの裁判所は一定の費用をかけて要求を検証し，それが立証された場合，借り手商人から罰金を取り立て，その範囲内の金額を貸し手側コミューンの

裁判所に支払った．支払いを受けた貸し手側裁判所は，貸し手商人に補償し，差し押さえを解除した．このような貸し手と両裁判所の行動は，コミューン裁判所の利得がコミューンの構成員の利得の割引現在価値の和であるという仮定の下で，コミューン間の将来の交易から得られる利得が十分大きく，裁判所による立証費用が十分小さい場合には，ゲームの均衡となり，その下で交易が行われる．この制度の下での交易は，特定の取引相手との将来の交易から得られる利益に対する期待，その相手の過去の行動に関する知識，その相手の不正を将来の取引相手に通報する能力に依存しないという意味で，個人的関係に依存しない（impersonal）取引となっている．著者は，共同体責任制を近代の市場経済を特徴づける個人的関係に依存しない取引への経過点であると考えている．

本書の概要（2）：制度変化の分析枠組み

　以上，ゲームの均衡という性質に焦点を当てて内容を紹介した5つの章と並んで，本書は，序論と結論を含めて，方法論を提示した7つの章（1・2・5・6・7・11・12章）を含んでいる．注目されるのは，それらの章において，これまでグライフ自身が提起してきた制度概念と制度分析の枠組みをさらに拡張する試みがなされている点である．

　第2章で，制度は「（社会的）行動に一定の規則性を与えるルール・予想・規範・組織のシステムである」と定義されている（上巻 p. 80）．この制度の捉え方は，これまでの制

度研究において提起されてきた，ゲームの「均衡」という制度概念（Greif 1993, 1997）や均衡行動を動機づける予想の共有を重視する考え方（Greif 1994; Aoki 2001）と明確に区別されている（上巻 p. 42）．

　従来の制度概念が不十分であるとされる理由は，それによっては制度の時間を通じた変化を適切に分析することができないことにある．制度がゲームの均衡であるとすれば，それは均衡の定義によって内生的に変化することはなく，制度変化は，外生的に与えられるゲームの構造の変化によってもっぱら説明されることになる．「内生的な制度変化を分析することは，制度を均衡と見なす考え方とは相容れない」（上巻 p. 42）のである．このような考えに基づいて，本書では次のような方法論的課題が設定される．すなわち，均衡としての制度という制度概念が導入した，社会における行動の規則性の背後にある動機の分析という視点を維持しながら，制度の存続，内生的制度変化，制度変化における過去の制度の影響を統一的に分析できる枠組みを構築することである．

　上記の制度の定義の中にある，ルール・予想・規範・組織の4つをグライフは制度的要素（institutional element）と呼び，それぞれが次のような役割を果たすと考えている．社会的に明確化され流布されたルールは，人々の間に認識の共有をもたらし，人々に情報を提供し，その行動を調整し，道徳的に適切で社会的に許容される行動を指示する．予想と規範は人々にルールに従う動機を与える．そして組

織は，ルールを形成・流布し，予想と規範を持続させ，実現可能な予想の範囲に影響を与える．本書においてグライフは，これら4つの制度的要素によって，複数あるゲームの均衡の中から特定のものが選ばれると考えている．その意味では本書の制度概念も，事実上，ゲームの均衡としての性質を持っているといえる．

　このことは，上記の内生的制度変化に関する難問を別に解決する必要があることを意味する．そのためにグライフが本書で導入したのが，「準パラメータ」(quasi-parameter)と「制度強化」(institutional reinforcement)，「制度弱体化」(institutional undermining)という概念である．準パラメータというのは，ゲームの結果の積み重ねによって長期的には内生的に変わっていく変数であるが，短期的には不変で，パラメータと見なすことができるような値を指している（上巻 pp. 316-9）．そして制度が準パラメータに引き起こす長期的な変化によって，その制度が均衡（自己実現的）になるパラメータの範囲が拡大することを制度強化といい，逆に準パラメータの長期的変化によって制度が均衡になるパラメータの範囲を縮小することを制度弱体化という．そして弱体化が進行すると最終的に制度は均衡ではなくなってしまう．

　制度弱体化によって既存の制度が時間の経過の中で解体することが説明できたとして，新しい制度への移行はどのように説明されるであろうか．この問題は第7章で主に取り組まれている．既存の制度が自己実現的でなくなった

時，人々は新しい制度の選択に直面する．本書で強調されているのは，制度の選択において，過去の制度を構成していた制度的要素，すなわちルール・予想・規範・組織が初期条件を与えるという点である．これらの要素は，すでにそれが構成していた制度が均衡でなくなった後も，多くの場合，存続しており，制度の選択に影響を与え，また新しい制度に組み込まれる．そのような点で，過去の制度は制度変化に影響を与えると考えられているのである．制度を制度的要素に分解して定義したことの意味は，このような制度変化の理解を基礎づけることにあるといえよう．

参考文献

Edwards, J. and S. Ogilvie (2008) "Contract Enforcement, Institutions and Social Capital: The Maghribi Traders Reappraised." CESifo Working Paper Series No. 2254, University of Cambridge.

Greif, A. (1993) "Contract Enforceability and Economic Institutions in Early Trade: The Maghribi Traders' Coalition," *American Economic Review* 83 (3): 525-48.

—— (1994) "Cultural Beliefs and the Organization of Society: A Historical and Theoretical Reflection on Collectivist and Individualist Society," *Journal of Political Economy*, 102 (5): 912-50.

—— (1997) "Microtheory and Recent Developments in the Economic Institution through Economic History," in D. Kreps and K. Wallis eds, *Advances in Economics and Econometrics, Theory and Application*, vol. 2, Cambridge: Cambridge University Press.

—— (2008) "Contract Enforcement and Institutions among the Maghribi Traders: Refuting Edwards and Ogilvie", http://www.stanford.edu/~avner/

Hart, O. (1995) *Firms, Contracts, and Financial Structure*, Oxford: Clarendon Press. （鳥居昭夫訳『企業 契約 金融構造』慶應義塾大学出版会, 2010

　年)

Marx, K. (1867) *Das Kapital*. (向坂逸郎訳『資本論』岩波文庫, 1967 年)

North, D. (1990) *Institutions, Institutional Change, and Economic Performance*, Cambridge: Cambridge University Press. (竹内公視訳『制度・制度変化・経済成果』晃洋書房, 1994 年)

North, D. and Thomas, R. (1973) *The Rise of the Western World: A New Economic History*, Cambridge: Cambridge University Press. (速水融・穐本洋哉訳『西欧世界の勃興：新しい経済史の試み』ミネルヴァ書房, 1980 年)

Smith, A. (1776) *An Inquiry into the Nature and Causes of the Wealth of Nations*. (大内兵衛訳『諸国民の富』岩波文庫, 1966 年)

青木昌彦 (2001)『比較制度分析に向けて』NTT 出版.

青木昌彦・奥野正寛編 (1996)『経済システムの比較制度分析』東京大学出版会.

監訳者あとがき

　本書の著者であるアブナー・グライフ教授と私たちの交流は 1980 年代に遡る．神取はグライフ教授と同じ 1989 年に博士号を取得し，その年に欧州の主要な学会誌である *Review of Economic Studies* が開始した「第 1 回　RES ヨーロピアン・ツアー」にグライフ教授と共に参加した．これは，その年に博士論文を書いた者の中から数名を同誌が選抜して，欧州とイスラエルで研究発表の機会を与えるというものである．神取とグライフ教授はそれぞれくり返しゲームの理論とその歴史への応用の研究に従事していたため，これをきっかけに研究の交流が始まった．その後，1990 年代初めにグライフ教授が東京大学に客員研究者として滞在した際，岡崎が教授による比較歴史制度分析に関するセミナーを主催した．

　ゲーム理論と経済史を統合して制度を分析するというグライフ教授の研究に，私たちはそれぞれの立場から関心を持ち，研究交流を続けてきた．そして，学術誌に発表されたグライフ教授の多くの論文が 1 つの書物にまとめられ，比較歴史制度分析という新しい研究領域の基盤を与える日を心待ちにしてきた．すでに論文の形で部品は準備されていたとはいえ，それを本書の形にまとめることは容易な作業ではなかったと推察される．グライフ教授は何年にもわ

たって本書の草稿に取り組んでこられた．その苦心の一端を知るだけに，本書が刊行されたことは私たちにとって大きな喜びであった．

本書の邦訳を私たちが行うきっかけは，スタンフォード大学の青木昌彦教授が与えて下さった．青木教授は比較制度分析を主導してきただけでなく，日本語版序文にも書かれているように，本書に結実するグライフ教授の研究に大きな貢献をされている．青木教授から本書邦訳の機会をいただいたことは，私たちにとって大きな光栄である．

本書の翻訳作業は 2006 年から始められた．有本寛，尾川僚，後藤英明，結城武延の 4 名の若い研究者の方々に翻訳の分担をお願いし，序文，日本語版への序，第 1，2 章と付録を尾川が，第 3，4，5 章を有本が，第 6，7，8，9 章を後藤が，序文と第 10，11，12 章を結城が翻訳を担当した．その後，前半を神取が，後半を岡崎が監訳を担当し，互いに訳文を全体的に見返して手を入れる作業に当たった．こうした意味で，本書は監訳者 2 人だけではなく，有本・尾川・後藤・結城の各氏を含めた 6 人での真の共同作業であるということができる．また，本書にあるイタリア語，ラテン語の用語については，東京大学大学院人文社会系研究科の高山博教授に，アラビア語，ヘブライ語については総合研究大学院大学葉山高等研究センターの菅瀬晶子上級研究員に，その訳と読み方についてご教示をいただいた．いうまでもなく，残されているかもしれない誤訳は私たちの責任である．

翻訳にあたっては，原書におけるいくつかの誤植を訂正
した．3章のいくつかの個所（特に命題3.3と補論）につい
ては，著者と相談のうえ，必要な範囲で数式を訂正してお
いた．

　本書の翻訳は，ゲーム理論と経済史の双方に関する知識
が必要とされる困難な過程であり，翻訳の一翼を担ってい
ただいた4名の方々に，監訳者として心から感謝したい．
また，NTT出版元取締役の島﨑勁一氏，宮崎志乃氏，永田
透氏には，本訳書の作成過程で多大なご助力をいただい
た．この場をお借りして，感謝の意を表したい．

　なお表紙のタイトルのバックに用いられている画像は，
グライフが本書で資料として使用しているゲニーザ文書
（Cambridge University Library, T-S 10J10. 14）である．掲
載を許可されたケンブリッジ大学図書館に感謝したい．

2009年11月

岡崎哲二・神取道宏

文庫版監訳者あとがき

　本書は，2009 年に私たちの監訳で NTT 出版から刊行された
アブナー・グライフ『比較歴史制度分析』（原著は
Avner Greif, *Institutions and the Path to the Modern Economy: Lessons from Medieval Trade*, Cambridge University
Press, 2006）の文庫版である．文庫版の作製にあたって，
上下 2 冊に分けるとともに，一部の訳文を読みやすく改訂
した．グライフの原著は，経済史のゲーム理論的分析とい
う新しい研究アプローチを開拓しただけでなく，契約の自
律的執行のメカニズムやそこでの文化に根ざした予想
（Cultural belief）の役割など，経済社会の仕組みに関する
一般性のある洞察を数多く提示しており，社会科学の古典
としての地位を確立している．文庫版の出版によってグラ
イフの著書がより多くの日本の読者を得ることを期待した
い．

　文庫版の作製にあたって，翻訳者の有本寛，尾川僚，後
藤英明，結城武延の各氏にあらためて訳文をチェックして
いただいた．また編集に関して筑摩書房の北村善洋氏にた
いへんお世話になった．記して感謝の意を表したい．

2020 年 10 月

岡崎哲二・神取道宏

参考文献

Abercrombie, Nicholas, Stephen Hill, and Bryan S. Turner. 1994. *The Dictionary of Sociology*. 3rd ed. London: Penguin Group.

Abou El Fadl, Khaled. 2001. *Rebellion and Violence in Islamic Law*. Cambridge: Cambridge University Press.

Abramovitz, M. 1986. "Catching Up, Forging Ahead, and Falling Behind." *Journal of Economic History* 46 (2): 385-406.

Abreu, Dilip. 1988. "On the Theory of Infinitely Repeated Games with Discounting." *Econometrica* 56: 383-96.

Abreu, Dilip, Paul R. Milgrom, and David G. Pearce. 1991. "Information and Timing in Repeated Partnerships." *Econometrica* 59 (6): 1713-33.

Abreu, Dilip, David G. Pearce, and Ennio Stacchetti. 1986. "Optimal Cartel Equilibria with Imperfect Monitoring." *Journal of Economic Theory* 39 (June): 251-69.

Abulafia, David. 1977. *The Two Italies: Economic Relations Between the Norman Kingdom of Society and the Northern Communes*. Cambridge: Cambridge University Press.

————— 1985. "Catalan Merchants and the Western Mediterranean, 1236-1300: Studies in the Notarial Acts of Barcelona and Sicily." *Viator* 16: 209-42.

Abu-Lughod, Janet. 1991. *Before European Hegemony: The World System, A.D. 1250-1350*. Oxford: Oxford University Press.

Acemoglu, Daron, Simon Johnson, and James A. Robinson. 2001. "The Colonial Origins of Comparative Development: An Empirical Investigation." *American Economic Review* 91 (Dec.): 1369-1401.

————— 2002. "The Rise of Europe: Atlantic Trade, Institutional Change and Economic Growth." Memo, MIT.

Acemoglu, Daron, and James A. Robinson. 2000. "Political Losers as a Barrier to Economic Development." *AEA Papers and Proceedings* 90: 126-30.

Airaldi, Gabriella. 1983. "Groping in the Dark: The Emergence of Genoa in the Early Middle Ages." *Miscellanea di Studi Storia* 2: 7-17.

————— 1986. *Genova la Liguria nel Medioevo*. Turin: Utet Libreria.

Akerlof, George A. 1986. *An Economic Theorist's Book of Tales*. Cambridge:

Cambridge University Press. 幸村千佳良，井上桃子訳『ある理論経済学者の
お話の本』ハーベスト社，1995 年.

Akerlof, George A., and R. E. Kranton. 2000. "Economics and Identity." *Quarterly
Journal of Economics* 115 (3): 715-53.

Akerlof, George A., and Janet L. Yellen. 1986. *Efficiency Wage Models of the Labor
Market.* Cambridge: Cambridge University Press.

AlSayyad, Nezar. 1991. *Cities and Caliphs: On the Genesis of Arab Muslim
Urbanism.* New York: Greenwood.

Andreoni, James, and John Miller. 2002. "Giving According to GARP: An
Experimental Test of the Consistency of Preferences for Altruism."
Econometrica 70 (2): 737-53.

Annali Genovesi di Caffaro e dei suoi Continuatori. 1099-1240. Trans. Ceccardo
Roccatagliata Ceccardi and Giovanni Monleone. 4 vols. Genoa: Municipio di
Genova, 1923-29.

Annen, Kurt. 2003. "Social Capital, Inclusive Networks, and Economic Perfor-
mance." *Journal of Economic Behavior and Organization* 50 (4): 449-63.

Aoki, Masahiko. 1994. "The Contingent Governance of Teams: Analysis of
Institutional Complementarity." *International Economic Review* 35 (3): 657-
76.

——— 2001. *Toward a Comparative Institutional Analysis.* Cambridge, MA:
MIT Press. 瀧澤弘和，谷口和弘訳『比較制度分析に向けて』NTT 出版，2001
年.

Arias, G. 1901. *I trattati commerciali della Repubblica Fiorentina.* Florence:
Successori le Monnier.

Aron, J. 2000. "Growth and Institutions: A Review of the Evidence." *World Bank
Research Observer* 15 (1): 99-135.

Arrow, Kenneth J. 1974. *The Limits of Organization.* New York: Norton. 村上泰亮
訳『組織の限界』岩波書店，1976 年，ちくま学芸文庫，2017 年.

——— 1981. "Optimal and Voluntary Income Redistribution." In Steven
Rosenfield (ed.), *Economic Welfare and the Economics of Soviet Socialism:
Essays in Honor of Abram Bergson,* 267-88. Cambridge: Cambridge
University Press.

Arthur, Brian W. 1988. "Self-Reinforcing Mechanisms in Economics." In K. J.
Arrow and P. Anderson (eds.), *The Economy as an Evolving Complex*

System, 9-33. New York: Wiley.

———— 1994. *Increasing Returns and Path Dependence in the Economy*. Ann Arbor: University of Michigan Press. 有賀裕二訳『収益逓増と経路依存』多賀出版, 2003 年.

Ashburner, M., and A. Walter. 1909. *The Rodian Sea-Law*. Oxford: Clarendon Press.

Aumann, Robert J. 1987. "Game Theory." In J. Eatwell, M. Milgate, and P. Newman (eds.), *The New Palgrave: A Dictionary of Economics* 2: 460-82. London: Macmillan.

Aumann, Robert J., and Adam Brandenburger. 1995. "Epistemic Conditions for Nash Equilibrium. *Econometrica* 65 (5): 1161-80.

Aumann, Robert J., and Sergiu Hart (eds.). 1994, 2002. *Handbook of Game Theory with Economic Implications*. Vols. 2, 3. North Hollnad: Elsevier Science Publishers.

Bairoch, Paul, Jean Batou, and Pierre Ghèvre (eds.). 1988. *The Population of European Cities from 800 to 1850*. Geneva: Center of International Economic History.

Baliga, Sandeep, and Ben Polak. 2004. "The Emergence and Persistence of the Anglo-Saxon and German Financial Systems." *Review of Financial Studies* 17 (1): 129-63.

Ball, R. 2001. "Individualism, Collectivism, and Economic Development." *Annals of the American Academy of Political and Social Science* 573 (Jan.): 57-84.

Ballard, Adolphus, and James Tait (eds.). 1913. *British Borough Charters, 1042-1216*. Cambridge: Cambridge University Press.

———— (eds.). 1923. *British Borough Charters, 1216-1307*. Cambridge: Cambridge University Press.

Bandura, A. 1971. *Social Learning Theory*. Englewood Cliffs, NJ: Prentice-Hall. 原野広太郎監訳『社会的学習理論：人間理解と教育の基礎』金子書房, 1979 年.

Banerjee, A. V., and A. F. Newman. 1993. "Occupational Choice and the Process of Development." *Journal of Political Economy* 101 (2): 274-98.

Banks, Jeffrey S., and Randall L. Calvert. 1989. "Communication and Efficiency in Coordination Games." Working Paper No. 196. Department of Political Science, University of Rochester.

Barbadoro, Bernardino. 1921. *Consigli della Reppublica Fiorentina*. Bologna: R.

Accademia dei Lincei, Forni Editore.

Bardhan, Pranab. 1991. "Alternative Approaches to the Theory of Institutions in Economic Development." In Pranab Bardhan (ed.), *The Economic Theory of Agrarian Institutions*, 3-17. Oxford: Clarendon Press.

Barzel, Yoram. 1989. *Economic Analysis of Property Rights*. Cambridge: Cambridge University Press. 丹沢安治訳『財産権・所有権の経済分析：プロパティ・ライツの新制度派的アプローチ』白桃書房，2003 年.

—— 2002. *A Theory of the State: Economic Rights, Legal Rights, and the Scope of the State*. Cambridge: Cambridge University Press.

Bates, Robert H. 2001. *Prosperity and Violence: The Political Economy of Development*. New York: Norton.

Bates, Robert H., R. J. P. de Figueiredo, and B. R. Weingast. 1998. "The Politics of Interpretation: Rationality, Culture, and Transition." *Politics & Society* 26 (4): 603-42.

Bates, Robert H., Avner Greif, Margaret Levi, Jean-Laurent Rosenthal, and Barry Weingast. 1998. *Analytic Narrative*. Princeton, NJ: Princeton University Press.

Bates, Robert H., Avner Greif, and Smita Singh. 2002. "Organizing Violence." *Journal of Conflict Resolution* 46 (5): 59-628.

Becker, Gary S. 1974. "A Theory of Social Interactions." *Journal of Political Economy* 82: 1963-93.

Belgrano, Luigi T. 1873. *Tavole genealogiche a corredo della illustrazione del registro arcivescovile de Genova*. Genoa: Atti della Società Ligure di Storia Patria.

Bellah, Robert N., Richard Madsen, William M. Sullivan, Ann Swidler, and Steven M. Tipton. 1985. *Habits of the Heart: Individualism and Commitment in American Life*. Berkeley: University of California Press. 島薗進，中村圭志訳『心の習慣：アメリカ個人主義のゆくえ』みすず書房，1991 年.

Bellamy, John. 1973. *Crime and the Courts in England, 1660-1800*. Princeton, NJ: Princeton University Press.

Benabou, R. 1994. "Education, Income Distribution, and Growth; The Local Connection." Working paper, Department of Economics, Massachusetts Institute of Technology.

Bendor, Jonathan, and Dilip Mookherjee. 1990. "Norms, Third-Party Sanctions,

and Cooperation." *Journal of Law, Economics, & Organization* 6 (Spring):
33-63.

Benjamin of Tudela. 1159-117. *Itinerary*. Trans. Michael Singer, Marcus N. Adler,
and A. Asher. Malibu, Calif.: Joseph Simon/Pangloss Press, 1987.

Ben-Ner, Avner, and Louis Putterman (eds.). 1998. *Economics, Values and
Organization*. Cambridge: Cambridge University Press.

Benoit, Jean-Pierre, and Vijay Krishna. 1985. "Finitely Repeated Games."
Econometrica 53 (4): 905-22.

Bensa, Enrico. 1925. *The Early History of Bills of Lading*. Genoa: Stabilimento
D'arti Grafiche.

Ben-Sasson, Menahem, 1991. *The Jews of Sicily, 825-1068* (in Hebrew and Judeo-
Arabic). Jerusalem: Ben-Zevi Institute.

Benson, Bruce L. 1989. "The Spontaneous Evolution of Commercial Law."
Southern Economic Journal 55 (3): 644-61.

Beresford, M., and H. P. R. Finberg. 1973. *English Medieval Boroughs: A Handlist*.
Newton Abbott: David and Charles.

Berger, Peter L. 1977. *Invitation to Sociology*. Harmondsworth: Penguin Books. 水
野節夫, 村山研一訳『社会学への招待』新思索社, 1979 年, ちくま学芸文庫,
2017 年.

Berger, Peter L., and Thomas Luckmann. 1967. *The Social Construction of Reality*.
New York: Anchor Books. 山口節郎訳『現実の社会的構成：知識社会学論
考』新曜社, 2003 年.

Berkowitz, Daniel, Katherian Pistor, and Jean-François Richard. 2003. "Economic
Development, Legality, and the Transplant Effect." *European Economic
Review* 47 (1): 165-95.

Berman, Harold J. 1983. *Law and Revolution: The Formation of the Western Legal
Tradition*. Cambrige, MA: Harvard University Press.

Bernheim, B. Douglas. 1984. "Rationalizable Strategic Behavior." *Econometrica* 52
(4): 1007-28.

Bernheim, B. Douglas, and Debraj Ray. 1989. "Collective Dynamic Consistency in
Dynamic Games." *Games and Economic Behavior* 1 (4): 295-326.

Bernheim, B. Douglas, and Michael D. Whinston. 1990. "Multi-market Contract
and Collusive Behavior." *Rand Journal of Economics* 21 (1): 1-26.

Bernstein, L. 1992. "Opting Out the Legal System: Extralegal Contractual

Relations in the Diamond Industry." *Journal of Legal Studies* 21 (Jan.): 115-57.

Bertolotto, Gerolamo. 1896. "Nuova serie di documenti sulle relazioni di Genova coll'Impero Bizantino." In *Atti della Società Ligure de Storia Patria, XXVIII*. Genoa: Società Ligure di Storia Patria.

Besley, Timothy, and Stephen Coate. 1995. "Group Lending, Repayment Incentives and Social Collateral." *Journal of Development Economics* 46 (1): 1-18.

Bester, H., and W. Güth. 1998. "Is Altruism Evolutionarily Stable?" *Journal of Economic Behavior and Organization* 34: 193-209.

Binmore, Kenneth. 1996. "A Note on Backward Induction." *Games and Economic Behavior* 17 (1): 135-7.

Binmore, Kenneth, John Gale, and Larry Samuelson. 1995. "Learning to be Imperfect: The Ultimatum Game." *Games and Economic Behavior* 8: 56-90.

Bittles, Alan H. 1994. "The Role and Significance of Consanguinity as a Demographic Variable." *Population and Development Review* 20 (3): 561-84.

Blau, Joshua. 1961. *A Grammar of Medieval Judaeo-Arabic*. Jerusalem: Magnes Press.

————— 1965. *The Emergence and Linguistic Background of Judaeo-Arabic*. London: Oxford University Press.

Bloch, Marc. 1961. *Feudal Society*. Vol. 1. Trans. L. A. Manyon. Chicago: University of Chicago Press.

Bohnet, Iris, and Bruno S. Frey. 1999. "Social Distance and Other-Regarding Behavior in Dictator Games: Comment." *American Economic Review* 89 (1): 335-9.

Bolton, Gary E., and Axel Ockenfels. 2000. "A Theory of Equity, Reciprocity and Competition." *American Economic Review* 90 (1): 166-93.

Bouman, F. J. A. 1995. "Rotating and Accumulating Savings and Credit Associations: A Development Perspective." *World Development* 23 (3): 371-84.

Bowles, Samuel, and Herbert Gintis. 1976. *Schooling in Capitalist America: Educational Reform and the Contradictions of Economic Life*. New York: Basic Books.

————— 1998. "The Evolution of Strong Reciprocity." Santa Fe Institute Working

Paper, 98-08-073E.

Brinton, Mary, and Victor Nee (eds.). 1998. *The New Institutionalism in Sociology*. New York: Russell Sage Foundation.

Britnell, R. H. 1996. *The Commercialisation of English Society, 1000-1500*. 2nd ed. New York: Manchester University Press.

Buchanan, James M. 1999. *The Collected Works of James M. Buchanan*. Fairfax. VA: Liberty Fund.

Bull, Clive. 1987. "The Existence of Self-Enforcing Implicit Contracts." *Quarterly Journal of Economics* 102 (1): 147-59.

Bulow, Jeremy, and Kenneth Rogoff. 1989. "A Constant Reconstracting Model of Sovereign Debt." *Journal of Political Economy* 97 (1): 155-78.

Byrne, Eugene H. 1916-17. "Commercial Contracts of the Genoese in the Syrian Trade of the Twelfth Century." *Quarterly Journal of Economics* 31: 128-70.

——— 1920. "Genoese Trade with Syria in the Twelfth Century." *American Historical Review* 25: 191-219.

——— 1928. "The Genoese Colonies in Syria." In L. J. Paetow (ed.), *The Crusade and Other Historical Essays*, 139-82. New York: F. S. Crofts.

Cahen, Claude. 1990. "Economy, Society, Institutions." In P. M. Holt, Ann K. S. Lambton, and Bernard Lewis (eds.), *The Cambridge History of Islam*, 511-38. Cambridge: Cambridge University Press.

Calendar of Letters from the Mayor and Corporation of the City of London. Circa A.D. 1350-60. Ed. Reginald R. Sharpe. London: Corporation of the City of London, 1885.

Calendar of Plea and Memoranda Rolls Preserved among the Archives of the Corporation of the City of London at the Guild Hall. 1926-61. Corporation of London. 6 vols. Cambridge: Cambridge University Press.

Calendar of the Patent Rolls Preserved in the Public Record Office. *English Historical Documents*. 1893-1910. 14 vols. London: His Majesty's Stationery Office.

Calvert, Randall L. 1992. "Leadership and Its Basis in Problems of Social Coordination." *International Political Science Review* 13 (1): 7-24.

——— 1995. "Rational Actors, Equilibrium, and Social Institutions." In Jack Knight and Itai Sened (eds.), *Explaining Social Institutions*, 57-93. Ann Arbor: University of Michigan Press.

Camerer, Colin, and Ari Vespsalaninen. 1987. "The Efficiency of Corporate Culture." Paper presented at the Colloquium on Strategy Content Research, The Wharton School, University of Pennsylvania.

Campos, N. F., and J. B. Nugent. 2002. "Who Is afraid of Political Instability?" *Journal of Development Economics* 67 (1): 157-72.

Cardini, Franco. 1978. "Profilo di un Crociato Guglielmo Embriaco." *Archivio Storico Italiano* 2-4: 405-36.

Carus-Wilson, E. M. 1967. *Medieval Merchant Venturers*. London: Butler and Tanner.

Casella, A., and J. E. Rauch. 2002. "Anonymous Market and Group Ties in International Trade." *Journal of International Economics* 58 (1): 19-47.

Catoni, Giuliano. 1976. "La brutta avventura di un mercante senese nel 1309 e una questione di rappresaglia." *Archivio Storico Italiano* 479: 65-77.

Cavalli-Sforza, Luigi L., and Marcus W. Feldman. 1981. *Cultural Transmission and Evolution: A Quantitatine Approach*. Princeton, NJ: Princeton University Press.

Chamley, Christophe P. 2004. *Rational Herds: Economic Models of Social Learning*. Cambridge: Cambridge University Press.

Charness, Gary, and Brit Grosskopf. 2001. "Relative Payoffs and Happiness: An Experimental Study." *Journal of Economic Behavior and Organization* 45: 301-28.

Charness, Gary, and Matthew Rabin. 2002. "Understanding Social Preferences with Simple Tests." *Quarterly Journal of Economics* 117 (3): 817-69.

Christiani, Emilio. 1962. *Nobilta'e popolo nel Comune di Pisa*. Instituto Italiano per gli Studi Storici, 13. Milan: Casa Editrice Einaudi.

Chwe, Michael Suk Young. 2001. *Rational Ritual: Culture, Coordination, and Common Knowledge*. Princeton, NJ: Princeton University Press.

Cipolla, Carlo M. 1993. *Before the Industrial Revolution*. 3rd ed. New York: Norton.

Çizakça, Murat. 1996. *A Comparative Evolution of Business Partnerships*. Leiden: E. J. Brill.

Clark, Andy. 1997a. "Economic Reason: The Interplay of Individual Learning and External Structure." In John Drobak and John Nye (eds.), *The Frontiers of the New Institutional Economics*, 269-90. San Diego, CA: Academic Press.

―――― 1997b. *Being There: Putting the Brain, Body, and World Together*

Again. Cambridge, MA: MIT Press.

Clark, Gregory. 1991. "Yields per Acre in English Agriculture, 1250-1860: Evidence from Labour Inputs." *Economic History Review* 44 (3): 445-60.

Clay, Karen. 1997. "Trade, Institutions, and Credit." *Explorations in Economic History* 34 (4): 495-521.

Close Rolls of the Reign of Henry III. 1227-72. 14 vols. London: His Majesty's Stationery Office, 1902-38.

Coase, Ronald H. 1937. "The Nature of the Firm." *Economica,* n.s., 4 (16): 386-405. 宮沢健一, 後藤晃, 藤垣芳文訳『企業・市場・法』東洋経済新報社, 1992 年, ちくま学芸文庫, 2020 年.

Codice diplomatico della Repubblica di Genova dal MCLXIIII [*sic*] *al MCL XXXX* [*sic*]. 1936, 1938, 1942, Ed. Cesare Imperiale di Sant'Angelo. Vols. I-III. Rome: Tipografia del Senato.

Cole, Harold L., George J. Mailath, and Andrew Postlewaite. 1992. "Social Norms, Saving Behavior and Growth." *Journal of Political Economy* 100 (6): 1092-1125.

Coleman, James S. 1990. *Foundations of Social Theory.* Cambridge, MA: Harvard University Press. 久慈利武監訳『社会理論の基礎』青木書店, 2004 年.

Collier, David, and Ruth Collier. 1991. *Shaping the Political Arena: Critical Junctures, the Labor Movement, and Regime Dynamics in Latin America.* Princeton, NJ: Princeton University Press.

Collins, Kathleen. 2004. "The Logic of Clan Politics-Evidence from Central Asian Trajectories." *World Politics* 56 (2): 224-61.

Colvin, Ian D. 1971. *The Germans in England, 1066-1598.* London: Kennikat Press.

Commons, John R. 1924. *Legal Foundations of Capitalism.* New York: Macmillan.

Conlisk, J. 1996. "Why Bounded Rationality?" *Journal of Economic Literature* 34 (2): 669-700.

Constable, R. Olivia. 2003. *Housing the Stranger in the Mediterranean World: Lodging, Trade, and Travel in Late Antiquity and the Middle Ages.* Cambridge: Cambridge University Press.

Cook, Mechael. 2003. *Forbidding Wrong in Islam: Am Introduction.* Cambridge: Cambridge University Press.

Coulton, G. G. (ed.). 1918. *Social Life in Britain from the Conquest to the*

Reformation. Cambridge: Cambridge University Press.

Crawford, S., and Elinor Ostrom. 1995. "A Grammar of Institutions." *American Political Review* 89 (3): 582-600.

Cremer, Jacques. 1986. "Cooperation in Ongoing Organizations." *Quarterly Journal of Economics* 101 (1): 33-49.

Crone, Patricia. 2002. *Roman, Provincial and Islamic Law: The Origins of the Islamic Patronate*. Cambridge: Cambridge University Press.

———— 2003. *Slaves on Horses: The Evolution of the Islamic Polity*. Cambridge: Cambridge University Press.

———— 2004. *God's Rule-Government and Islam: Six Centuries of Medieval Islamic Political Thought*. New York: Columbia University Press.

D'Andrade, R. G. 1984. "Cultural Meaning Systems." In R. A. Shweder and R. A. LeVine (eds.), *Culture Theory: Essays on Mind, Self, and Emotion*, 88-122. Cambridge: Cambridge University Press.

Dasgupta, Partha. 2000. "Economic Progress and the Idea of Social Capital." In Partha Dasgupta and Ismail Serageldin (eds.), *Social Capital: A Multifaceted Perspective*, 325-424. Washington, DC: World Bank.

Dasgupta, Partha, and Ismail Serageldin (eds.). 2000. *Social Capital: A Multifaceted Perspective*. Washington, DC: World Bank.

David, Paul A. 1985. "Clio and the Economics of Qwerty." *American Economic Review* 75 (2): 332-37.

———— 1994. "Why Are Institutions the 'Carriers of History'?: Path-Dependence and the Evolution of Conventions, Organizations and Institutions." *Structural Change and Economic Dynamics* 5 (2): 205-20.

Davis, Douglas D., and Charles A. Holt. 1993. *Experimental Economics*. Princeton, NJ: Princeton University Press.

Davis, Kingsley. 1949. *Human Society*. New York: Macmillan.

Dawes, Robyn M., and Richard H. Thaler. 1988. "Anomalies: Cooperation." *Journal of Economic Perspectives* 2 (3): 187-97.

Day, Gerald W. 1984. "The Impact of the Third Crusade upon Trade with the Levant." *International History Review* 3 (Apr.): 159-68.

———— 1988. *Genoa's Response to Byzantium, 1154-1204*. Urbana: University of Illinois Press.

Day, John. 1963. *Les douanes de genes, 1376-1377*. Paris: S.E.V.P.E.N.

De Figueiredo, Rui, Jack Rakove, and Barry R. Weingast. 2001. "Rationality, Inaccurate Mental Models, and Self-Confirming Equilibrium: A New Understanding of the American Revolution." Memo, Stanford University.

Dekel, E., D. Fudenberg, and D. K. Levine. 1999. "Payoff Information and Self-Confirming Equilibrium." *Journal of Economic Theory* 89 (2): 165-85.

de Negri, Teoflio Ossian. 1986. *Storia di Genova*. Florence: G. Martello.

Denzau, A., and D. C. North. 1994. "Shared Mental Models: Ideologies and Institutions." *Kyklos* 47 (1): 3-30.

de Roover, Raymond. 1948. *Money, Banking and Credit in Mediaeval Bruges*. Cambridge, MA: Mediaeval Academy of America.

―――― 1963. *The Rise and Decline of the Medici Bank, 1397-1494*. Cambridge, MA: Harvard University Press.

―――― 1965. "The Organization of Trade." In M. M. Postan, E. E. Rick, and M. Miltey (eds.), *Cambridge Economic History of Europe*, 3: 42-118. Cambridge: Cambridge University Press.

Diamond, Jared. 1997. *Guns, Germs, and Steel: The Fates of Human Societies*. New York: Norton. 倉骨彰訳『銃・病原菌・鉄：1万3000年にわたる人類史の謎』草思社，2000年，上・下，草思社文庫，2012年．

DiMaggio, Paul. 1994. "Culture and Economy." In Neil Smelser and Richard Swedberg (eds.), *The Handbook of Economic Sociology*, 27-57. Princeton, NJ: Princeton University Press; New York: Russell Sage Foundation.

―――― 1997. "The New Institutionalism: Avenues of Collaboration." *Journal of Institutional and Theoretical Economics* 154: 1-10.

DiMaggio, Paul, and W. Powell. 1991a. Introduction. In W. Powell and P. DiMaggio (eds.), *The New Institutionalism in Organizational Analysis*, 1-40. Chicago: University of Chicago Press.

―――― 1991b. "The Iron Cage Revisited: Institutional Isomorphism and Collective Rationality in Organizational Fields." In W. Powell and P. DiMaggio (eds.), *The New Institutionalism in Organizational Analysis*, 63-82. Chicago: University of Chicago Press.

Dixit, Avinash. 2004. *Lawlessness and Economics: Alternative Modes of Governance*. Princeton, NJ: Princeton University Press.

Dixit, Avinash, and Barry Nalebuff. 1991. *Thinking Strategically: The Competitive Edge in Business, Politics and Everyday Life*. New York: Norton. 菅野隆，嶋

津祐一訳『戦略的思考とは何か：エール大学式「ゲーム理論」の発想法』TBS
ブリタニカ，1991 年.

Djankov, Simeon, Edward L. Glaeser, Rafael La Porta, Florencio Lopez-de-Silanes,
and Andrei Shleifer. 2003. "The New Comparative Economics." *Journal of
Comparative Economics* 31 (4): 595-619.

Dobbin, F. 1994. *Forging Industrial Policy: The United States, Britain and France
in the Railroad Age.* Cambridge: Cambridge University Press.

Dollinger, Philippe. 1970. *The German Hansa.* Stanford, CA.: Stanford University
Press.

Donaver, Federico. 1990 [1890]. *Storia di Genova.* Genoa: Nuova Editrice
Genovese.

Duby, Georges. 1974. *The Early Growth of the European Economy: Warriors and
Peasants from the Seventh to the Twelfth Century.* Ithaca, NY: Cornell
University Press.

Duffy, Bella. 1903. *The Tuscan Republics (Florence, Siena, Pisa and Lucca) with
Genoa.* New York: G. P. Putnam's Sons.

Dugger, William M. 1990. "The New Institutionalism: New but Not Insitutional-
ist." *Journal of Economic Issues* 24 (2): 423-31.

Durkheim, Emile. 1950 [1895]. *The Rules of Sociological Method.* New York: Free
Press. 宮島喬訳『社会学的方法の規律』岩波書店，1978 年.

――― 1953. *Sociology and Philosophy.* New York: Free Press. 佐々木交賢訳
『社会学と哲学』恒星社厚生閣，1985 年.

Easterly, William. 2001. *The Illusive Quest for Growth: Economist's Adventures
and Misadventures in the Tropics.* Cambridge, MA: MIT Press. 小浜裕久，冨
田陽子，織井啓介訳『エコノミスト　南の貧困と闘う』東洋経済新報社，2003
年.

Easterly, William, and R. Levine. 2002. "Tropics, Germs, and Crops: How
Endowments Influence Economic Development." Mimeo, Center for Global
Development and Institute for International Economics.

Eggertsson, Thráinn. 1990. *Economic Behavior and Institutions: Principles of
Neoinstitutional Economic.* Cambridge: Cambridge University Press. 竹下公
視訳『制度の経済学：制度と経済行動』晃洋書房，1996 年.

Ekelund, Robert B., Jr., Robert F. Hébert, Robert D. Tollison, Gary M. Anderson,
and Audrey B. Davidson. 1996. *Sacred Trust: The Medieval Church as an*

Economic Firm. New York: Oxford University Press.

Ekelund, Robert B., Jr., and Robert D. Tollison. 1981. *Mercantilism, as a Rent-Seeking Society.* College Station: Texas A&M University Press.

Ellickson, Robert C. 1991. *Order without Law: How Neighbors Settle Disputes.* Cambridge, MA: Harvard University Press.

Ellison, Glenn. 1993. "Learning, Local Interaction, and Coordination." *Econometrica* 61 (5): 1047-71.

———— 1994. "Cooperation in the Prisoner's Dilemma with Anonymous Random Matching." *Review of Economic Studies* 61 (3): 567-88.

Elster, Jon. 1983. *Explaining Technical Change; A Case Study in the Philosophy of Science.* Cambridge: Cambridge University Press.

———— 1989a. *The Cement of Society: A Study of Social Order.* Cambridge: Cambridge University Press.

———— 1989b. "Social Norms and Economic Theory." *Journal of Economic Perspectives* 3 (4): 99-117.

———— 2000. "Rational Choice History: A Case of Excessive Ambition." *American Political Science Review* 94 (3): 685-95.

Ely, J., and O. Yilankaya. 1997. "Evolution of Preferences and Nash Equilibrium." Mimeo, Northwestern University.

Emery, R. 1952. "The Use of the Surname in the Study of Medieval Economic History." *Medievalia et Humanistica* 7: 43-50.

Engerman, Stanley L., and Kenneth L. Sokoloff. 1997. "Factor Endowments, Institutions, and Differential Paths of Growth among New World Economics: A View from Economic Historians of the United States." In Stephen Haber (ed.), *How Did Latin America Fall Behind?: Essays on the Economic Histories of Brazil and Mexico,* 260-304. Stanford, CA: Stanford University Press.

English, Edward D. 1988. *Enterprise and Liability in Sienese Banking, 1230-1350.* Cambridge, MA: Medieval Academy of America.

English Historical Documents, 1042-1189. 1968. Ed. D. C. Douglas and G. W. Greenaway. Vol. 2. London: Eyre and Spottiswoode.

English Historical Documents, 1189-1327. 1975. Ed. H. Rothwell. Vol. 3. London: Eyre and Spottiswoode.

Ensminger, Jean. 1997. "Changing Property Rights: Reconciling Formal and

Informal Rights to Land in Africa." In John N. Drobak and John V. C. Nye (eds.), *The Frontiers of the New Institutional Economics*, 165-96. New York: Academic Press.

Epstein, Steven A. 1984. *Wills and Wealth in Medieval Genoa, 1150-1250*. Cambridge, MA: Harvard University Press.

———— 1991. *Wage Labor and Guilds in Medieval Europe*. Chapel Hill: University of North Carolina Press.

———— 1996. *Genoa and the Genoese, 958-1528*. Chapel Hill: University of North Carolina Press.

Epstein, Steven. R. 1998. "Craft Guilds, Apprenticeship and Technological Change in Preindustrial Europe." *Journal of Economic History* 53 (4): 684-713.

———— 2000. *Freedom and Growth: The Rise of States and Markets in Europe, 1300-1750*. New York: Routledge.

Ertman, Thomas. 1997. *Birth of the Leviathan: Building States and Regimes in Medieval and Early Modern Europe*. Cambridge: Cambridge University Press.

Eysenck, M. W., and M. T. Keane. 1995. *Cognitive Psychology: A Student's Handbook*. Hillsdale, MI: Lawrence Erlbaum.

Face, Richard D. 1952. "The Embriaci: Feudal Imperialists of the Twelfth-Century Genoa." M.A. thesis, University of Cincinnati.

———— 1958. "Techniques of Business in the Trade between the Fairs of Champagne and the South of Europe in the Twelfth and Thirteenth Centuries." *Economic History Review* 10 (3): 427-38.

———— 1980. "Secular History in Twelfth Century Italy: Caffaro of Genoa." *Journal of Medieval History* 6 (2): 169-84.

Fafchamps, Marcel. 2004. *Market Institutions in Sub-Saharan Africa: Theory and Evidence*. Cambridge, MA: MIT Press.

Falk, Armin, and Urs Fischbacher. 2000. "A Theory of Reciprocity." Working Paper No. 6, University of Zürich.

Farrel, Joseph, and Eric Maskin. 1989. "Renegotiation in Repeated Games." *Games and Economic Behavior* 1 (3) 327-60.

Fearon, James D. 1991. "Counterfactuals and Hypothesis-Testing in Political-Science." *World Politics* 43 (2): 169-95.

———— 1997. "Bargaining over Objects That Influence Future Bargaining

Power." Working paper, Department of Political Science, University of Chicago.

Fearon, James D., and David D. Laitin. 1996. "Explaining Interethnic Cooperation." *American Political Science Review* 90 (4): 715-35.

Fehr, Ernst, and Urs Fischbacher. 2001. "Reputation and Retaliation." Mimeo, University of Zürich.

Fehr, Ernst, and Simon Gächter. 2000. "Cooperation and Punishment in Public Good Experiments." *American Economic Review* 90 (4): 980-94.

Fehr, Ernst, and Klaus M. Schmidt. 1999. "A Theory of Fairness, Competition, and Cooperation." *Quarterly Journal of Economics* 114 (3): 817-68.

———— 2001. "Theories of Fairness and Reciprocity-Evidence and Economic Applications." Working Paper 75, Institute for Empirical Research in Economics, University of Zürich.

———— 2003. "Theories of Fairness and Reciprocity: Evidence and Economic Applications." In Mathias Dewatripont, Lars Peter Hansen, and Stephen Turnovsky (eds.), *Advances in Economics and Econometrics: Theory and Applications, English World Congress*, 1: 208-56. Cambridge: Cambridge University Press.

Fernandez, Raquel, and Dani Rodrik. 1991. "Resistance to Reform: Status Quo Bias in the Presence of Individual-Specific Uncertainty." *American Economic Review* 81 (5): 1146-55.

Fershtman, Chaim, and Yoram Weiss. 1993. "Social Status, Culture and Economic Performance." *Economic Journal* 103 (July): 946-59.

Field, Alexander. 1981. "The Problem with Neoclassical Institutional Economics: A Critique with Special Reference to the North-Thomas Model of Pre-1500 Europe." *Explorations in Economic History* 18 (2): 174-98.

———— 2002. *Altruistically Inclined?: The Behavioral Sciences, Evolutionary Theory, and the origins of Reciprocity*. Ann Arbor: University of Michigan Press.

Fischbacher, Urs, Simon Gächter, and Ernst Fehr. 2001. "Are People Conditionally Cooperative? Evidence from a Public Goods Experiment." *Economic Letters* 71: 397-404.

Fischel, Walter J. 1958. "The Spice Trade in Mamluk Egypt." *Journal of Economic and Social History of the Orient* 1 (2): 157-74.

Fligstein, Neil. 1990. *The Transformation of Corporate Control*. Cambridge, MA: Harvard University Press.

Forsythe, Robert, Joel Horowitz, N. S. Savin, and Martin Sefton. 1994. "Fairness in Simple Bargaining Games." *Games and Economic Behavior* 6: 347-69.

Frank, Andre Gunder. 1998. *Reorient: Global Economy in the Asia Age*. Berkeley: University of California Press.

Frank, Robert H. 1987. "If Homo Economics Could Choose His Own Utility Function, Would He Want One with a Conscience?" *American Economic Review* 77 (4): 593-604.

French, H. R., and R. W. Hoyle. 2003. "English Individualism Refuted – and Reasserted: The Land Market of Earls Clone (Essex), 1550-1750." *Economic History Review* 4 (Nov.): 595-622.

Frey, Bruno S. 1997. *Not Just for the Money: An Economic Theory of Personal Motivation*. Cheltenham: Edward Elgar Publishing.

Friedman, James W. 1971. "Noncooperative Equilibrium for Supergames." *Review of Economic Studies* 38 (8): 1-12.

Friedman, Jeffrey (ed.). 1996. *The Rational Choice Controversy: Economic Models of Politics Reconsidered*. New Haven: Yale University Press.

Friedman, Milton. 1984. *The Methodology of Positive Economics*. Cambridge: Cambridge University Press. 佐藤隆三・長谷川啓之訳『実証的経済学の方法と展開』富士書房, 1977 年.

Fudenberg, D., and D. Kreps. 1988. "A Theory of Learning and Nash Equilibrium." Mimeo, Stanford University.

Fudenberg, Drew, and David K. Levine. 1993. "Self-Confirming Equilibrium." *Econometrica* 61 (3): 523-45.

———— 1998. *The Theory of Learning in Games*. Cambridge, MA: MIT Press.

———— 2003. "Steady State Learning and the Code of Hammurabi." Working paper, University of California, Los Angeles.

Fudenberg, Drew, David K. Levine, and Eric Maskin. 1994. "The Folk Theorem with Imperfect Public Information." *Econometrica* 62 (5): 997-1039.

Fudenberg, D., and E. Maskin. 1986. "The Folk Theorem for Repeated Games with Discounting and Incomplete Information." *Econometrica* 54 (3): 533-54.

Fudenberg, Drew, and Jean Tirole. 1991. *Game Theory*. Cambridge, MA: MIT Press.

Fukuyama, Francis. 1995. *Trust: The Social Virtues and the Creation of Prosperity*. New York: Free Press. 加藤寛訳『「信」無くば立たず』三笠書房, 1996 年.

Furnivall, John S. 1956. *Colonial Policy and Practice: A Comparative Study of Burm and Netherlands India*. New York: New York University Press.

Furubotn, Erik G., and Rudolf Richter. 1997. *Institutions and Economic Theory: The Contribution of the New Institutional Economics*. Ann Arbor: Univertsity of Michigan Press.

Gächter, Simon, and Armin Falk. 2002. "Reputation and Reciprocity: Consequences for the Labour Relation." *Scandinavian Journal of Economics* 104 (1): 1-26.

Galor, O., and J. Zeira. 1993. "Income-Distribution and Macroeconomics." *Review of Economic Studies* 60 (1): 35-52.

Garfinkel, Harold. 1967. *Studies in Ethnomethodology*. Englewood Cliffs, NJ: Prentice-Hall. 山田富秋, 好井裕明, 山崎敬一編訳『エスノメソドロジー：社会学的思考の解体』せりか書房, 1987 年所収.

Geanakoplos, John, David Pearce, and Ennio Stacchetti. 1989. "Psychological Games and Sequential Rationality." *Games and Economic Behavior* 1 (1): 60-79.

Ghatak, M., and T. W. Guinnane. 1999. "The Economics of Lending with Joint Liability: Theory and Practice." *Journal of Development Economics* 60 (1): 195-228.

Ghosh, Parikshit, and Debraj Ray. 1996. "Cooperation in Community Interaction without Information Flows." *Review of Economic Studies* 63 (3): 491-519.

Gibbons, Robert. 1973. *Game Theory for Applied Economists*. Princeton, NJ: Princeton University Press. 福岡正夫, 須田伸一訳『経済学のためのゲーム理論入門』創文社, 1995 年.

————— 1998. "Game theory and Garbage Cans: An Introduction to the Economics of Internal Organization." In R. Stern and J. Halpern (eds.), *Debating Rationality: Nonrational Elements of Organizational Decision Making*, chap. 2. Ithaca, NY: ILR Press.

————— 2001. "Trust in Social Structures: Hobbes and Coase Meet Repeated Games." In K. Cook (ed.), *Trust in Society*, chap. 11. New York: Russel Sage Foundation.

Gibbons, Robert, and Andrew Rutten. 1997. "Hierarchical Dilemmas: Social Order with Self-Interested Rulers." Working paper, Cornell University.

Giddens, Anthony. 1997. *Sociology*. London: Polity Press. 松尾精文, 成富正信訳『社会学』而立書房, 2004 年.

Gil, Moshe. 1971. *The Tustars, the Family and the Sect*. Tel Aviv: Tel Aviv University Press.

———— 1983a. "The Jews in Sicily under the Muslim Rule in the Light of the Geniza Documents." Unpublished manuscript, Tel Aviv University.

———— 1983b. *Palestine during the First Muslim Period (634-1099)* (in Hebrew and Arabic). Vols. 1-3. Tel Aviv: Ministry of Defense Press and Tel Aviv University Press.

Gilboa, Itzhak, and David Schmeidler. 2001. *Theory of Case-Based Decisions*. Cambridge: Cambridge University Press. 浅野貴央, 尾山大輔, 松井彰彦訳『決め方の科学：事例ベース意思決定理論』勁草書房, 2005 年.

Gintis, Herbert. 2000. *Game Theory Evolving: A Problem-Centered Introduction to Modeling Strategic Interaction*. Princeton, NJ: Princeton University Press.

Giovanni di Guiberto. 1200-11. *Cartolare* (in Latin and Italian). Ed. M. W. Hall-Cole and R. G. Reinert. Documenti, XVII-SXVIII. Turin: Editrice Libraria Italiana, 1939-40.

Giovanni Scriba. 1154-64. *Cartolare* (in Latin and Italian). Ed. Mario Chiaudano and Mattia Moresco. Vols. 1, 2. Turin: S. Lattes & C. Editori, 1935.

Glaeser, Edward L., Rafael La Porta, Florencio Lopez-de-Silanes, and Andrei Shliefer. 2004. *Do Institutions Cause Growth?* Memo, Harvard University.

Glaeser, Edward L., and Andrei Shleifer. 2002. "Legal Origin." *Quarterly Journal of Economics* 117 (4): 1193-1230.

Goitein, Shelomo Dov. 1957. "The Beginning of the Karim Merchants and the Character of Their Organization." *Journal of Economic and Social History of the Orient* 1: 175-84.

———— 1964. "Commercial and Family Partnerships in the Countries of Medieval Islam." *Islamic Studies* 3: 315-37.

———— 1967. *A Mediterranean Society: Economic Foundations*. Los Angeles: University of California Press.

———— 1971. *A Mediterranean Society: The Community*. Los Angels: University of California Press.

———— 1973. *Letters of Medieval Jewish Traders*. Princeton, NJ; Princeton University Press.

———— 1978. *A Mediterranean Society : The Family*. Los Angeles: University of California Press.

Gonzalez de Lara, Yadira. 2002. "Institutions for Contract Enforcement and Risk-Sharing: From Debt to Equity in Late Medieval Venice." Memo, Ente Einaudi, Bank of Italy.

———— 2004. "The State as an Enforcer in Early Venetian Trade: A Historical Institutional Analysis." Memo, University of Alicante, Spain.

Goodin, Robert, and Hans-Dieter Klingemann (eds.). 1996. *A New Handbook of Political Science*. New York: Oxford University Press.

Goody, J. 1983. *The Development of the Family and Marriage in Europe*. Cambridge: Cambridge University Press.

Gould, S. J., and N. Eldredge. 1977. "Punctuated Equilibria: The Tempo and Mode of Evolution Reconsidered." *Paleobiology* 3: 115-51.

Granovetter, Mark S. 1985. "Economic Action, Social Structure, and Embeddedness." *American Journal of Sociology* 91 (3): 481-510.

———— 2002. "A Theoretical Agenda for Economic Sociology." In Mauro Guillen, Randall Collins, Paula England, and Marshall Meyer (eds.), *The New Economic Sociology : Developments in an Emerging Field*, 35-59. New York: Russell Sage Foundation.

Grantham, George. 1992. "The Manse, the Manor and the Market: New Perspectives on the Medieval Agricultural Revolution." Memo, McGill University.

———— 1993. "Economic Growth without Causes: A Reexamination of Medieval Economic Growth and Decay." Presented at the annual meeting of the American Economic History Association, Tucson, AZ.

Gras, N. S. B. 1939. *Business and Capitalism : An Introduction to Business History*. New York: F. S. Crofts. 植村元覚訳『ビジネスと資本主義：経営史序説』日本経済評論社，1980 年.

Green, Donald P., and Ian Shapiro. 1994. *Pathologies of Rational Choice Theory: A Critique of Applications in Political Science*. New Haven: Yale University Press.

Green, Edward, and Robert Porter. 1984. "Noncooperative Collusion undet

Imperfect Price Information." *Econometrica* 52 (Jan.): 87-100.

Greif, Avner. 1985. "Sicilian Jews during the Muslim Period (827-1061)" (in Hebrew and Arabic). M.A. thesis, Tel Aviv University.

——— 1989. "Reputation and Coalitions in Medieval Trade: Evidence on the Maghribi Traders." *Journal of Economic History* 49 (4): 857-82.

——— 1992. "Institutions and Commitment in International Trade: Lessons from the Commercial Revolution." *American Economic Review* 82 (2): 128-33.

——— 1993. "Contract Enforceability and Economic Institutions in Early Trade: The Maghribi Traders' Coalition." *American Economic Review* 83 (3): 525-48.

——— 1994a. "Cultural Beliefs and the Organization of Society: A Historical and Theoretical Reflection on Collectivist and Individualist Societies." *Journal of Political Economy* 102 (5): 912-50.

——— 1994b. "Trading Institutions and the Commercial Revolution in Medieval Europe." In Abel Aganbegyan, Oleg Bogomolov, and Michael Kaser (eds.), *Economics in a Changing World*, 1: 115-25. Proceedings of the Tenth World Congress of the International Economic Association. London: Macmillan.

——— 1994c. "On the Political Foundations of the Late Medieval Commercial Revolution: Genoa during the Twelfth and Thirteenth Centuries." *Journal of Economic Histry* 54 (4): 271-87.

——— 1995. "Political Organizations, Social Structures, and Institutional Success: Reflections from Genoa and Venice during the Commercial Revolution." *Journal of Institutional and Theoretical Economics* 151 (4): 734-40.

——— 1996a. "A Comment on the 'Evolution of Economic Systems: The Case of Japan' by Tetsuji Okazaki and Masahiro Okuno-Fujiwara." In Y. Hayami and Masahiko Aoki (eds.), *The Institutional Foundation of Economic Developmet in East Asia*, 522-6. London: Macmillan.

——— 1996b. "Microtheory Recent Developments in the Study of Economic Institutions through Economic History." Working Paper No. 96-001, Stanford University, Department of Economics.

——— 1997a. "Microtheory and Recent Developments in the Study of Economic Institutions through Economic History." In David M. Kreps and

Kenneth F. Wallis (eds.), *Advances in Economic Theory*, 2: 79-113. Cambridge: Cambridge University Press.

———— 1997b. "Institutional Structure and Economic Development: Economic History and the New Institutionalism." In John N. Drobak and John Nye (eds.), *Frontiers of the New Institutional Economics*, 57-94. Volume in honor of Douglass C. North. New York: Academic Press.

———— 1997c. "Cultural Beliefs as a Common Resource in an Integrating World: An Example from the Theory and History of Collectivist an Individualist Societies." In P. Dasgupta, K.-G. Mäler, and A. Vercelli (eds.), *The Economics of Transnational Commons*, 238-96. Oxford: Clarendon Press.

———— 1997d. "Contracting, Enforcement, and Efficiency: Economics beyond the Law." In Michael Bruno and Boris Plekovic (eds.), *Annual World Bank Conference on Development Economics*, 239-66. Washington, DC: World Bank.

———— 1998a. "Historical and Comparative Institutional Analysis." *American Economic Review* 88 (2): 80-4.

———— 1998b. "Historical Institutional Analysis: Game Theory and Non-market Self-Enforcing Institutions during the Late Medieval Period." (in French). *Annales*, no. 3 (May-June): 597-633.

———— 1998c. "Self-Enforcing Political Systems and Economic Growth: Late Medieval Genoa." In Robert H. Bates, Avner Greif, Margaret Levi, Jean-Laurent Rosenthal, and Barry R. Weingast, *Analytic Narratives*, 23-63. Princeton, NJ: Princeton University Press.

———— 2000. "The Fundamental Problem of Exchange: A Research Agenda in Historical Institutional Analysis." *European Review of Economic History* 4 (3): 251-84.

———— 2001. "Impersonal Exchange and the Origin of Markets: From the Community Responsibility System to Individual Legal Responsibility in Pre-modern Europe." In M. Aoki and Y. Hayami (eds.), *Communities and Markets in Economic Development*, 3-41. Oxford: Oxford University Press.

———— 2002. "The Islamic Equilibrium: Legitimacy and Political, Social, and Economic Outcomes." Working paper, Stanford University.

———— 2004a. "State Building and Commercial Expansion: Genoa's Experience." Memo, Stanford University.

———— 2004b. "Commitment, Coercion, and Markets: The Nature and Dynamics of Institutions Supporting Exchange." In Claude Menard and Mary M. Shirley (eds.), *The Handbook for New Institutional Economics*. Norwell, MA: Kluwer Academic Publishers.

———— 2004c. "Impersonal Exchange without Impartial Law: The Community Responsibility System." *Chicago Journal of International Law* 5 (1): 109-38.

Greif, Avner, and Eugene Kandel. 1995. "Contract Enforcement Institutions: Historical Perspective and Current Status in Russia." In Edward P. Lazear (ed.), *Economic Transition in Eastern Europe and Russia: Realities of Reform*, 291-321. Stanford, CA: Hoover Institution Press.

Greif, Avner, and David Laitin. 2004. "A Theory of Endogenous Institutional Change." *American Political Science Review* 98 (4): 1-20.

Greif, Avner, Paul R. Milgrom, and Barry R. Weingast. 1994. "Coordination, Commitment and Enforcement: The Case of the Merchant Guild." *Journal of Political Economy* 102 (4): 745-76.

Gross, Charles, 1890. *Gild Merchant*. Oxford: Clarendon Press.

Grossman, Gene M., and Elhanan Helpman. 2002a. *Special Interest Politics*. Cambridge, MA: MIT Press.

———— 2002b. "Integration versus Outsourcing in Industry Equilibrium." *Quarterly Journal of Economics* 117: 85-120.

———— 2003. "Outsourcing in a Global Economy." *Review of Economic Studies* 1: 300-16.

Grossman, Herschel, and Minseong Kim. 1995. "Swords or Plowshares? A Theory of the Secutiry of Claims to Property." *Journal of Political Economy* 103 (6): 1275-88.

Grossman, Sanford J., and Oliver D. Hart. 1986. "The Cost and Benefits of Ownership: A Theory of Vertical and Lateral Integration." *Journal of Political Economy* 94 (4): 691-719.

Guglielmo Cassinese. 1190-2. *Carltolare* (in Latin and Italian). In Margares W. Hall, Hilmar C. Krueger, and Robert L., Reynolds (eds.), *Notai Liguri Del Sec. XII*. Turin: Editrice Libraria Italiana, 1938.

Guinnane, T. W. "Cooperatives as Information Machines: German Rural Credit Cooperatives, 1883-1914." *Discussion Papers* 97-20. University of Copenhagen, Department of Economics.

Gurevich, Aaron. 1995. *The Origins of European Individualism*. Oxford: Blackwell.

Gustafsson, Bo. 1987. "The Rise and Economic Behaviour of Medieval Crafts Guilds. An Economic-Theoretical Interpretation." *Scandinavian Economic History Review* 35 (1): 1-40.

Güth, W. 1992. "An Evolutionary Approach to Explaining Cooperative Behavior by Reciprocal Incentives." *International Journal of Game Theory* 24: 323-44.

Güth, W., and M. Yaari. 1992. "Explaining Reciprocal Behavior in Simple Strategic Games. An Evolutionary Approach." In U. Witt (ed.), *Explaining Forces and Change: Approaches to Evolutionary Economics*, 23-34. Ann Arbor: University of Michigan Press.

Haber, Stephen. 1977. "Institutional Change and TFP Growth: Brazil and Mexico, 1860-1940." Working Paper, Stanford University.

Haber, Stephen, Armando Razo, and Noel Maurer. 2003. *The Politics of Property Rights: Political Instability, Credible Commitments, and Economic Growth in Mexico, 1876-1929*. Cambridge: Cambridge University Press.

Hall, Peter A., and Rosemary C. R. Taylor. 1996. "Political Science and the Three New Institutionalisms." *Political Studies* 44 (4): 936-57.

——— 1998. "The Potential of Historical Institutionalism: A Response to Hay and Wincott." *Political Studies* 46 (4): 958-62.

Hall, Robert E., and Charles I. Jones. 1999. "Why Do Some Countries Produce So Much More Output per Worker Than Others?" *Quarterly Journal of Economics* 114 (Feb.): 83-116.

Hamilton, Gary G. 1991. "The Organizational Foundations of Western and Chinese Commerce: A Historical and Comparative Analysis." In Gary G. Hamilton (ed.), *Business Networks and Economic Development in East and Southeast Asia*, 48-65. Hong Kong University of Hong Kong, Center of Asian Studies.

Hanawalt, B. 1974. "The Peasant Family and Crime in Fourteenth-Century England." *Journal of British Studies* 13 (2): 1-18.

Hardin, Russell. 1989. "Why a Constitution." In Bernard Grofman and Donal Wittman (eds.), *The Federalist Papers and the New Institutionalism*, 100-20. New York: Agathon Press.

——— 1997. "Economic Theories of the State." In Dennis C. Mueller (ed.), *Perspectives on Public Choice: A Handbook*, 21-34. Cambridge: Cambridge University Press.

Hart, Oliver. 1995. *Firms, Contracts, and Financial Structure*. Oxford: Clarendon Press.

——— 2001. "Norms and the Theory of the Film." *University of Pennsylvania Law Review* 149 (6): 1701-15.

Hart, Oliver, and Bengt Holmstrom. 1987. "The Theory of Contracts." In Truman F. Bewley (ed.), *Advances in Economic Theory, Fifth World Congress*, 71-157. Cambridge: Cambridge University Press.

Hart, Oliver, and J. Moore. 1999. "Foundations of Incomplete Contracts." *Review of Economic Studies* 66 (1): 115-38.

Hatcher, John, and Mark Bailey. 2001. *Modeling the Middle Ages: The History and Theory of England's Economic Development*. Oxford; Oxford University Press.

Hayek, Friedrich A. von. 1937. "Economics and Knowledge." *Economica* 4: 33-54. 嘉治元郎, 嘉治佐代訳『ハイエク全集 I-3 個人主義と経済秩序』〈新版〉春秋社, 2008 年, 所収.

——— 1973. *Law Legislation and Liberty*. Vol. 1. Chicago: University of Chicago Press. 矢島鈞次, 水吉俊彦訳『ハイエク全集 I-8 法と立法と自由 I : ルールと秩序』〈新版〉春秋社, 2008 年.

——— 1976. *Law Legislation and Liberty*. Vol. 2. Chicago: University of Chicago. 篠塚慎吾訳『ハイエク全集 I-9 法と立法と自由 II : 社会正義の幻想』〈新版〉春秋社, 2008 年.

——— 1979. *Law Legislation and Liberty*. Vol. 3. Chicago: University of Chicago. 渡部茂訳『ハイエク全集 I-10 法と立法と自由 III : 自由人の政治的秩序』〈新版〉春秋社, 2008 年.

Hearder, H., and D. P. Waley (eds.). 1963. *A Short History of Italy from Classical Times to the Present Day*. Cambridge: Cambridge University Press.

Hechter, M. 1992. "The Insufficiency of Game Theory for the Resolution of Real World Collective Action Problems." *Rationality and Society* 4 (1): 33-40.

Heers, Jacques. 1977. *Parties and Political Life in the Medieval West*. Oxford: Oxford University Press.

Helpman, Elhanan. 2004. *The Mystery of Economic Growth*. Cambridge, MA: Harvard University Press.

Henrich, Joseph, Robert Boyd, Samuel Bowles, Colin Camerer, Ernst Fehr, and Hebert Gintis. 2004. *Foundations of Human Sociality: Experimental and*

Ethnographic Evidence from Fifteen Small-Scale Societies. Oxford: Oxford University Press.

Henrich, Joseph, Robert Boyd, Samuel Bowles, Colin Camerer, Ernst Fehr, Hebert Gintis, and Richard McElreath. 2001. "In Search for Homo Economicus: Behavioral Experiments in 15 Small-Scale Societies." *American Economic Review* 74 (May): 73-8.

Herb, Michael. 2003. "Taxation and Representation." *Studies in Comparative International Development* 38 (3): 3-31.

Herlihy, David. 1958. "The Agrarian Revolution in Southern France and Italy, 801-1150." *Speculum: A Journal of Mediaeval Studies* 33 (1): 23-42.

———— 1969. "Family Solidarity in Medieval Italian History." In David Herlihy, R. S. Lopez, V. Slessarev (eds.), *Economy Society, and Government in Medieval Italy: Essays in Memory of Robert L. Reynolds*, 173-84. Kent, OH: Kent State University Press.

Heyd, W. 1868. *Le colonie commerciali degli Italiani in Oriente nel Medio Evo*. 2 vols. Venice: G. Antonelli.

———— 1885. *Histoire du commerce du Levant et Moyen-âge*. 2 vols. Leipzig: Otto Harrassowitz.

Heywood, William. 1921. *A History of Pisa, Eleventh and Twelfth Centuries*. Cambridge: Cambridge University Press.

Hicks, John. 1969. *A Theory of Economic History*. Oxford: Oxford University Press. 新保博, 渡辺文夫訳『経済史の理論』〈講談社学術文庫〉講談社, 1995年.

Hickson, Charles R., and Earl A. Thompson. 1991. "A New Theory of Guilds and European Economic Development." *Explorations in Economic History* 28 (2): 127-68.

Hirshleifer, Jack. 1985. "The Expanding Domain of Economics." *American Economic Review* 75 (6): 53-70.

Hodgson, Geoffrey M, 1998. "The Approach of Institutional Economics." *Journal of Economic Literature* 36 (1): 166-92.

Hodgson, Marshall G. S. 1974. *The Venture of Islam*, Vols. 1, 2. Chicago: University of Chicago Press.

Hoffman, Elizabeth, Kevin McCabe, Keith Shachat, and Vernon Smith. 1994. "Preferences, Property Rights, and Anonymity in Bargaining Games." *Games and Economic Behavior* 7 (3): 346-80.

Hoffman, Elizabeth, Kevin McCabe, and Vernon Smith. 1996a. "On Expectations and the Monetary Stakes in Ultimatum Games." *International Journal of Game Theory* 125 (3): 289-301.

———— 1996b. "Social Distance and Other-Regarding Behavior in Dictator Games." *American Economic Review* 86 (3): 653-60.

Hoffman, Philip T. 1990. "Taxes, Fiscal Crises, and Representative Institutions: The Case of Early Modern France." Unpublished manuscript, Washington University, Center for the History of Freedom.

———— 1991. "Land Rents and Agricultural Productivity – the Paris Basin, 1450-1789." *Journal of Economic History* 51 (4): 771-805.

———— 1996. *Growth in a Traditional Society; The French Countryside, 1450-1815.* Princeton, MJ: Princeton University Press.

Hoffman, Philip T., Gilles Postel-Vinay, and Jean-Laurent Rosenthal. 2000. *Priceless Markets: The Political Economy of Credit in Paris, 1660-1870.* Chicago: University of Chicago Press.

Höllander, Heinz. 1990. "A Social Exchange Approach to Voluntary Cooperation." *American Economic Review* 80 (5): 1157-67.

Homans, George C. 1950. *The Human Group.* New York: Harcourt. 馬場明男，早川浩一訳『ヒューマン・グループ』誠信書房，1959 年.

———— 1961. *Social Behavior,* New York: Harcourt, Brace & World. 橋本茂訳『社会行動』誠信書房，1978 年.

Hsu, F. L. K. 1983. *Rugged Individualism Reconsidered.* Knoxville: University of Tennessee Press.

Huck, S., and J. Oechssler. 1999. "The Indirect Evolutionary Approach to Explaining Fair Allocations. *Games and Economic Behavior* 28: 13-24.

Hughes, Diane Owen. 1974. "Toward Historical Ethnography: Notarial Records and Family History in the Middle Ages." *Historical Methods Newsletter* 7 (2): 61-71.

———— 1977. "Kinsmen and Neighbors in Medieval Genoa." In Harry A. Miskimin, David Healihy, and A. L. Udovitch (eds.), *The Medieval City,* 95-111. New Haven: Yale University Press.

———— 1978. "Urban Growth and Family Structure in Medieval Genoa." In Philip Abrams and E. A. Wrigley (eds.), *Towns in Societies,* 105-30.

Cambridge: Cambridge University Press. Previously published in *Past and Present* 66 (1975): 3-28.

Hughes, Everett C. 1937. "Institutional Office and the Person." *American Journal of Sociology* 43 (3): 404-13.

Hyde, John K. 1973. *Society and Politics in Medieval Italy: The Evolution of Civil Life, 1000-1350*. London: Macmillan.

Ingram, Paul. 1996. "Organizational Form as a Solution to the Problem of Credible Commitment: The Evolution of Naming Strategies among US Hotel Chains, 1896-1980." *Strategic Management Journal* 17 (Summer): 85-98.

Jacoby, David. 1997. *Trade, Commodities, and Shipping in the Medieval Mediterranean*. Aldershot: Variorum.

Johnston, Simon, John McMillan, and Christopher Woodruff. 2002. "Courts and Relational Contracts." *Journal of Law, Economics, and Organization* 18 (Spring): 221-77.

Jones, W. J. 1976. *The Foundations of English Bankruptcy: Statutes and Commissions in the Early Modern Period*. Philadelphia: Transactions of the American Philosophical Society.

Joskow, Paul L. 1984. "Vertical Integration and Long-Term Contracts: The Case of Mine-Mouth Coal Plants." Paper presented at the Economic and Legal Organization Workshop, Department of Economics, Massachusetts Institute of Technology.

Kagel, John H., and Alvin Roth (eds.). 1995. *Handbook of Experimental Economics*. Princeton, NJ: Princeton University Press.

Kalai, E., and E. Lehrer. 1993a. "Rational Learning Leads to Nash Equilibrium." *Econometrica* 61 (5): 1019-45.

———— 1993b. "Subjective Equilibrium in Repeated Games." *Econometrica* 61 (5): 1231-40.

———— 1995. "Subjective Games and Equilibria." *Games and Economic Behavior* 8: 123-63.

Kali, R. 1999. "Endogenous Business Networks." *Journal of Law, Economics, and Organization* 15 (3): 615-36.

Kambayashi, Ryo. 2002. "The Registration System and the Grade Wage System, Coordination and Relative Performance Evaluation." Memo, Tokyo University.

Kandori, Michihiro. 1992. "Social Norms and Community Enforcement." *Review of Economic Studies* 59 (1): 63-80.

———— 1997. "Evolutionary Game Theory in Economics." In David M. Kreps and Kenneth F. Wallis (eds.), *Advances in Economics and Econometrics: Theory and Applications, Seventh World Congress*. Vol. 1: 243-77. Cambridge: Cambridge University Press.

———— 2002. "Introduction to Repeated Games with Private Monitoring." *Journal of Economic Theory* 102 (1): 1-15.

———— 2003. "The Erosions and Sustainability of Norms and Morals." *Japanese Economic Review* 54 (1): 29-48.

Kandori, Michihiro, George Mailath, and R. Rob. 1993. "Learning, Mutation, and Long Run Equilibria in Games," *Econometrica* 61 (1): 29-56.

Kaneko, Mamoru, and Akihiko Matsui. 1999. "Inductive Game Theory: Discrimination and Prejudices." *Journal of Public Economic Theory* 1 (1): 1-37.

Kantor, Shawn E. 1998. *Politics and Property Rights: The Closing of the Open Range in the Postbellum South*. Chicago: University of Chicago Press.

Kedar, Benjamin Z. 1976. *Merchants in Crisis: Genoese and Venetian Men of Affairs and the Fourteenth-Century Depression*. New Haven: Yale University Press.

Kelly, J. M. 1992. *A Short History of Western Legal Theory*. Oxford: Clarendon Press.

Kennedy, Hugh. 1986. *The Prophet and the Age of the Caliphates: The Near East from the 6th to the 11th Century*. New York: Longman.

Klein, Benjamin, and Keith B. Leffler. 1981. "The Role of Market Forces in Assuring Contractual Performance." *Journal of Political Economy* 89 (4): 615-41.

Klein, Daniel (ed.). 1996. *Reputation: Studies in the Voluntary Enforcement of Good Behavior*. Ann Arbor: University of Michigan Press.

Knight, Jack. 1992. *Institutions and Social Conflict*. Cambridge: Cambridge University Press.

Kockesen, L., E. A. Ok, and R. Sethi. 2000a. "The Strategic Advantage of Negatively Interdependence Preferences." *Journal of Economic Theory* 92: 274-99.

———— 2000b. "Evolution of Interdependent Preferences in Aggregative Games." *Games and Economic Behavior* 31: 303-10.

Korotayev, A. V. 2003. "Unilineal Descent Organization and Deep Christianization: A Cross-Cultural Comparison." *Cross-Cultural Research* 37 (1): 133-57.

Kranton, Rachel E. 1996. "Reciprocal Exchange: A self-Sustaining System." *American Economic Review* 86 (4): 830-51.

Kranton, Rachel E., and D. F. Minehart. 2001. "A Theory of Buyer-Seller Networks." *American Economic Review* 91 (3): 485-508.

Krasner, S. D. 1984. "Approaches to the State: Alternative Conceptions and Historical Dynamics." *Comparative Politics* 16 (2): 223-46.

Kreps, David, M. 1990a. *A Course in Microeconomic Theory.* Princeton, NJ: Princeton University Press.

———— 1990b. "Corporate Culture and Economic Theory." In James Alt and Kenneth Shepsle (eds.), *Perspectives on Positive Political Economy,* 90-143. Cambridge: Cambridge University Press.

Kreps, David M., Paul Milgrom, John Roberts, and Robert Wilson. 1982. "Rational Cooperation in the Finitely Repeated Prisoners' Dilemma." *Journal of Economic Theory* 27: 245-52.

Kritkos, Alexander, and Friedel Bolle, 1999. "Approaching Fair Behavior: Self-Centered Inequality Aversion versus Reciprocity and Altruism." Discussion Paper 143. Frankfurt/Oder.

Kroeber, A. L., and Clyde Kluckhohn. 1952. *Culture: A Critical Review of Concepts and Definitions.* Cambridge, MA: Peabody Museum.

Krueger, Hilmar C. 1932. "The Commercial Relations between Genoa and Northwest Africa in the Twelfth Century." Ph.D. diss., University of Wisconsin, Madison.

———— 1933. "Genoese Trade with Northwest Africa in the Twelfth Century." *Speculum* 6 (July): 377-95.

———— 1949. "Post-War Collapse and Rehabilitation in Genoa (1149-1162)." In *Studi in onore di Gino Luzzatto,* 4: 117-28. Milan: Istituto di Storia Economica dell'Universita di Napoli.

———— 1957. "Genoese Merchants, Their Partnerships and Investments, 1155 to 1164." In Editoriale Cisalpina (eds.), *Studi in onore di Armando Sapori,* 257-72. Milan: Istituto Editoriale Cisalpino.

————— 1962. "Genoese Merchants, Their Associations and Investments, 1155 to 1230." In D. A. Graffre (ed.), *Studi in onore di Amintore Fanfani*, 1: 415-26. Milan: Multa Paucis.

————— 1987. "The Genoese Exportation of Northern Cloths to Mediterranean Ports, Twelfth Century." *Revue Belge de Philologie et d'Histoire* 65 (4) : 722-50.

Kuhn, Arthur K. 1912. *The Law of Corporations*. New York: Columbia University Press.

Kuran, Timurs. 1993. "The Unthinkable and the Unthought." *Rationality and Society* 5 (4) : 473-505.

————— 1995. *Private Truths, Public Lies: The Social Consequences of Preference Falsification*. Cambridge, MA: Harvard University Press.

————— 1998. "Moral Overload and Its Alleviation." In Avner Ben-Ner and Louis Putterman (eds.), *Economic, Values, and Organization*, 231-66. Cambridge: Cambridge University Press.

————— 2004. "Why the Middle East Is Economically Underdeveloped: Historical Mechanisms of Institutional Stagnation." *Journal of Economic Perspective* 18 (2) : 71-90.

————— 2005. "Why the Islamic Middle East Did Not Generate an Indigenous Corporate Law." Memo, University of Southern California.

Kydland, Finn E., and Edward C. Prescott. 1977. "Rules Rather than Discretion: The Inconsistency of Optimal Plans." *Journal of Political Economy* 85 (3) : 473-92.

Lal, Deepak. 1998. *Unintended Consequences: The Impact of Factor Endowments, Culture, and Politics on Long-Run Economic Performance*. Cambridge, MA: MIT Press.

Landa, Janet T. 1978. "The Economics of the Ethnically Homogeneous Chinese Middleman Group: A Property Rights-Public Choice Approach." Ph.D. diss., Virginia Polytechnic Institute and State University.

————— 1988. "A Theory of the Ethnically Homogeneous Middleman Group: Beyond Markets and Hierarchies." Working paper, Hoover Institution, Stanford University.

Lane, Frederic C. 1944. "Family Partnerships and Joint Ventures in the Venetian Republic." *Journal of Economic History* 4: 178-96.

———— 1973. *Venice: A Maritime Republic*. Baltimore: Johns Hopkins University Press.

Lanfranco Scriba. 1202-26. *Cartolare* (in Latin and Italian). In H. C. Krueger and R. L. Reynolds (eds.), *Notai Liguri Del Sec. XII e Del XIII*. Genoa: Società Ligure di Storia Patria, 1952-4.

Langum, David J. 1987. *Law and Community on the Mexican California Frontier: Anglo-American Expatriates and the Clash of Legal Traditions, 1821-1846*. Norman: University of Oklahoma Press.

Lapidus, Ira M. 1984. *Muslim Cities in the Later Middle Ages*. Cambridge: Cambridge University Press.

———— 1989. *A History of Islamic Societies*. Cambridge: Cambridge University Press.

Lau, Lawrence J., Yingyi Qian, and Gérard Roland. 2000. "Reform without Losers: An Interpretation of China's Dual-Track Approach to Transition." *Journal of Political Economy* 108 (1): 120-43.

Levi, Margaret. 1988. *On Rules and Revenues*. Berkeley: University of California Press.

———— 1997. *Consent, Dissent, and Patriotism*. Cambridge: Cambridge University Press.

———— 2004. "An Analytic Narrative Approach to Puzzles and Problems." In Ian Shapiro, Rogers Smith, and Tarek Masoud (eds.), *Problems and Methods in the Study of Politics*, 201-26. Cambridge: Cambridge University Press.

Levin, Jonathan. 2003. "Relational Incentive Contracts." *American Economic Review* 93 (3): 835-57.

Levinson, Daryl J. 2003. "Collective Sanctions." *Stanford Law Review* 56 (253): 345-428.

Lewis, Archibald R. 1951. *Naval Power and Trade in the Mediterranean, A.D. 500-1100*. Princeton, NJ: Princeton University Press.

Lewis, Bernard. 1982. *The Muslim Discovery of Europe*. New York: Norton. 尾高晋己訳『ムスリムのヨーロッパ発見』春風社, 2000-2001 年.

———— 1990. *Race and Slavery in the Middle East: A Historical Enquiry*. Oxford University Press.

———— 1991. *The Political Language of Islam*. Chicago: University of Chicago Press.

Lewis, D. 1969. *Convention: A Philosophical Study*. Cambridge, MA: Harvard University Press.

Li, Shuhe. 1999. "The Benefits and Costs of Relation-Based Governance: An Explanation of the East Asian Miracle and Crisis." Memo, City University of Hong Kong.

Lieber, A. E. 1968. "Eastern Business Practices and Medieval Europe Commerce." *Economic History Review* 21: 230-43.

Lindbeck, Assar. 1997. "Incentives and Social Norms in Household Behavior." *American Economic Review* 87 (2): 370-7.

Lisciandrelli, Pasquale. 1960. "Trattati e negoziationi politiche della Repubblica di Genova (958-1797)." *Atti della Società Ligure di Storia Patria*, n.s., 1 (old series, 75). Genoa: Società Ligure di Storia Patria.

Lloyd, T. H. 1991. *England and the German Hansa, 1157-1611: A Study in their Trade and Commercial Diplomacy*. Cambridge: Cambridge University Press.

Loewsenstein, George, Max Bazerman, and Leigh Thomson. 1989. "Social Utility and Decision Making in Interpersonal Context." *Journal of Personality and Social Psychology* 57: 426-41.

Lopez, Robert Sabatino. 1937. "Aux origines du capitalisme génois." *Annales d'Histoire Économique et Sociale* 47: 429-54.

———— 1938. *Storia delle colonie genovesi nel Mediterraneo*. Bologna: Nicola Zanichelli.

———— 1943. "European Merchants in the Medieval Indies: The Evidence of Commercial Documents." *Journal of Economic History* 3 (1): 164-84.

———— 1952. "The Trade of Medieval Europe in the South." In M. M. Postan and E. Miller (eds.), *The Cambridge Economic History of Europe*, 2: 257-354. Cambridge: Cambridge University Press.

———— 1954. "Concerning Surnames and Places of Origin." *Medievalia et Humanistica* 8: 6-16.

———— 1967. *The Birth of Europe*. Trans. J. M. Dent & Sons. London: M. Evans.

———— 1976. *The Commercial Revolution of the Middle Ages, 950-1350*. Cambridge: Cambridge University Press.

Lopez, Robert Sabatino, and I. W. Raymond. 1955. *Medieval Trade in the Mediterranean World*. New York: Columbia University Press.

Luzzatto, Gino. 1961. *An Economic History of Italy: From the Fall of the Roman*

Empire to the Beginning of the Sixteenth Century. Trans. Philip Jones. London: Routledge & K. Paul.

Macaulay, Stewart, 1963. "Noncontractual Relations in Business: A Preliminary Study." *American Sociological Review* 28: 55-70.

Macfarlane, Alan. 1978. *The Origins of English Individualism*. Oxford: Basil Blackwell. 酒田利夫訳『イギリス個人主義の起源：家族・財産・社会変化』南風社，1997 年.

Machiavelli, Niccolò. 1990 [1532]. *Florentine Histories* (also known as *History of Florence*). Introd. Harvey C. Mansfield Jr. Trans. Laura F. Banfield and Harvey C. Mansfield Jr. Princeton, NJ: Princeton University Press.

MacLeod, W. Bentley, and James M. Malcomson. 1989. "Implicit Contracts, Incentive Compatibility, and Involuntary Unemployment." *Econometrica* 57 (2): 447-80.

Macy, Michael W. 1997. "Identity, Interest and Emergent Rationality - an Evolutionary Synthesis." *Rationality and Society* 9 (4): 427-48.

Maggi, Giovanni. 1999. "The Role of Multilateral Institutions in International Trade Cooperation." *American Economic Review* 89 (1): 190-214.

Mahoney, James. 2000. "Path Dependence in Historical Sociology." *Theory and Society* 29 (4): 507-48.

Maimonides, Moshe. 1951. *Mishneh Torah*. Vol. 12. Trans. I. Klein. New Haven: Yale Judaica Series.

——— 1957. *Responda* (in Judeo-Arabic and Hebrew). Ed. J. Blau. Jerusalem.

Maitland, Frederick William (ed.). 1889. *the Select Pleas in Manorial and Other Seigniorial Courts, Reigns of Henry III and Edward I*. Vol. 2. London: Seldon Society Publications.

Maitland, Frederick William, and Mary Bateson. 1901. *The Charters of the Borough of Cambridge*. Cambridge: Cambridge University Press.

Mann, Jacob. 1919. "Responsa of the Babylonian Geonim as a Source of Jewish History." *Jowish Quarterly Review* 20: 139-72, 309-65.

——— 1970. *The Jews in Egypt and in Palestine under the Fatimid Caliphs*. Vol. 2. New York: Katav Publishing House.

Mantzavinos, Chris. 2001. *Individual, Institutions and Markets*. Cambridge: Cambridge University Press.

March, G. James, and Johan P. Olsen. 1989. *Rediscovering Institution: The*

Organizational Basis of Politics. New York: Free Press.

Margolis, Howard. 1987. *Pattern, Thinking, and Cognition: A Theory of Judgement.* Chicago: University of Chicago Press.

———— 1994. *Paradigms and Barriers: How Habits of Mind Govern Scientific Beliefs.* Chicago: University of Chicago Press.

Marimon, Ramon. 1997. "Learning from Learning in Economics." In David M. Kreps and Kenneth F. Wallis (eds.), *Advances in Economics and Econometrics: Theory and Applications, Seventh World Congress,* Vol. 1: 278-315. Cambridge: Cambridge University Press.

Marin, Dalia, and Monika Schnitzer. 1995. "Tying Trade Flows: A Theory of Countertrade with Evidence." *American Economic Review* 85 (5): 1047-64.

Martines, Lauro (ed.). 1972. *Violence and Civil Disorder in Italian Cities, 1200-1500.* UCLA Center for Medieval and Renaissance Studies. Los Angeles: University of California Press.

Maurer, Noel, and T. Sharma. 2002. "Enforcing Property Rights through Reputation: Mexico's Early Industrialization, 1878-1913." *Journal of Economic History* 61 (4): 950-73.

McKelvey, Richard D., and Thomas Palfrey. 1992. "An Experimental Study of the Centipede Game." *Econometrica* 60 (July): 803-36.

McMillan, John. 2002. *Reinventing the Bazar: A Natural History of Markets.* New York: Norton. 瀧澤弘和, 木村友二訳『市場を創る:バザールからネット取引まで』NTT 出版, 2007 年.

McMillan, John, and Christopher Woodruff. 1999. "Interfirm Relationships and Informal Credit in Vietnam." *Quarterly Journal of Economics* 114 (4): 1285-1320.

———— 2000. "Private Order under Dysfunctional Public Order." *Michigan Law Review* 98: 2421-45.

Mead, George Herbert. 1967 [1934]. *Mind, Self, and Society: From the Standpoint of a Social Behaviorist.* Ed. Charles W. Morris. Chicago: University of Chicago Press. 稲葉三千男他訳『精神・自我・社会』青木書店, 1973 年.

Menger, Carl. 1871 [1976]. *Principles of Economics.* New York: New York University Press. 安井琢磨・八木紀一郎訳『国民経済学原理』日本経済評論社, 1999 年.

Meyer, J. W., and B. Rowen. 1991. "Institutionalized Organizations: Formal

Structure as Myth and Ceremony." In W. Powell and P. DiMaggio (eds.), *The New Institutionalism in Organizational Analysis*, 41-62. Chicago: University of Chicago Press.

Michael, Murad. 1965. "The Archives of Naharay ben Nissim, Businessman and Public Figure in Eleventh Century Egypt" (in Hebrew and Arabic). Ph.D. diss., Hebrew University, Jerusalem.

Milgrom, Paul, Douglass C. North, and Barry R. Weingast. 1990. "The Role of Institutions in the Revival of Trade: The Medieval Law Merchant, Private Judges, and the Champagne Fairs." *Economics and Politics* 1 (March), 1-23.

Milgrom, Paul, Yingyi Qian, and John Roberts. 1991. "Complementarities, Momentum, and the Evolution of Modern Manufacturing." *American Economic Review* 81 (2): 84-8.

Milgrom, Paul, and John Roberts. 1982. "Predation, Reputation, and Entry Deterrence." *Journal of Economic Theory* 27 (2): 280-312.

——— 1990. "Rationalizability, Learning, and Equilibrium in Games with Strategic Complementarities." *Econometrica* 58 (6): 1255-77.

——— 1992. *Economics, Organization and Management*. Englewood Cliffs, NJ: Prentice-Hall. 奥野正寛, 伊藤秀史, 今井晴雄, 西村理, 八木甫訳『組織の経済学』NTT出版, 1997年.

——— 1995. "Complementarities and Fit: Strategy, Structure, and Organizational Change in Manufacturing." *Journal of Accounting and Economics* 19 (2-3): 179-208.

Milgrom, Paul, and Chris Shannon. 1994. "Monotone Comparative Statics." *Econometrica* 62 (1): 157-80.

Miller, Gary J. 1993. *Managerial Dilemmas: The Political Economy of Hierarchy*. Cambridge: Cambridge University Press.

Mitchell, C. Wesley. 1925. "Quantitative Analysis in Economic Theory." *American Economic Review* 15 (1): 1-12.

Mitterauer, Michael, and Reinhard Sieder. 1982. *The European Family*. Oxford: Basil Blackwell.

Mokyr, Joel. 1990. *The Lever of Riches: Technological Creativity and Economic Progress*. Oxford: Oxford University Press.

——— 2002. *The Gift of Athena*. Princeton, NJ: Princeton University Press.

Moore, Ellen Wedemeyer. 1985. *The Fairs of Medieval England: An Introductory*

Study. Toronto: Pontifical Institute of Medieval Studies.

Moriguchi, Chiaki. 1998. "Evolution of Employment Systems in the US and Japan: 1900-60. A Comparative Historical Analysis." Unpublished manuscript, Stanford University.

Morris, Colin. 1972. *The Discovery of the Individual, 1050-1200*. London: S.P.C.K. for the Church Historical Society. 吉田暁訳『個人の発見：1050 - 1200 年』日本基督教団出版局，1983 年.

Moser, Peter. 2000. *The Political Economy of Democratic Institutions*. Cheltenham: Edward Elgar.

Munck, Gerardo L. 2001. "Game Theory and Comparative Politics: New Perspectives and Old Concerns." *World Politics* 53 (Jan.): 173-204.

Munz, Peter. 1969. *Frederick Barbarossa: A Study in Medieval Politics*. Ithaca, NY: Cornell University Press.

Muthoo, Abhinay, and Kenneth A. Shepsle. 2003. "Agenda-Setting Power in Organizations with Overlapping Generations of Players." Typescript, Harvard University.

Nee, Victor, and Paul Ingram. 1998. "Embeddedness and Beyond: Institutions, Exchange and Social Structure." In M. Brinton and V. Nee (eds.), *The New Institutionalism in Sociology*, 19-45. New York: Russell Sage Foundation.

Nelson, Philip. 1974. "Advertising as Information." *Journal of Political Economy* 82 (4): 729-54.

Nelson, Richard R. 1994. "The Co-evolution of Technology, Industrial Structure, and Supporting Institutions." *Industrial and Corporate Change* 3: 47-63.

———— 1995. "Recent Evolutionary Theorizing about Economic Change." *Journal of Economic Literature* 33 (1): 48-90.

Nelson, Richard R., and Sidney G. Winter. 1982. *An Evolutionary Theory of Economic Change*. Cambridge, MA: Harvard University Press. 後藤晃，角南篤，田中辰雄訳『経済変動の進化理論』慶應義塾大学出版会，2007 年.

North, Douglass C. 1981. *Structure and Change in Economic History*. New York: Norton. 中島正人訳『文明史の経済学：財産権・国家・イデオロギー』春秋社，1989 年.

———— 1990. *Institutions, Institutional Change and Economic Performance*. Cambridge: Cambridge University Press. 竹下公視訳『制度・制度変化・経済成果』晃洋書房，1994 年.

———— 1991. "Institutions." *Journal of Economic Perspectives* 5 (1): 97-112.

———— 1993. "Institutions and Credible Commitment." *Journal of Institutional and Theoretical Economics* 149 (1): 11-23.

———— 2005. *Understanding the Process of Institutional Change*. Princeton, NJ: Princeton University Press.

North, Douglass C., and Robert P. Thomas. 1973. *The Rise of the Western World: A New Economic History*. Cambridge: Cambridge University Press. 速水融, 穐本洋哉訳『西欧世界の勃興：新しい経済史の試み』ミネルヴァ書房，1980年.

North, Douglass C., and Barry R. Weingast. 1989. "Constitutions and Commitment: The Evolution of Institutions Governing Public Choice in Seventeenth-Century England." *Journal of Economic History* 49 (4): 803-32.

Norwich, John Julius. 1989. *A History of Venice*. New York: Random House.

Obertus Scriba de Mercato. 1186, 1190. *Cartolare* (in Latin and Italian). Ed. R. Mario Chiaudano and Morozzo Della Rocca. Documenti, XI and XVI. Turin: Editrice Libraria Italiana, 1940.

Okazaki, Tetsuji. 2005. "The Role of the Merchant Coalition in Pre-modern Japanese Economic Development: An Historical Institutional Analysis." *Explorations in Economic History* 42 (2): 184-201.

Okazaki, Tetsuji, and Masahiro Okuno-Fujiwara. 1998. "Evolution of Economic Systems: The Case of Japan." In Y. Hayami and Masahiko Aoki (eds.), *The Institutional Foundation of Economic Development in East Asia*, 482-521. London: Macmillan.

Okuno-Fujiwara, Masahiro, and Andrew Postlewaite. 1990. "Social Norms and Random Matching Games." CARESS Working Paper #90-18, University of Pennsylvania.

Olivieri, Agostino. 1861. *Serie die consoli del commune di Genova*. Genoa: Forni Editore Bologna. Originally published in *Atti della Ligure di Storia Patria* 1 (1858): 155-479.

Olson, Mancur. 1982. *The Rise and Decline of Nations: Economic Growth, Stagflation, and Social Rigidities*. New Haven: Yale University Press. 加藤寛監訳『国家興亡論：「集合行為論」からみた盛衰の科学』PHP研究所，1991年.

———— 1993. "Dictatorship, Democracy, and Development." *American Political*

Science Review 87 (3) : 567-76.

Ostrom, Elinor. 1990. *Governing the Commons: The Evolution of Institutions for Collective Action*. Cambridge: Cambridge University Press.

———— 1998. "A Behavioral Approach to the Rational Choice Theory of Collective Action: Presidential Address, American Political Science Association, 1997." *American Political Science Review* 92 (1): 1-22.

Otto of Freising and His Continuator. 1152-8. *The Deeds of Frederick Barbarossa*. Translated and annotated by Charles Christopher Mierow with collaboration of Richard Emery. New York: Columbia University Press, 1953.

Pagano, Ugo, and Maria Alessandra Rossi. 2002. "Incomplete Contracts, Intellectual Property and Institutional Complementarities." Memo, University of Siena.

Pamuk, Sevket. 2000. *A Monetary History of the Ottoman Empire*. Cambridge: Cambridge University Press.

Parker, Geoffrey. 1990. *The Military Revolution (1500-1800)*. Cambridge: Cambridge University Press.

Parsons, Talcott. 1951. *The Social System*. London: Routledge and Kegan Paul. 佐藤勉訳『現代社会学大系 14 パーソンズ社会体系論』青木書店, 1974 年.

———— 1990. "Prologomena to a Theory of Social Institutions." *American Sociological Review* 5 (3): 319-33.

Patourel, J. H. le. 1937. *Medieval Administration of the Channel Islands, 1199-1399*. Oxford: Oxford University Press.

Pearce, David G. 1984. "Rationalizable Strategic Behavior and the Problem of Perfection." *Econometrica* 52 (4): 1029-50.

———— 1987. "Renegotiation-Proof Equilibria: Collective Rationality and Intertemporal Cooperation." Unpublished manuscript, Department of Economics, Yale University.

———— 1995. *Repeated Games: Cooperation and Rationality*. In Jean-Jacques Laffont (ed.), *Advances in Economic Theory*, 1: 132-74. Sixth World Congress. Cambridge: Cambridge University Press.

Persson, Karl Gunnar. 1988. *Pre-industrial Economic Growth: Social Organization, and Technological Progress in Europe*. New York: Blackwell.

Pertile, Antonio. 1966. *Storia del diritto italiano dalla caduta dell'Impero Romano alla codificazione*. 2nd ed. 2 vols. Bologna: Arnaldo Forni Editore.

Peters, Guy. 1996. "Political Institutions, Old and New." In Robert Goodin and Hans-Dieter Klingemann (eds.), *A New Handbook of Political Science*, 205-20. New York: Oxford University Press.

Pierson, Paul. 2000. "Increasing Returns, Path Dependence, and the Study of Politics." *American Political Science Review* 94 (2): 251-67.

Pierson, Paul, and Theda Skocpol. 2002. "Historical Institutionalism in Contemporary Political Science." In Ira Katznelson and Helen V. Milner (eds.), *Political Science: State of the Discipline*, 693-721. New York: Norton.

Pirenne, Henri. 1939. *Mohammed and Charlemagne*. New York: Norton.

———— 1956. *A History of Europe: From the Invasions to the XVI Century*. New York: University Books.

Planitz, H. 1919. "Studien zur Geschichte des Deutschen Arrestprozesses, II. Kapital, der Fremdenarrest." *Zeitschrift de Savigny-Stiftung für Rechtsgeschichte* (Germanistische Abteilung) 40: 87-198.

Platteau, Jean-Philippe. 1994. "Behind the Market Stage Where Real Societies Exist. Part II: The Role of Moral Norms." *Journal of Development Studies* 30 (3): 753-817.

———— 2000. *Institutions, Social Norms and Economic Development*. Amsterdam: Harwood Academic Publishers.

Platteau, J. P., and F. Gaspart. 2003. "The Risk of Resource Misappropriation in Community-Driven Development." *World Development* 31 (10): 1687-1703.

Platteau, Jean-Philippe, and Y. Hayami. 1998. "Resource Endowments and Agricultural Development: Africa versus Asia." In M. Aoki and Y. Hayami (eds.), *The Institutional Foundations of East Asian Economic Development*, 357-410. London: Macmillan.

Plucknett, Theodore Frank Thomas. 1949. *Legislation of Edward I*. Oxford: Clarendon.

Pollock, Frederick, and Frederic William Maitland. 1968. *The History of the English Law before the Time of Edward I*. 2nd ed. 2 vols. Cambridge: Cambridge University Press.

Pomeranz, Kenneth. 2000. *The Great Divergence: China, Europe and the Making of the Modern World Economy*. Princeton, NJ: Princeton University Press.

Posner, R. A. 1997. "Social Norms and the Law: An Economic Approach." *Papers and Proceedings from the 104th Meeting of the American Economic*

Association. *American Economic Review* 87 (2): 333-8.

Postan, Michael M. 1973. *Medieval Trade and Finance*. Cambridge: Cambridge University Press.

Pounds, Norman John Greville. 1994. *An Economic History of Medieval Europe*. 2nd ed. New York: Longman.

Powell, Robert. 1993. "Guns, Butter, and Anarchy." *American Political Science Review* 87 (1): 115-32.

―――― 1999. *In the Shadow of Power: States and Strategies in International Politics*. Princeton, NJ: Princeton University Press.

Powell, W., and P. DiMaggio (eds.). 1991. *The New Institutionalism in Organizational Analysis*. Chicago: University of Chicago Press.

Poznanski, S. 1904. "Ephraim ben Schemria de Fustat." (in French and Hebrew). *Revue des Etudes Juives* 48: 146-75.

Pryor, F. L. 1977. *The Origins of the Economy: A Comparative Study of Distribution and Peasant Economies*. New York: Academic Press.

Pryor, John. 1988. *Geography, Technology, and War: Studies in the Maritime History of the Meditterranean, 649-1571*. Cambridge: Cambridge University Press.

Przeworski, Adam. 1991. *Democracy and the Market: Political and Economic Reforms in Eastern Europe and Latin America*. Cambridge: Cambridge University Press.

Putnam, Robert D. 1993. *Making Democracy Work: Civic Traditions in Modern Italy*, Princeton, NJ: Princeton University Press. 河田潤一訳『哲学する民主主義：伝統と改革の市民的構造』NTT 出版，2001 年.

―――― 2000. *Bowling Alone: The Collapse and Revival of American Community*. New York: Simon and Schuster. 柴田康文訳『孤独なボウリング：米国コミュニティの崩壊と再生』柏書房，2006 年.

Rabin, Matthew. 1993. "Incorporating Fairness into Game Theory and Economics." *American Economic Review* 83 (5): 1281-1302.

―――― 1994. "Cognitive Dissonance and Social Change." *Journal of Economic Behavior and Organization* 23 (2): 177-94.

―――― 1998. "Psychology and Economics." *Journal of Economic Literature* 36 (1): 11-46.

Rahman, Fazlur. 2002. *Islam*. 2nd ed. Chicago: University of Chicago Press.

Rapoport, Amnon. 1997. "Order of Play in Strategically Equivalent Games in Extensive Form." *International Journal of Game Theory* 26 (1) ; 113-36.

Rashdal, Hastings. 1936. *The Universities of Europe in the Middle Ages.* Vol. 1. Ed. F. M. Powicke and A. B. Emden. Oxford: Oxford University Press.

Rauch, J. E. 2001. "Business and Social Networks in International Trade." *Journal of Economic Literature* 39 (Dec.) : 1177-1203.

Razi, Zevi. 1993. "The Myth of the Immutable English Family." *Past & Present* 140 (Aug.) : 3-44.

Rey, E. 1895. "Les seigneurs de giblet." *Revue de l'Orient Latin* 3: 398-422. Paris: Presses Universitaires de France.

Reynolds, Charles H., and Ralph V. Norman, eds. 1988. *Community in America: The Challenge of Habits of the Heart.* Berkeley: University of California Press.

Reynolds, Robert L. 1929. "The Market for Northern Textiles in Genoa 1179-1200." *Revue Belge de Philologie et d'Historie* 8: 831-51.

——— 1930. "Merchants of Arras and the Overland Trade with Genoa in the Twelfth Century." *Revue Belge de Philologie et d'Histoirie* 9: 495-533.

——— 1931. "Genoese Trade in the Late Twelfth Century, Particularly in Cloth from the Fair of Champagne." *Journal of Economic and Business History* 3: 362-81.

Richardson, Gary. 2002. "Craft Guilds and Christianity in Late-Medieval England: A Rational-Choice Analysis." Memo, University of California, Irvine.

Riker, William. 1964. *Federalism: Origins, Operations, and Significance.* Boston: Little Brown.

Rippin, Andrew. 1994. *Muslims: Their Religious Beliefs and Practices.* Vol. 1: *The Formative Period.* Reprint, London: Routledge.

Rodrik, Dani. 2003. "Growth Strategies." Memo, Harvard University. [Forthcoming in *The Handbook of Economic Growth.*]

Rodrik, Dani, Arvind Subramanian, and Francesco Trebbi. 2003. "Institutions Rule: The Primacy of Institutions over Geography and Integration in Economic Development." Memo, Harvard University.

Roland, Gérard. 2000. *Transitions and Economics: Politics, Markets, and Firms.* Cambridge, MA: MIT Press.

Romer, Paul. 1996. "Preferences, Promises, and the Politics of Entitlement." In

Victor R. Fuchs (ed.), *The Individual and Social Responsibility*, 195-220. Cambridge: Cambridge University Press.

Root, Hilton L. 1989. "Tying the King's Hands: Credible Commitments and Royal Fiscal Policy during the Old Regime." *Rationality and Society* 1 (Oct.): 240-58.

―――― 1994. *The Fountain of Privilege: Political Foundations of Markets in Old Regime France and Englands*. Berkeley: University of California Press.

Rorig, Fritz. 1967. *The Medieval Town*. Berkeley: University of California Press.

Rosenberg, Nathan. 1982. *Inside the Black Box: Technology and Economics*. Cambridge: Cambridge University Press.

Rosenberg, Nathan, and L. E. Birdzell, Jr. 1986. *How the West Grew Rich: The Economic Transformation of the Industrial World*. New York: Basic Books.

Rosenthal, Jean-Laurent. 1992. *The Fruits of Revolution: Property Rights, Litigation and French Agriculture 1700-1860*. Cambridge: Cambridge University Press.

Ross, Lee, and Richard E. Nisbett. 1991. *The Person and the Situation*. Boston: McGraw-Hill.

Rossetti, G., M. C. Pratesi, G. Garzella, M. B. Guzzardi, G. Guglie, and C. Sturmann. 1979. *Pisa nei secoli XI e XII: Formazione e caratteri di una classe di governo*. Pisa: Pacini Editore.

Roth, Alvin E., Vesna Prasnikar, Masahiro Okuno-Fujiwara, and Shmuel Zamir. 1991. "Bargaining and Market Behavior in Jerusalem, Ljubljana, Pittsburgh, and Tokyo: An Experimental Study." *American Economic Review* 81 (5): 1068-95.

Roth, Alvin E., and I. Erev. 1995. "Learning in Extensive-Form Games: Experimental Data and Simple Dynamic Models in Intermediate Term." *Games and Economic Behavior*, special issue: Nobel Symposium, 8: 164-212.

Rothstein, Bo. 1996. "Political Institutions: An Overview." In Robert Goodin and Hans-Dieter Klingemann (eds.), *A New Handbook of Political Science*, 133-66. New York: Oxford University Press.

Rubinstein, Ariel. 1991. "Comments on the Interpretation of Game Theory." *Econometrica* 59 (4): 909-24.

―――― 1998. *Modeling Bounded Rationality*. Cambridge, MA: MIT Press. 兼田敏之, 徳永健一訳『限定合理性のモデリング』共立出版, 2008 年.

Sachs, Jefrey D. 2001. "Tropical Underdevelopment." NBER Working Paper No. 8119.

Salzman, L. F. 1928. "A Riot at Boston Fair." *History Teachers' Miscellany* 6: 2-3.

Samuelson, Paul A. 1993. "Altruism as a Problem Involving Group versus Individual Selection in Economics and Biology." *American Economic Review* 83 (2): 143-8.

Santini, Pietro. 1886. "Appunti sulla vendetta private e sulle rappresaglie." *Archivio Storico Italiano* 18: 162-76.

Saunders, J. J. 1965. *A History of Medieval Islam*. New York: Routledge.

Savage, Leonard J. 1954. *The Foundations of Statistics*. New York: Wiley & Sons.

Schacht, Joseph. 1982 [1964]. *An Introduction to Islamic Law*. Oxford: Clarendon Press.

Scharpf, F. W. 1997. *Games Real Actors Play*. Boulder, Co: Westview.

Schelling, Thomas. 1960. *The Strategy of Conflict*. Cambridge, MA: Harvard University Press. 河野勝監訳『紛争の戦略：ゲーム理論のエッセンス』勁草書房, 2008 年.

Schneider, G., T. Plumper, and S. Baumann, 2000. "Bringing Putnam to the European Regions - on the Relevance of Social Capital For Economic Growth." *European Urban and Regional Studies* 7 (4): 307-17.

Schotter, Andrew. 1981. *The Economic Theory of Social Institutions*. Cambridge: Cambridge University Press.

Schumann, Reinhold. 1992. *Italy in the Last Fifteen Hundred Years*. 2nd ed. Lanham, MD: University Press of America.

Scott, W. Richard. 1998. *Organizations: Rational, Natural, and Open Systems*. Englewood Cliffs, NJ: Prentice-Hall.

————— 1995. *Institutions and Organizations*. Thousand Oaks, CA: Sage Publications.

Scotto, W. Richard, John W. Meyer, et al. 1994. *Institutional Environments and Organizations: Structural Complexity and Individualism*. London: Sage Publications.

Searle, John R. 1995. *The Construction of Social Reality*. New York: Free Press.

Segal, Ilya. 1999. "Complexity and Renegotiation: A Foundation for Incomplete Contracts." *Review of Economic Studies* 66 (1): 57-82.

Segal, Ronald. 2001. *Islam's Black Slaves: The Other Black Diaspora*. New York:

Farrar, Straus and Giroux.

Segal, Uzi, and Joel Sobel. 2000. "Tit for Tat: Foundations of Preferences for Reciprocity in Strategic Settings." Memo, University of California, San Diego.

Select Cases Concerning the Law Merchant, A.D. 1270-1638. Vol. 1: *Local Courts*. 1908. Ed. Charles Gross. Selden Society Publications, 23. London: B. Quaritch.

Select Cases Concerning the Law Merchant, A.D. 1239-1633. Vol. 2: *Central Courts*. 1930. Ed H. Hall. Selden Society Publications, 46. London: B. Quaritch.

Sen, Amartya K. 1995. "Moral Codes and Economic Success." In Samuel Brittan and Alan P. Hamlin (eds.), *Market Capitalism and Moral Values*. Aldershot: Edward Elgar.

Sened, Itai. 1997. *The Political Institution of Private Property*. Cambridge: Cambridge University Press.

Sewell, William H. 1992. "A Theory of Structure: Duality, Agency, and Transformation." *American journal of Sociology* 98 (1): 1-29.

Shapiro, Carl. 1983. "Premiums for High Quality Products as Return to Reputation." *Quarterly Journal of Economics* 98 (4): 659-79.

Shapiro, C., and J. E. Stiglitz. 1984. "Equilibrium Unemployment as a Worker Discipline Device." *American Economic Review* 74 (3): 433-44.

Shepsle, Kenneth A. 1979. "Institutional Arrangements and Equilibrium in Multidimensional Voting Models." *American Journal of Political Science* 23: 27-59.

———— 1992. "Institutional Equilibrium and Equilibrium Institutions." In H. F. Weisberg (ed.), *Political Science: The Science of Politics*, 51-82. New York: Agathon Press.

Shirley, Mary M. 2004. "Institutions and Development." In Claude Menard and Mary M. Shirley (eds.), *Handbook on New Institutional Economics*. Nor-well, MA: Kluwer Press.

Shiue, Carol H., and Wolfgang Keller. 2003. "Markets in China and Europe on the Eve of the Industrial Revolution." Memo, University of Texas.

Seiveking, Heinrich. 1898-9. *Genueser Finanzwesen mit Besonderer Berücksichtigung de Casa di S. Giorgio*. 2 vols. Leipzig: Freiburg.

Simon, Herbert A. 1955. "A Behavioral Model of Rational Choice." *Quarterly Journal of Economics* 69: 99-118.

————— 1976. *Administrative Behavior*. 3rd ed. New York: Macmillan. 松田武彦他訳『経営行動：経営組織における意思決定プロセスの研究』ダイヤモンド社，1989年.

————— 1987 [1957]. *Model of Man, Social and Rational*. New York: John Wiley. 宮沢光一監訳『人間行動のモデル』同文館，1970年.

Skaperdas, Stergios. 1992. "Cooperation, Conflict, and Power in the Absence of Property Rights." *American Economic Review* 84 (4): 720-39.

————— 1996. "Contest Success Functions." *Economic Theory* 7: 283-90.

Smelser, Neil, and Richard Swedberg. 1994. "The Sociological Perspective on the Economy." In N. Smelser and R. Swedberg (eds.), *The Handbook of Economic Sociology*, 3-26. Princeton, NJ: Princeton University Press: New York: Russell Sage Foundation.

Sobel, Joel. 2002. "Can We Trust Social Capital?" *Journal of Economic Literature* 40 (March): 139-54.

Sonn, Tamara. 1990. *Between Qur'an and Crown: The Challenge of Political Legitimacy in the Arab World*. Boulder, CO: Westview Press.

Spruyt, Hendrik. 1994. *The Sovereign State and Its Competitors: An Analysis of Systems Change*. Princeton, NJ: Princeton University Press.

Staiger, Robert. 1995. "International Rules and Institutions for Trade Policy." In Gene M. Grossman and Kenneth Rogoff (eds.), *The Handbook of International Economics*, vol. 3, chap. 29. North Holland: Elsevier Science Publishers.

Stark, R. 1996. *The Rise of Christianity: A Sociologist Reconsiders History*. Princeton, NJ: Princeton University Press.

Stein, Peter. 1999. *Roman Law in European History*. Cambridge: Cambridge University Press. 屋敷二郎監訳『ローマ法とヨーロッパ』ミネルヴァ書房，2003年.

Stewart, Hamish. 1992. "Rationality and the Market for Human Blood." *Journal of Economic Behavior and Organization* 1 (2): 125-43.

Stiglitz, J. 1994. *Whither Socialism?* Cambridge, MA: MIT Press.

Stillman, Norman Arthur. 1970. "East-West Relations in the Islamic Mediterranean in the Early Eleventh Century." Ph.D. diss., University of Pennsylvania.

Stinchcombe, Arthur L. 1968. *Constructing Social Theories*. Chicago: University of Chicago Press.

Stubbs, W. (ed.). 1913. *Selected Charters and Other Illustrations of English*

Institutional History from the Earliest Times to the Reign of Edward the First. 9th ed. Oxford: Clarendon.

Sugden, Robert. 1986. *The Ecomonics of Rights, Co-operation and Welfare.* Oxford: Basil Blackwell. 友野典男訳『慣習と秩序の経済学：進化ゲーム理論アプローチ』日本評論社, 2008 年.

——— 1989. "Spontaneous Order." *Journal of Economic Perspective* 3 (4): 85-97.

Sutton, John. 1991. *Sunk Costs and Market Structure: Price Competition, Advertising, and the Evolution of Concentration.* Cambridge, MA: MIT Press.

Swidler, Ann. 1986. "Culture in Action: Symbols and Strategies." *American Sociological Review* 51 (Apr.): 273-86.

Tabacco, Giovanni. 1989. *The Struggle for Power in Medieval Italy.* Cambridge: Cambridge University Press.

Tadelis, Steve. 1999. "What's in a Name? Reputation as a Tradeable Asset." *American Economic Review* 89 (3): 548-63.

——— 2002. "The Market for Reputations as an Incentive Mechanism." *Journal of Political Economy* 110 (4): 854-82.

Telser, L. G. 1980. "A Theory of Self-Enforcing Agreements." *Journal of Business* 53: 27-43.

Thelen, Kathleen. 1999. "Historical Institutionalism in Comparative Politics." *Annual Review of Political Science* 2 (June): 369-404.

Thomas, H. 1977. "Beitraege zur Geschichte der Champagne-Messen im 14. Jahrhundert." *Vierteljahrschrift für Sozial- und Wirtschaftsgeschichte* 64 (4): 433-67.

Thrupp, Sylvia L. 1965. "The Gilds." In M. M. Postan, E. E. Rick, and M. Miltey (eds.), *The Cambridge Economic History of Europe*, 3: 230-79. Cambridge: Cambridge University Press.

Tilly, Charles. 1990. *Coercion, Capital, and European States, AD 990-1992.* Cambridge, MA: Blackwell.

Tirole, Jean. 1996. "A Theory of Collective Reputation (with Applications to the Persistence of Corruption and to Firm Quality)." *Review of Economic Studies* 63 (1): 1-22.

Tooby, John, and Leda Cosmides. 1992. "The Psychological Foundations of

Culture." In Jerome H. Barkow, Leda Cosmides, and John Tooby (eds.), *The Adapted Mind: Evolutionary Psychology and the Generation of Culture*, 19-136. New York: Oxford University Press.

Topkis, D. 1998. *Supermodularity and Complementarity*. Princeton, NJ: Princeton University Press.

Townsend, Robert M. 1979. "Optimal Contracts and Competitive Markets with Costly State Verification." *Journal of Economic Theory* 21 (2): 265-93.

Trackman, Leon E. 1983. *The Law Merchant: The Evolution of Commercial Law*. Littleton, CO: Fred B. Rothman.

Triandis, Harry C. 1990. "Cross-Cultural Studies of Individualism and Collectivism." In J. Berman (ed.), *Nebraska Symposium on Motivation, 1989*, 41-133. Lincoln: University of Nebraska Press.

Tversky, A., and D. Kahneman. 1981. "The Framing of Decisions and the Psychology of Choice." *Science* 211: 453-58.

Udovitch, Abraham L. 1962. "At the Origins of Western Commenda: Islam, Israel, Byzantium." *Speculum* 37: 198-207.

——— 1970. *Partnership and Profit in Medieval Islam*. Princeton, NJ: Princeton University Press.

Ullmann-Margalit, Edna. 1977. *The Emergence of Norms*. Oxford: Claredon Press.

van Damme, Eric. 1983. *Refinements of the Nash Equilibrium Concept*. Berlin: Springer-Verlag.

——— 1987. *Stability and Perfection of Nash Equilibria*. Berlin: Springer-Verlag.

van der Vee, Herman. 1977. "Monetary, Credit, and Banking System." In E. E. Rich and C. H. Wilson (eds.), *The Cambridge Economic History of Europe*, 5: 290-391. Cambridge: Cambridge University Press.

Varian, H. R. 1990. "Monitoring Agents with Other Agents." *Journal of Institutional and Theoretical Economics* 146 (1): 153-74.

Veblen, Thorstein. 1899. *The Theory of the Leisure Class*. New York: Macmillan. 村井章子訳『有閑階級の理論 [新版]』ちくま学芸文庫, 2016 年.

Vecchio, A. del, and E. Casanova. 1894. *Le rappresaglie nei comuni medievali e specialmente in Firenze*. Bologna: R. Forni.

Verlinden, C. 1979. "Markets and Fairs." In M. M. Postan, E. E. Rick, and M. Miltey (eds.), *The Cambridge Economic History of Europe*, 3: 119-53. Cambridge: Cambridge University Press.

Vitale, V. 1951. *Il comune del podestà a Genova*. Milan: Ricciardi.

———— 1955. *Breviario della storia di Genova*. 2 vols. Genoa: Società Ligure di Storia Patria.

Volckart, Oliver. 2001. "The Economics of Feuding in Late Medieval Germany." Working paper, Institut für Wirtschaftsgeschichte, Berlin.

Wach, A. 1868. *Der Arrestprozess in seiner geschichtlichen Entwicklung*. 1. Teil: *De Italienische Arrestprozess*. Leipzig: Haessel.

Waley, Daniel. 1988. *The Italian City-Republics*. 3rd ed. London: Longman. 森田鉄郎訳『イタリアの都市国家』平凡社，1971 年.

Watson, Joel. 1999. "Starting Small and Renegotiation." *Journal of Economic Theory* 85 (1): 52-90.

———— 2001. *Strategy: An Introduction to Game Theory*. New York: Norton.

Watt, Montgomery W. 1961. *Muhammad: Prophet and Statesman*. Oxford: Oxford University Press. 牧野信也他訳『ムハンマド：預言者と政治家』みすず書房，2002 年.

———— 1987. *The Influence of Islam on Medieval Europe*. Edinburgh: At the University Press. 三木亘訳『地中海世界のイスラム：ヨーロッパとの出会い』筑摩書房，2008 年.

Watts, R. W., and J. L. Zimmermann. 1983. "Agency Problems, Auditing and the Theory of the Firm: Some Evidence." *Journal of Law and Economics* 26 (Oct.): 613-33.

Weber, M. 1947. *The Theory of Social and Economic Organization*. Reprint, New York: Free Press, 1964.

———— 1949. *The Methodology of the Social Sciences*. Glencoe, IL: Free Press.

———— 1958 [1904-5]. *The Protestant Ethic and the Spirit of Capitalism*. New York: Charles Scribner's Sons. 大塚久雄訳『プロテスタンティズムの倫理と資本主義の精神』〈岩波文庫〉岩波書店，1989 年.

Weibull, Jörgen. 1995. *Evolutionary Game Theory*. Cambridge, MA: MIT Press. 三沢哲也訳『進化ゲームの理論』オフィスカワウチ，1999 年.

Weiner, A. 1932. "The Hansa." In J. R. Tanner, C. W. Previté-Orton, and Z. N. Brooke (eds.), *The Cambridge Medieval History*, 7: 216-69. Cambridge: Cambridge University Press.

Weingast, Barry R. 1993. "Constitutions as Governance Structures: The Political Foundations of Secured Markets." *Journal of Institutional and Theoretical*

Economics 149 (1): 286-311.

────── 1995. "Institutions and Political Commitment: A New Political Economy of the American Civil War Era." Memo, Stanford University.

────── 1996. "Political Institutions: Rational Choice Perspectives." In Robert Goodin and Hans-Dieter Klingemann (eds.), *A New Handbook of Political Science,* 167-90. New York: Oxford University Press.

────── 1997. "The Political Foundations of Democracy and the Rule of Law." *American Political Science Review* 91 (2): 245-63.

Weingast, B., and W. Marshall. 1988. "The Industrial Organization of Congress; or, Why Legislatures, Like Firms, Are Not Organized as Markets." *Journal of Political Economy* 96 (1): 132-63.

White, Lynn. 1964. *The Medieval Technology and Social Change.* London: Oxford University Press.

Wiessner, Polly. 2002. "Hunting, Healing, and Hxaro Exchange. A Long-Term Perspective on! Kung (Ju/'hoansi) Large-Game Hunting." *Evolution and Human Behavior* 23: 407-36.

Williamson, Dean V. 2002. "Transparency and Contract Selection: Evidence from the Financing of Trade in Venetian Crete, 1303-1351." Memo, U.S. Department of Justice.

Williamson, Oliver E. 1975. *Markets and Hierarchies: Analyses and Antitrust Implications, A Study in the Economics of Internal Organization.* New York: Free Press. 浅沼萬里, 岩崎晃訳『市場と企業組織』日本評論社, 1980 年.

────── 1985. *The Economic Institutions of Capitalism: Firms Markets, Relational Contracting.* New York: Free Press.

────── 1993. "Transaction Cost Economics and Organization Theory." *Industrial and Corporate Change* 2 (2): 107-56.

────── 1996. *The Mechansisms of Governance.* Oxford: Oxford University Press.

────── 1998. "Transaction Cost Economics: How It Works: Where It Is Headed." *De Economist* 146 (1): 23-58.

────── 2000. "The New Institutional Economics: Taking Stock, Looking Ahead." *Journal of Economic Literature* 38 (Sept.): 595-613.

Wilson, Edward O. 1975. *Sociobiology.* Cambridge, MA: Belknap Press, Harvard University Press. 坂上昭一他訳『社会生物学』新思索社, 1999 年.

Witt, Ulrich. 1986. "Evolution and Stability of Cooperation without Enforceable

Contracts." *Kyklos* 39, fasc. 2: 245–66.

Woolcock, Michael. 1998. "Social Capital and Economic Development: Toward a Theoretical Synthesis and Policy Framework." *Theory and Society* 27 (2): 151–208.

Wright, Mark. 2002. "Reputations and Sovereign Debt." Working paper, Standford University.

Wrong, Dennis H. 1961. "The Oversocialized Conception of Man in Modern Sociology." *American Sociological Review* 26 (2): 183–93. Reprinted as chapter 2 in Dennis H. Wrong, *The Oversocialized Conception of Man* (New Brunswick, NJ: Transaction Publishers, 1999).

———— 1999. *The Oversocialized Conception of Man.* New Brunswick, NJ: Transaction Publishers.

Yang Li, Mu. 2002. "Essays on Public Finance and Economic Development in a Historical Institutional Perspective." Ph.D. diss., Standford University.

Young, H. Peyton. 1993. "The Evolution of Conventions." *Econometrica* 61 (1): 57–84.

———— 1998. *Individual Strategy and Social Structure: An Evolutionary Theory of Institutions.* Princeton, NJ: Princeton University Press.

Young, H. Peyton, and Mary A. Burke. 2001. "Competition and Custom in Economic Contracts: A Case Study of Illinois Agriculture." *American Economic Review* 91 (3): 559–73.

Zak, Paul J., and Stephen Knack. 2001. "Trust and Growth." *Economic Journal* 111 (470): 295–321.

Zhang, Jiajie. 1997. "Nature of External Representations in Problem Solving." *Cognitive Science* 21 (2): 179–217.

Zucker, L. G. 1983. "Organizations as Institutions." In S. B. Bacharach (ed.), *Research in the Sociology of Organizations,* 1–42. Greenwich, CT: JAL.

———— 1991. "The Role of Institutionalization in Cultural Persistence." In W. Powell and P. DiMaggio (eds.), *The New Institutionalism in Organizational Analysis,* 83–107. Chicago: University of Chicago Press.

索　引

[監訳者紹介]

岡崎哲二 （おかざき・てつじ）

東京大学大学院経済学研究科教授. 1981 年, 東京大学経済学部卒業. 1986 年, 東京大学経済学博士. 著書に,『江戸の市場経済——歴史制度分析からみた株仲間』（講談社選書メチエ, 1999 年）. *American Economic Review, Journal of Economic History, Economic History Review, Explorations in Economic History* などに論文多数.

神取道宏 （かんどり・みちひろ）

東京大学大学院経済学研究科教授. 1982 年, 東京大学経済学部卒業. 1989 年, スタンフォード大学経済学博士. 主な研究分野はゲーム理論（特にくり返しゲームと進化ゲーム）. 論文に,「ゲーム理論による経済学の静かな革命」（伊藤元重・岩井克人編『現代の経済理論』東京大学出版会, 1994 年所収）, *Review of Economic Studies, Econometrica, Journal of Economic Theory* などに論文多数.

[訳者紹介]

有本 寛 （ありもと・ゆたか）

一橋大学経済研究所准教授. 2001 年, 筑波大学第二学群生物資源学類卒業. 2006 年, 博士（農学, 東京大学）.

尾川 僚 （おがわ・りょう）

元広島大学社会科学研究科特任講師. 1999 年, 東京大学法学部卒業. 2008 年, 博士（経済学, 東京大学）.

後藤英明 （ごとう・ひであき）

国際大学大学院国際関係学研究科教授. 1999 年, 東京大学文学部卒業. 2009 年, コーネル大学 Ph.D.（Applied Economics）.

結城武延 （ゆうき・たけのぶ）

東北大学大学院経済学研究科准教授. 2005 年, 大阪大学経済学部卒業. 2011 年, 博士（経済学, 東京大学）

本書は、二〇〇九年十二月十七日、ＮＴＴ出版より刊行された。

マスコミに華やかに登場するエコノミストたち。実はインチキ政策を売込むプロモーターだった！　危機に際し真に有効な経済政策がわかる必読書。

経済にとって本当に大事な問題って何？　実は、生産性・所得分配・失業の3つだけ!?　楽しく読めてきちんと分かる、経済テキスト決定版！

複雑かつ自己組織化しているシステムという経済に、複雑系の概念を応用すると何が見えるか？　経済学に新地平を開く意欲作。不況発生の謎は解ける？　経済学者による記念碑的著作。

「社会的費用の問題」「企業の本質」など、20世紀経済学に決定的な影響を与えた数々の名論文を収録。ノーベル賞経済学者による記念碑的著作。
（三浦雅士）

無限に増殖する人間の欲望と貨幣を動かすものは何か。経済史、思想史的観点から多角的に迫り、グローバル資本主義を根源から考察する。

ある集団のなかで何かを決定するとき、望ましい方法とはどんなものか。社会的決定をめぐる様々な理論・議論を明快に解きほぐすロングセラー入門書。

限られた合理性しかもたない人間が、いかに最良の選択をなしうるか。組織論から行動科学までを総合しノーベル経済学賞に輝いた意思決定論の精髄。

なぜ経済政策は間違えるのか。それは経済学の理論と現実認識に誤りがあるからだ。その誤りを正し複雑な世界に正しく向きあう21世紀の経済学を学ぶ。

地方はなぜ衰退するのか。日本をはじめ世界各地の地方都市を実例に真に有効な再生法を説く、地域経済論の先駆的名著！
（片山善博／塩沢由典）

調査の科学　　林知己夫

消費者の嗜好や政治意識の表現の数量的解析手法を開発した統計学者による社会調査の論理と方法の入門書。集団特性を測定するとは？（吉野諒三）

ポール・ディラック　　アブラハム・パイスほか　藤井昭彦訳

「反物質」なるアイディアはいかに生まれたのか、そしてその存在はいかに発見されたのか。天才の生涯と業績を三人の物理学者が紹介した講演録。（佐々木力）

インドの数学　　林隆夫

ゼロの発明だけでなく、数表記法、平方根の近似公式、順列組み合わせ等大きな足跡を残してきたインドの数学を古代から16世紀まで原典に則して辿る。

幾何学基礎論　　D・ヒルベルト　中村幸四郎訳

20世紀数学全般の公理化への出発点となったユークリッド幾何学を根源まで遡り、斬新的な観点から厳密に基礎づける。現代数学の記念碑的著作。ユークリッド幾何学による追悼記念講演。

素粒子と物理法則　　S・R・P・ファインマン/ワインバーグ　小林澈郎訳

量子論と相対論を結びつけるディラックのテーマをノーベル賞学者による記念碑的著作。第Ⅰ巻はゲーム現代物理学の本質を堪能させる三重奏。（佐々木力）

ゲームの理論と経済行動Ⅰ（全3巻）　　ノイマン/モルゲンシュテルン　銀林/橋本/宮本監訳　阿部修一訳

今やさまざまな分野への応用いちじるしい「ゲーム理論」の嚆矢とされる記念碑的著作。第Ⅰ巻はゲームの形式的記述とゼロ和2人ゲームについて。

ゲームの理論と経済行動Ⅱ　　ノイマン/モルゲンシュテルン　銀林/橋本/宮本監訳　宮本敏雄訳

第Ⅰ巻でのゼロ和2人ゲームの考察を踏まえ、第Ⅱ巻ではプレイヤーが3人以上の場合のゼロ和ゲーム、およびゲームの合成分解について論じる。（中山幹夫）

ゲームの理論と経済行動Ⅲ　　ノイマン/モルゲンシュテルン　銀林/下島英忠訳

第Ⅲ巻では非ゼロ和ゲームにまで理論を拡張。これまでの数学的結果をもとにいよいよ経済学的解釈を試みる。全3巻完結。

計算機と脳　　J・フォン・ノイマン　柴田裕之訳

脳の振る舞いを数学で記述することは可能か？現代のコンピュータの生みの親でもあるフォン・ノイマン最晩年の考察。新訳。（野崎昭弘）

〈無知〉から〈洞察〉へ。キリスト教文明とイスラーム文明との関係を西洋中世にまで遡って考察した読者に歴史的な見通しを与える名講義。（山本芳久）

世界はいかに〈発見〉されていったか。人類の知が全地球を覆っていく地理的発見の歴史を、時代ごとの地図に沿って描き出す。貴重図版二〇〇点以上。

古代ローマの暴帝ネロ自殺のあと内乱が勃発。絡みあう人間ドラマ、陰謀、凄まじい政争を、なぜか鮮やかな描写で展開した大古典。（本村凌二）

貧農から皇帝に上り詰め、巨大な専制国家の樹立に成功した朱元璋。十四世紀の中国の社会状況を読み解きながら、元璋を皇帝に導いたカギを探る。

野望、虚栄、裏切り――古代ギリシアを殺戮の嵐に陥れたペロポネソス戦争とはなんだったのか。その全貌を克明に記した、人類最古の本格的「歴史書」。

中国スペシャリストとして活躍し、日中提携を夢見ていた戸部良一が、泥沼の戦争へと日本を導くことになったのか。真相を追う。（五百旗頭真）

一組の義兄弟による陰謀から生まれたフランス第二帝政。「私生児」の義弟が遺した二つのテクストを読解し、近代的現象の本質に迫る。（入江哲朗）

根源的なタブーの人肉嗜食や纏足、宦官……目を背けたくなるものを冷静に論ずることで逆説的に人間の真実に迫る血の滴る異色の人間史。（山田仁史）

絹、スパイス、砂糖……。新奇なもの、希少なものへの欲望が世界を動かし、文明の興亡を左右してきた。数千年にもわたる交易の歴史を一望する試み。

古代ギリシャに旅行できるなら何を観て何を食べる？　そうだソクラテスにも会ってみよう！　神殿等の名所・娯楽ほか現地情報満載。カラー図版多数。

帝国は諸君を必要としている！　戦闘訓練、敵の攻略法等々、超実践的な詳細ガイド。血沸き肉躍るカラー図版多数。

古代ギリシア世界最大の競技祭とはいかなるものであったのか。遺跡の概要から競技精神の盛衰まで綿密な考証と巧みな筆致で迫った名著。（橋場弦）

彼女は怪しい密儀に没頭し、残忍に邪魔者を殺す悪女なのか、息子を陰で支え続けた賢母なのか。母の激動の生涯を追う。（澤田典子）

メソポタミア、エジプト、ギリシア、ローマ―古代に花開き、密接な交流や抗争をくり広げた文明を一望に見渡し、歴史の躍動を大きくつかむ！

ナチズムを国民主義の極致ととらえ、フランス革命以降の国民主義の展開を大衆的儀礼やシンボルから考察した、ファシズム研究の橋頭堡。（板橋拓己）

欧米社会にいまなお色濃く影を落とす「十字軍」の思想。人々を聖なる戦争へと駆り立てるものとは？　その歴史を辿り、キリスト教世界の深層に迫る。

歴史学の泰斗が若い人に贈る、とびきり名高き地理的要約や歴史、とくに中世史を、たくさんのエピソードとともに語った魅力あふれる一冊。

キリスト教の勃興から20世紀末まで。中東学の世界的権威が、中東全域における二千年の歴史を一般読者に向けて書いた、イスラーム通史の決定版。

人類がはじめて世界の全体像を識っていく大航海時代。その二百年の膨大な史料を、一般読者むけに俯瞰図として丁寧にまとめ上げた決定版通史。

第一次世界大戦の勃発が20世紀の始まりとなった。この「短い世紀」の諸相を英国を代表する歴史家が渾身の力で描く。全二巻　文庫オリジナル新訳。〔伊高浩昭〕

一九七〇年代を過ぎ、世界に再び危機が訪れる。不確実性がいやますなか、ソ連崩壊が20世紀の終焉を印した。歴史家の考察は我々に何を伝えるのか。

十字軍とはアラブにとって何だったのか？　豊富な史料を渉猟し、激動の12・13世紀をあざやかに、しかも手際よくまとめた反十字軍史。

ゾロアスター教が生まれ、のちにヘレニズムが開花したバクトリア。様々な民族・宗教が交わるこの地に栄えた王国の歴史を描く唯一無二の概説書。

ローマ帝国はなぜあれほどまでに繁栄しえたのか。その鍵は『ヴィルトゥ』。パワー・ポリティクスの教祖が、したたかに歴史を解読する。

出版されるや否や各国語に翻訳された最強にして安全な軍隊の作り方。この理念により創建された新生フィレンツェ軍は一五〇九年、ピサを奪回する。

ベストセラー『世界史』の著者が人類の歴史を読み解くための三つの視点を易しく語る白熱の入門講義。本物の歴史感覚を学べます。文庫オリジナル。

タイムスリップして古代ローマを訪ねる歴史ファンなら？　そんな想定で作られた前代未聞のトラベル・ガイド。カラー頁多数。必見の名所・娯楽ほか情報満載。

ちくま学芸文庫

比較歴史制度分析 下

二〇二一年二月十日　第一刷発行

著　者　アブナー・グライフ

監訳者　岡崎哲二（おかざき・てつじ）

訳　者　神取道宏（かんどり・みちひろ）

発行者　喜入冬子

発行所　株式会社　筑摩書房
　　　　東京都台東区蔵前二│五│三　〒一一一│八七五五
　　　　電話番号　〇三│五六八七│二六〇一（代表）

装幀者　安野光雅

印刷所　株式会社精興社

製本所　加藤製本株式会社

© TETSUJI OKAZAKI/ MICHIHIRO KANDORI et al. 2021
Printed in Japan
ISBN978-4-480-51012-9 C0130